THEODOR BELTLE

Die Funktion der Wirtschaft in Theorie und Praxis

THEODOR BELTLE

Die Funktion der Wirtschaft in Theorie und Praxis

DUNCKER & HUMBLOT / BERLIN

Gedruckt 1962 bei Berliner Buchdruckerei Union GmbH., Berlin SW 61
Printed in Germany

Vorwort

Dieses Buch verdankt seine Entstehung dem Versuch, die Erkenntnismethode Goethes, wie sie durch Rudolf Steiner begründet wurde, auf das Erfassen der Wirtschaft anzuwenden. Da diese Methode nicht von äußeren Einzelheiten durch Induktion, noch von hypothetischen Prämissen durch Deduktion ausgeht, sondern vom Wesen der Sache, d. h. von ihrem inneren Kräftezusammenhang als einem Ganzen, werden hier alle Seiten der Wirtschaft behandelt, die sonst in einer ganzen Reihe von Wissenschaften zerstreut sind. Das bedingt natürlich eine gewisse Konzentration der Darstellung und erlaubt eine erschöpfende Behandlung von Einzelproblemen nicht. Andererseits werden durch diese Erfassung des Ganzen die noch vorhandenen Lücken der Forschung deutlicher sichtbar und auch die Richtungen, in welchen die Lösungen noch offenstehender Probleme zu finden sind.

Aus Zeit- und Raumesgründen ergab sich keine Möglichkeit für eine kritische Auseinandersetzung mit der Überfülle des Schrifttums. Das erschien auch nicht notwendig, da die vorliegende Arbeit nicht aus der Kritik anderer Gedankengänge induziert worden, sondern ausschließlich aus der Betrachtung der Wirklichkeit hervorgegangen ist. Lediglich die wirksam gewordenen großen Strömungen gegensätzlicher Auffassungen werden auf ihren Wahrheitsgehalt und ihre Irrtümer überprüft.

Außer den grundlegenden philosophischen Werken Rudolf Steiners, die den methodischen Gang der Untersuchung bestimmt haben, wurden aus Schriften und Reden zeitgenössischer Persönlichkeiten aus Theorie und Praxis manche Anregungen gewonnen, so bei John Maynard Keynes, Walter Eucken, Gunnar Myrdal, Andreas Paulsen, Carl Föhl, Wilhelm Röpke, Adolf Weber, Ludwig Erhard, Fritz Baade, Ferdinand Grünig, Karl L. Herczeg, Peter Drucker, Peter A. Schlenzka und anderen. Es wurde ferner die Diskussion über wirtschaftliche Probleme der Gegenwart verfolgt in den bekannten Publikationen der Theorie, Empirie und Praxis. Sehr anregend waren die durch die Zeitschrift „Konjunkturpolitik“ veröffentlichten Diskussionen der von Ferdinand Friedensburg begründeten Arbeitsgemeinschaft deutscher wirtschaftswissenschaftlicher Forschungsinstitute e. V. sowie deren gemeinschaftliche Diagnosen über die

Konjunkturlage. Besondere Förderung ergab sich durch den Gedankenaustausch mit Albert Wissler, führendem Konjunkturforscher der Nachkriegszeit, Leiter der Abteilung Konjunkturforschung des Instituts für Wirtschaftsforschung in Berlin, Berater der Regierung und Begründer der Zeitschrift „Konjunkturpolitik“. Er vermittelte tiefe Einblicke in die überaus schwierige Aufgabe verantwortlicher Konjunkturdiagnostik, welche trotz eines unzulänglichen theoretischen Instrumentariums das komplizierte Geschehen richtig zu deuten hat und sich unablässig mit gegensätzlichen Meinungen auseinandersetzen muß.

Die vorliegende Arbeit, deren Resultate zeigen, in welchem Ausmaß die gute oder schlechte Funktion der Wirtschaft nicht nur von volkswirtschaftlichen Organen, sondern von Entscheidungen der einzelnen Wirtschaftsteilnehmer abhängt, wendet sich daher nicht nur an einen eng begrenzten Personenkreis, sondern an alle, die den Wirtschaftsprozeß als Ganzes verstehen wollen.

Juni 1962

Theodor Beltle

Inhalt

Erster Teil

Die Theorie der Wirtschaft

Bei Theoretikern besteht die Neigung, einleitend etwas über das Wesen des Gegenstandes zu sagen, den sie behandeln wollen, also z. B. über das Wesen der Wirtschaft. Eben dieses Verfahren wird von anderen heftig angegriffen, so bei Walter Eucken in „die Grundlagen der Nationalökonomie“: „Fragen nach Begriffen, nicht nach Sachzusammenhängen werden oft an die Spitze gerückt. Aber mit solchen Fragestellungen wird von vornherein die wissenschaftliche Arbeit fehlgeleitet. Die Wissenschaft ist gar nicht imstande, zu Anfang ihrer Arbeit wissenschaftliche Definitionen zu geben. Will man etwa vor Untersuchung der Tatsachen den Begriff der Wirtschaft bestimmen, so fehlt jedes Fundament. Es bleibt nur übrig, sich bei solchen Definitionen auf den Wortgebrauch des Volkes zu stützen, und damit ist einer schillernden, unsicheren und subjektiven Wortauslegung Tür und Tor geöffnet. Kein Wunder, daß die einzelnen Gelehrten je nach Neigung sehr verschiedene Grundbegriffs-Definitionen zu Markte bringen, daß z. B. ein ebenso heftiger wie nutzloser Streit darüber entsteht, was ‚Wirtschaft‘ sei, und daß dieser Streit die Erkenntnis der wirtschaftlichen Wirklichkeit in keiner Weise fördert.“ Allerdings sagt er wenig später: „es ist von vornherein nötig, theoretische Sätze zu erarbeiten, welche die Erkenntnis konkreter Zusammenhänge vorbereiten“.

Die Kritik an der Produktion unverbindlicher Definitionen ist sicher berechtigt, andererseits ist die wirtschaftliche Wirklichkeit ein ungeheurer Komplex der verschiedensten sich durchdringenden und durchkreuzenden Vorgänge, deren bloße Beschreibung, wie sie die historische Schule versuchte, nicht zur Entdeckung der inneren Zusammenhänge und Gesetzmäßigkeiten führt. Sie zu finden und in Begriffsform zu bringen, ist aber das Ziel aller Forschung und der lebhafte Wunsch der volkswirtschaftlichen Führungsinstanzen. Ungeklärt ist nur, auf welche Art und Weise diese Gesetzmäßigkeiten zu finden sind. Können sie überhaupt aus der Fülle des Materials induziert werden? Ist nicht andererseits der Weg der Deduktion aus a-priori-Hypothesen von vornherein irreführend?

Welchen Weg kann das Erkennen nehmen, um zu einer wirklichkeitsgemäßen „Theorie“ (aus dem Griechischen: Schauen, Erkennen, Wahrnehmen der geistigen Welt, des Göttlichen) zu kommen? Daß eine in der Luft schwebende oberflächliche Definition von Begriffen völlig unbrauchbar ist und nur Verwirrung anrichtet, bedarf keiner weiteren Erörterung. Das Denken in angenommenen, abstrahierten Modellen, das für die Erhellung von Einzelheiten mit Vorsicht angewendet werden kann, ist ebenfalls nicht geeignet, die grundlegenden Zusammenhänge zu erfassen. Alle Abstraktion hat die Wirklichkeit bereits verlassen und gibt sehr unsichere Auskünfte.

Eine besondere Schwierigkeit besteht darin, daß in der Wirtschaft irrationale Vorgänge mit zahlenmäßig erfaßbaren Prozessen unauflöslich verbunden sind. Und da exakte Wissenschaft nur dort möglich erscheint, wo es eine mathematische Beweisführung gibt, gilt die Nationalökonomie ebenso wie die Philosophie vielfach als Sammlung von unvereinbaren Lehrmeinungen. Die Geschichte der Nationalökonomie scheint dies zu bestätigen, da nur die quantifizierbaren Sachzusammenhänge der klassischen Ökonomie, bereichert um den variablen Faktor der Beschäftigungslage durch J. M. Keynes, den Charakter der Wissenschaftlichkeit tragen.

Indessen gibt es verschiedentlich Ansätze, die nicht nur in der mathematischen Denkweise ein exaktes Erkenntnismittel sehen. Andreas Paulsen weist in „Neue Wirtschaftslehre“ darauf hin, daß die Präzision des Denkens nicht beschränkt ist auf mathematische Analyse, sondern daß es ebenso tauglich ist für die Erfassung von Sinnzusammenhängen. Und weil das Objekt der Wirtschaft mathematischer Denkweise nicht allein zugänglich ist, fordert er exakte Grundlagenforschung im Aufwerfen und Beantworten von „Sinnfragen“, worin er keinen Verstoß gegen das Gebot der Reinheit der wissenschaftlichen Aussage von subjektiven Wert- und Gefühlsmomenten erblicken kann, denn exakte Sinnzusammenhänge sind in der Wirtschaft enthalten, bzw. in sie gelegt.

Eine solche Methodik der exakten Erforschung von Sinnzusammenhängen ist aber vorhanden. Rudolf Steiner hat in „Grundlinien einer Erkenntnistheorie der Goetheschen Weltanschauung“, „Goethes naturwissenschaftliche Schriften“, „Wahrheit und Wissenschaft“ eine voraussetzungslose Erkenntnistheorie vorgelegt und damit das Erkennen der Zusammenhänge des Gegebenen durch das Auffinden der Begriffe und Ideen wissenschaftlich begründet. Dadurch wurde das Fundament geschaffen, auf dem alle Geisteswissenschaften als echte Wissenschaften aufgebaut werden können. Ein Beispiel dafür ist seine „Philosophie der Freiheit", welche in wissenschaftlich exakter Weise das immer noch gründlich verkannte Wesen der menschlichen Freiheit darstellt. Diese Art einer exakten Wesenserkenntnis läßt daran denken, daß sie schon als wichtigste Kategorie des Erkennens bei Aristoteles aufgeführt ist, aber bisher, mit Ausnahme der Scholastik, wenig gepflegt wurde. Die heute vielfach geforderte Ganzheitserkenntnis darf wohl als Streben in dieser Richtung aufgefaßt werden.

Hier ist nun versucht, diese Methode der Wesenserkenntnis auf das Erfassen der Wirtschaft anzuwenden, um so ihre Gesetzmäßigkeiten, ihre grundlegenden Funktionen aufzufinden. Das wäre gleichbedeutend mit echter Theorie, nur ist dieses Wort entwertet worden, weil es heute fast durchweg auf den Begriffsinhalt der Hypothese angewandt wird. Fünf Teile enthält die nachstehende Untersuchung: die Wesenserkenntnis der Wirtschaft, ihre Konfrontierung mit der Praxis, die Vollendung der Theorie, die Zusammenschau der wirtschaftlichen Aufgaben der Gegenwart und die andeutungsweise Stellung der Wirtschaft im höheren Ganzen der menschlichen Gesellschaft.

Was ist Wirtschaft?

Um das Wesen der Wirtschaft exakt zu erkennen, dürfen keinerlei Voraussetzungen gemacht werden. Es muß ein Ausgangspunkt gewählt werden, der keines Beweises seiner Richtigkeit bedarf. Da die Wirtschaft unter anderem im Zusammenhang steht mit der Lebenserhaltung des menschlichen Leibes, wählen wir diese nicht weiter zu beweisende Tatsache als Ausgangspunkt unserer Untersuchung.

Damit nicht gleich zu viele Faktoren auftreten, die den Gedankengang unübersichtlich machen, stellen wir uns einen völlig auf sich selbst gestellten Menschen vor. Das Beispiel des Robinson wird zwar immer wieder zur Illustration verwendet, aber es werden Schlüsse daraus gezogen, die mit der Wirklichkeit nicht übereinstimmen. Wenn wir uns einen in die Wildnis verschlagenen Menschen vorstellen, so zeigt sich, daß — rein leiblich bedingt — eine Anzahl Bedürfnisse auftreten: Hunger, Durst, Schutz gegen Witterung, Sicherung durch Vorräte usw. Diese Bedürfnisse müssen befriedigt werden, wenn das Leben erhalten werden soll.

Um das zu erreichen, muß er gewisse Naturstoffe suchen und sie durch den Einsatz seiner Kräfte, vielleicht unter Zuhilfenahme von Naturkräften so verändern, daß durch ihren Verbrauch (oder Gebrauch) jene Bedürfnisse befriedigt werden können. Diese zweckgerichtete Tätigkeit des Menschen wird Arbeit genannt.

Die umgewandelten Naturstoffe, die Bedürfnisse zu befriedigen vermögen, werden als „Güter" bezeichnet (hergeleitet von „gut"). Die Heidelbeeren in den Wäldern sind reine Naturdinge. Sie werden erst zu Gütern, wenn sie den Hunger befriedigen können, d. h., wenn die Arbeit des Findens und Pflückens vollzogen ist.

Es stellt sich heraus, daß für die verschiedenen benötigten Güter der Arbeitsaufwand sehr differiert, ebenso ist die Dringlichkeit, die Intensität der Bedürfnisse sehr verschieden. Aus dem Verhältnis der Bedürfnisintensität zum Arbeitsaufwand resultiert daher eine für jedes Gut verschiedene Rangstufe der Bedeutung, diese wird bezeichnet als „Wert".

Durch die Betrachtung des äußeren Lebens eines ganz auf sich gestellten Menschen erkennen wir also schon die Zusammenhänge zwischen einigen fundamentalen Tatsachen und Funktionen, teils gegebener, teils abgeleiteter Art:

Mensch Natur Bedürfnisse	sind gegeben
Arbeit Güter Wert Verbrauch	sind daraus abgeleitet, ohne die Zuhilfenahme fremder Begriffe.

Die Umwandlung der Naturstoffe in Güter, welche Bedürfnisse befriedigen können, geschieht durch menschliche Arbeit. Der Arbeitsaufwand und die Bedürfnisintensität bestimmen den Wert der Güter und damit die Reihenfolge ihrer Herstellung. Im Verbrauch verschwinden die Güter, die Bedürfnisse werden befriedigt, das Leben wird erhalten. Der Kreis der Tatsachen ist geschlossen. Auch das rationelle Arbeiten mittels zuvor angefertigter Werkzeuge (der sog. Produktionsumweg) bleibt innerhalb dieses Tatsachenablaufs. Ein Werkzeug ist ein Gut, das sich grundsätzlich von anderen Gütern nicht unterscheidet. Es befriedigt das Bedürfnis nach Leistungssteigerung oder Arbeitserleichterung und wird im Gebrauch abgenützt.

Zu der bisher geschilderten Tatsachenreihe kommt dadurch, daß die Menschen nicht isoliert voneinander leben, etwas ganz Neues hinzu: der Gütertausch.

Der einzelne braucht nicht alle Güter, deren er bedarf, selbst herzustellen, sondern kann sich auf eine Güterart spezialisieren, die er zum Tausch gegen andere Güter verwendet, die von anderen hergestellt worden sind. Damit sind wir beim Prinzip der Einzelwirtschaft, z. B. des selbständigen Handwerkers angelangt. Die Existenz dieser Wirtschaft hängt ganz davon ab, ob es ihm gelingt, solche Güter herzustellen, für die ein Bedürfnis bei anderen vorhanden ist. Bringt er das nicht zustande, so kann er seine Güter nicht tauschen, er erhält nicht, was er für seinen Lebensunterhalt braucht — seine Wirtschaft erlischt.

Beim einzelnen Tausch spricht man noch nicht von Wirtschaft, wo aber dauernd getauscht wird, tritt der Begriff der Wirtschaft auf (Landwirtschaft, Gastwirtschaft). Wo nicht getauscht wird, spricht man im allgemeinen nicht von Wirtschaft. Da alle anderen Vorgänge bleiben und nur der Tausch als neuer Faktor auftritt, schließen wir aus diesen Tatbeständen: *Der Gütertausch ist das Urphänomen, das Urbild der Wirtschaft.*

Durch die Einführung des Geldes, der geltenden Münze oder des Papierscheins, der „Wertzeichen", wird der Wert der Güter in einer Zahl ausgedrückt, dem Preis. Dadurch findet der Gütertausch in zwei Phasen statt: Güter—Geld und Geld—Güter.

Es ist versucht worden, auch schon die Tätigkeit des einzelnen mit Wirtschaften zu bezeichnen, weil er sich Werkzeuge anfertigt oder Vorräte sammelt. Das beruht jedoch auf dem Mißverständnis, daß rationelles oder vorsorgliches Arbeiten gleichartig sei mit Wirtschaften. Die üblichen Definitionen über das Wesen der Wirtschaft sprechen von „vorsorglicher Bedarfsdeckung" oder „der Wahl zwischen knappen Mitteln für die Zwecke der Bedürfnisbefriedigung". Damit wird ein Verhalten gekennzeichnet, das auch der einzelne isolierte Mensch zeigt, das also für den Tausch, das eigentliche Element des Wirtschaftens, gar nicht charakteristisch ist. Jene Definition trifft auch teilweise auf die Führung eines Haushaltes zu und hat vermutlich dort ihren Ursprung, da hierfür auch die Bezeichnung „Wirtschaften" üblich ist. Allein handelt es sich dabei nur um die zweite Hälfte des vollen Gütertausches, der infolge der Einführung des Geldes in zwei Phasen aufgespalten ist. Für die Erkenntnis des Wesens der Wirtschaft genügt aber diese eine Phase des Tausches nicht, der ganze Gütertausch muß betrachtet werden.

Es zeigt sich, daß der Wortgebrauch unsicher ist. Sicher ist nur, daß: Bedürfnisse haben, Arbeiten, Bedürfnisse befriedigen und Gütertauschen jeweils völlig getrennte Tatbestände sind, die nur jeweils für sich erkannt werden können. Wer sie aber in dem Begriff der Wirtschaft zusammenfaßt, hat einen Sammelbegriff, der keinen einheitlichen Wesenskern enthält und somit keine einheitliche Erklärung zuläßt.

Hier soll aus den schon genannten Gründen nur der Gütertausch betrachtet werden.

Zwar ist die Erkenntnis, daß der Tausch der Wirtschaft zugrunde liegt, nicht neu, Adam Smith sprach sie schon aus, aber sie scheint es wert, in den Mittelpunkt unserer Betrachtungen erhoben zu werden, da es gerade unser Bestreben ist, das Wesen der Wirtschaft zu erkennen. Smith, Ricardo und die klassische Schule suchten dadurch die Gesetze der Wirtschaft zu ergründen, indem sie kausal nach dem Zustandekommen des Tausches fragten. Sie fanden, daß der Tausch durch den richtigen Preis zustande komme, und daraus folgerten sie, daß die Gesetze der Preisbildung — Angebot und Nachfrage — die eigentlichen Gesetze der Wirtschaft seien und die Produktion den Arbeits- und Kapitaleinsatz bestimmen. Zwar ist es richtig, daß der Preis eine wichtige Ursache für das Zustandekommen des Tausches ist, aber es ist durchaus nicht die einzige. Die bunte Geschichte der Verkaufskunst und der um keinen Preis verkäuflichen Ladenhüter weist auf die vielen anderen Ursachen, die erforderlich sind, damit ein Tausch zustande komme. Wenn aber der Preis nur eine Ursache unter anderen für das Zustandekommen des Tausches ist, so kann eine Untersuchung über die Preisbildung keine ausreichende Antwort erbringen auf die Frage nach dem Wesen des Tausches. Dies ist der Punkt, an dem der Gang unserer Untersuchung abweicht von dem Denkweg der klassischen Schule. Da wir nicht Angebot und Nachfrage, sondern den Tausch für das Urbild der Wirtschaft halten, müssen wir bei diesem stehenbleiben und stellen jetzt die Frage: *Was ist das Wesen des Tausches?*

Um Mißverständnisse zu vermeiden, muß besonders hervorgehoben werden, daß bis hierher der Gang der Untersuchung das Ziel hatte, von einem voraussetzungslosen Standpunkt aus, mit absoluter Sicherheit, von Tatsache zu Tatsache weiterzuschreiten, um schließlich dahin zu gelangen, das Urphänomen, das Urbild der Wirtschaft zu finden. Was bisher an Tatsachen gefunden wurde, brauchte zunächst nicht dem vollen Inhalte nach erkannt werden, es genügte, einzelne Seiten dieser Tatsachen und vor allem die Zusammenhänge zwischen ihnen mit aller Schärfe zu erfassen. Der Charakter der Untersuchung ändert sich nun. Um das Wesen des Tausches zu erkennen, müssen alle Seiten desselben erfaßt werden, d. h. das Urbild der Wirtschaft muß in seiner Ganzheit erkannt werden.

Das Wesen des Tausches

Aus dem bisher Gesagten geht schon hervor, daß ein Tausch darin besteht, daß ein Mensch Güter, die er selbst hergestellt hat, einem anderen gibt und dafür von diesem andere Güter erhält. Es gehört nun allerdings nicht zum Wesen des Tausches, daß die Güter von den Tauschpartnern selbst hergestellt sein müssen, es genügt, wenn diese sich in ihrem Eigentum befinden. Es gehört ferner nicht zum Wesen des Tausches, daß die realen Güter übergeben werden, wesentlich ist vielmehr, daß das Eigentum darüber dem anderen übertragen wird, z. B. über eine Partie Kokosnüsse, die sich noch in einem Schiff auf hoher See befindet. *Ein wesentlicher Bestandteil des Tausches ist die Eigentumsübergabe.*

Bevor das aber geschehen kann, müssen sich die beiden Tauschpartner einigen. Zuerst werden die jeweiligen Güter genau beschrieben, Qualität, Quantität, Preis und Lieferzeit genauestens festgelegt. Das ergibt einen ganz bestimmten Gesamtwert. Beim reinen Gütertausch werden die Quantitäten so bemessen, daß beide Partien den gleichen Wert haben, denn jeder der Tauschpartner ist streng darauf bedacht, keinen schlechten Tausch zu machen, nicht übervorteilt zu werden. Geschieht es doch, so spricht man von einem ungleichen Tausch, von Ausbeutung, Betrug, Übervorteilung, um damit auszudrücken, daß es kein echter Tausch ist. *Die Gleichwertigkeit der Güter ist ebenfalls ein wesentlicher Bestandteil des Tausches.*

Die Bewertung der Güter ist in vielen Fällen durch Faktoren subjektiver Natur stark beeinflußt, so daß auch die Gleichwertigkeit letztlich auf subjektivem Empfinden beruht. Dies ist auch die Ursache der oft langwierigen und zuweilen sehr temperamentvollen Verhandlungen. Das kann schon an den zwei Jungens beobachtet werden, die wegen eines Tausches von Sammelbildern, Briefmarken usw. „verhandeln". Haben sich schließlich beide Partner über den Wert bzw. die Gleichwertigkeit der Güter geeinigt, so schließen sie eine Vereinbarung, einen Vertrag ab, in welchem alle Einzelheiten der Güter und die Form der Eigentumsübertragung festgelegt sind. Mit der Unterschrift oder der mündlichen Erklärung oder Bestellung usw. ist der eigentliche Tauschakt vollzogen. Alles was noch folgt, Lieferung, Zahlung usw. ist die Erfüllung dieses Vertrages. Der Vertragsabschluß ist somit der in Worten ausgedrückte Willensentschluß, der oft durch Unterschrift oder Handschlag bestätigt wird. Niemals ist ein Tausch denkbar ohne mündlichen oder schriftlichen Vertrag. Es gibt wohl eine Art von Tausch, der dadurch entsteht, daß Geschenke gegeben werden, die Gegengeschenke zur Folge haben, ohne daß darüber vorher eine Fühlungnahme oder Vereinbarung getroffen worden wäre. Diese Art des Tauschens nennt man einen „Austausch". So ist zum Beispiel ein Gespräch ein „Austausch von Gedanken". Daß selbst bei diesen unwägbaren Vorgängen die Gleichwertigkeit auch noch eine Rolle spielt, erkennt man daran, daß ein Gespräch meist rasch versiegen wird, wenn der andere Partner nichts Gleichwertiges dazu beitragen kann. Während also der Austausch die Einigung, die Vereinbarung, den gemeinsamen Willensentschluß, kurz den Vertrag nicht kennt, ist ganz eindeutig *der Vertrag ein wesentlicher Bestandteil des Tausches.* Beim einfachen Kauf über den Ladentisch wird zwar der Vertrag nicht schriftlich, sondern meist nur stillschweigend geschlossen. Daß er aber vorhanden ist, zeigt sich dann, wenn eine Vertragsbedingung nicht eingehalten wird. Stellt die Hausfrau nach ihrem Einkauf fest, daß die Konserven in der Dose verdorben sind, so ist der Vertrag nichtig, die Eigentumsübertragung wird rückgängig gemacht, sie erhält eine andere Dose oder den Gegenwert zurück.

Fassen wir die gefundenen wesentlichen Bestandteile des reinen Gütertausches zusammen, so haben wir

1. Den Vertrag zweier Partner
2. über die gegenseitige Eigentumsübergabe
3. von gleichwertigen Gütern bzw. Leistungen.

Daß ein Tausch ohne diese drei Punkte nicht möglich ist, wurde schon nachgewiesen. Die Frage erhebt sich nun, ob etwa ein wesentliches Element zur Erklärung fehlt. Könnte ein Mensch, der nicht weiß, was ein Tausch ist, an Hand der genannten Prinzipien einen Tausch ausführen? Er könnte z. B. zu der Ansicht kommen, daß er gleichartige Güter tauschen soll, also z. B. einen Zentner Weizen gegen einen Zentner Weizen derselben Sorte oder einen Hundertmarkschein gegen einen Hundertmarkschein. Das würde den genannten Prinzipien entsprechen und doch kein Tausch sein.

In der Praxis kommt es gar nicht vor, weil es ohne Sinn ist, man könnte hierfür höchstens die Bezeichnung „Wechseln" verwenden. Der Sinn des Tausches liegt aber gerade in der Verschiedenartigkeit der Güter, so daß der einzelne Mensch die Herstellung ganz bestimmter eng begrenzter Güter bzw. Leistungen, auf die er sich spezialisiert hat, außerordentlich steigern kann. Tauscht er nun gleichen Wert, so erhält er eine Menge verschiedener Güter, die er niemals allein hätte herstellen können. So gewinnt jeder durch den Tausch, sofern die Gleichwertigkeit gewährleistet ist, jeder erzielt einen echten „Mehrwert", wenn er die eingetauschten

Güter bemißt an dem Arbeitsaufwand, den er selbst einsetzen müßte, vorausgesetzt, daß er überhaupt über das erforderliche Können verfügte. Da dies aber der Zweck oder das Resultat des Tausches ist, liegt es außerhalb des eigentlichen Tauschprozesses.

Es sind nun alle Punkte einer exakten Erkenntnismethodik berücksichtigt, die Wesensbeschreibung trifft auf keinen anderen Tatbestand als den des Tausches zu, mit ihrer Hilfe ist es möglich, einen Tausch durchzuführen und ihn zu verstehen, und andererseits ist doch nicht mehr gesagt als zum innersten Wesen des Tausches gehörte.

Trotzdem hat diese Wesenserkenntnis den großen Nachteil, daß die „Gleichwertigkeit der Güter" eine operative Verwendung für die Erkenntnis der tieferen volkswirtschaftlichen Zusammenhänge ausschließt, weil der jeweilige Wert nur für den einzelnen Tausch gültig ist und somit subjektiven Charakter hat. Es läßt sich aber noch ein anderes, objektives und exakt faßbares Verhältnis der zu tauschenden Güter finden, das zwar für den einzelnen keine große Bedeutung hat und wie eine leere Tautologie aussieht, aber für das volkswirtschaftliche Verständnis später um so wichtiger ist. Es handelt sich um die Tatsache, daß der Gütertausch heute durchweg über das Geld vollzogen wird. Jeder produziert irgendwelche Güter bzw. Leistungen und erhält dafür Geld, für das er sich wieder die Güter kaufen kann, die er benötigt. Der Tausch ist in zwei Phasen aufgespalten. Wenn die eigenen Leistungen/Güter DM 100,— erbringen, können dafür Güter im Werte von DM 100,— eingekauft werden. Mit anderen Worten: die getauschten Güter des vollen Tausches sind preisgleich. Bezogen auf den Preis statt auf den Wert kommt man so zu einer Fassung der Tauschvorgänge, wie sie tatsächlich verlaufen:

Vertrag zweier Partner
über die gegenseitige Eigentumsübergabe
preisgleicher Güter bzw. Leistungen.

Damit ist das Prinzip der Gleichwertigkeit, das ja vor allem wegen des Vorwurfs der Ausbeutung und Übervorteilung auf seiten der unselbständigen Arbeiter und der wirtschaftlich unterentwickelten Länder geprüft werden muß, nicht durch einen Kunstgriff beseitigt, sondern nur verschoben auf den Abschnitt über Bewertung und Preisbildung.

Wenn auch die bisherige Methodik genügt, um jeden Irrtum in der Erkenntnis auszuschalten, so gibt es doch noch eine Art logischer Kontrolle des bisher Erreichten: Der Tausch ist ein Vorgang, in dem Handlungen von Menschen und Bewegungen von Gütern miteinander verflochten sind.

Bezieht man aber zwei Faktoren aufeinander, so gibt es drei mögliche Verhältnisse:

1. Mensch : Mensch
2. Mensch : Güter
3. Güter : Güter

Das Verhältnis zwischen Mensch und Mensch ist beim Tausch weder Geschenk noch Diebstahl, es kann nur die Vereinbarung, der Vertrag sein. Welche Haltung dem Zustandekommen des Vertrages zugrunde liegt, eine friedliche oder kämpferische, kann hier noch nicht ausgemacht werden. Sicherlich kommt in der Praxis auch das Diktat vor, allein widerspricht dies dem Wesen des Tausches völlig, so daß man in solchen Fällen nicht mehr berechtigt ist, von Tausch zu reden. Das Verhältnis Mensch : Güter kann im Falle des Tausches nur das Eigentumsverhältnis sein, das nach der einen oder anderen Seite übertragen wird. Das Lehensverhältnis setzt den Eigentümer schon voraus. Und Arbeit oder Verbrauch ist vor bzw. nach dem Tausch. Das Verhältnis Güter : Güter ist gemäß unserer Untersuchung die Gleichwertigkeit oder die Preisgleichheit, je nachdem man den Wert oder den Preis als Maßstab wählt. Wir benötigen den letzteren für unsere weitere Untersuchung. Auch diese Kontrolluntersuchung ergibt dasselbe Resultat, sie zeigt ferner, daß die drei Wesensbestandteile des Tauschvorganges Urverhältnisse zwischen Menschen und Gütern sind.

Nachdem wir zweifelsfrei festgestellt haben, daß der Tausch die genannten drei Urverhältnisse umschließt, so müssen wir nun weiter prüfen, ob diese selbst nicht wieder aus verschiedenen Komponenten bestehen, die noch zu klären sind.

Die Preisgleichheit der Güter ist ein Faktum, das nicht zusammengesetzter Natur und deshalb völlig eindeutig ist.

Der Eigentumsübertrag bedeutet das Weggeben von Gütern, die sich im Eigentum einer Person befinden. Was ist Eigentum? Es ist leicht zu verdeutlichen am Beispiel der für den eigenen Gebrauch selbst erzeugten Güter. Über die selbstgeschnitzte Flöte, über das selbstgefertigte Kleid verfügt ganz selbstverständlich der Hersteller. Er kann das betreffende Gut selbst verbrauchen oder gebrauchen, er kann es auch verschenken oder zerstören, kurzum, er hat die völlige Verfügungsmacht über das Gut. Nur mit seiner Zustimmung darf ein anderer darüber verfügen. Nimmt es ein anderer ohne seine Erlaubnis an sich, so spricht man von Diebstahl oder Raub. In derselben Weise ist auch im Bürgerlichen Gesetzbuch das Wesen das Eigentums gefaßt. Allerdings ist der Irrtum weit verbreitet, daß die Einrichtung des Eigentums erst von der Gesetzgebung geschaffen worden wäre, daß es ein rein juristischer Begriff sei. Eine einfache Überlegung zeigt, daß es auch in einem Lande ohne Gesetzgebung Eigentum geben müßte, nur wäre jeder Eigentümer von Gütern genötigt, sein Eigentum gegen Diebe und Räuber selbst zu verteidigen. Es muß unterschieden werden zwischen Eigentum und Eigentumsrecht, und dieses ist nichts anderes als der Schutz des Eigentums von seiten des Staates durch seine dafür vorgesehenen Organe. Mit jedem Gut oder Teilgut, das entsteht, entsteht zwangsläufig auch Eigentum, denn es muß ja jemand darüber verfügen. Und es liegt nahe, daß der Hersteller darüber verfügt, daß der Maler über das Bild verfügt, das er gemalt hat. Freilich kann der Hersteller von Teilgütern z. B. des Lackierens nur über diese Leistung des Lackierens verfügen, die er dann tauschen kann. Derjenige aber, der über das Ergebnis seiner Arbeit keine Verfügungsmacht hat, wird Sklave genannt. Er arbeitet für seinen Herrn und dieser versorgt ihn, ohne daß der Sklave auf Art und Umfang der Versorgung einen Anspruch oder Einfluß hätte, d. h., seine Leistung wird nicht gewertet. In diesem Falle reicht die Verfügungsmacht nicht nur über Güter, sondern auch über Menschen, der Sklave war im Eigentum des Herrn, der volle Verfügungsmacht über ihn hatte, daher die treffende Bezeichnung: Leibeigentum. Am deutlichsten erscheint das Wesen des Eigentums, wenn man den Einsiedler betrachtet, der, fern von den Menschen, sich seine Hütte selbst gebaut hat, sich seine Nahrungsgüter selbst sucht und pflanzt. Er hat ganz selbstverständlich darüber volle Verfügungsmacht. Damit ist das Wesen des Eigentums gekennzeichnet. Eigentumsübertrag ist dann: Übergabe der Verfügungsmacht über Güter.

Das dritte Urverhältnis ist der Vertrag. Die zwei Personen haben sich zuerst auf einen Tatbestand geeinigt, denn jeder Vertrag ist eine Einheit, zu der sich beide Partner bekennen. Die Einigung ist ein wesentlicher Bestandteil des Vertrages, ohne sie kommt er gar nicht zustande. Ein Diktat oder eine Anordnung ist kein Vertrag. Freilich finden vor der Einigung mehr oder weniger lebhafte oder gar heftige Verhandlungen statt. Aber diese sind nicht ein wesentlicher Bestandteil des Vertrages, weil in sehr vielen Fällen auch keine Verhandlung stattfindet, sondern das Angebot ohne weiteres akzeptiert wird. Dann folgt die beiderseitige Willenserklärung als der eigentliche Vertragsakt. Die beiden Partner verpflichten sich damit, die Güter bzw. Geld gemäß dem Angebot, auf das man sich geeinigt hat, zu liefern. Beim einfachsten Kauf, z. B. von Zigaretten, aus einem Verkaufsautomat besteht der Willensakt des Käufers darin, daß er die erforderliche Münze einwirft, des Verkäufers, daß er den Automat mit den Gütern aufgestellt hat. Kommen die Zigaretten nicht heraus, so ist der Verkäufer vertragsbrüchig, andererseits ist es der Käufer, wenn er etwas anderes einwirft als gültiges Geld. Außer diesen einfachen Verträgen gibt es sehr komplizierte, die oft eine sehr lange Laufzeit haben. Es ist in einigen Branchen üblich, einen Auftrag über Güter zu erteilen, die erst in einigen Jahren geliefert werden. In diesem Falle wird selbstverständlich der Vertrag schriftlich abgeschlossen, wobei der eigentliche Vertragsakt die beiderseitige Unterschrift ist. Die Unterschrift ist die Willenserklärung, die auch noch gilt, wenn der Vertragspartner inzwischen verstorben ist. Die Willenserklärung ist das gegebene Wort, das Versprechen, das Ja, die Unterschrift. Sie ist auch maßgebend im Vertragsrecht, ein Vertragsbruch kann durch Justiz und Polizei geahndet werden. Auch im Vertragsrecht zeigt sich der Schutz einer menschlichen Betätigung durch die Organe des Staates. Wenn es kein solches Recht gäbe, würde es dennoch Verträge geben, nur wäre das Risiko größer, daß der Vertrag nicht eingehalten wird.

Dies bringt uns zu einem weiteren wesentlichen Bestandteil des Vertrages, der leicht übersehen wird. Nur durch das gegenseitige Vertrauen der Vertragsschließenden, daß der Vertragspartner sein gegebenes Wort einhalten wird, kommt überhaupt ein Vertrag zustande. Selbstverständlich wird nicht immer alles Mißtrauen überwunden werden können, wenn aber das Vertrauen nicht das Mißtrauen überwiegt, kann ein Vertrag nicht zustande kommen. Das Vertragsrecht allein kann das Vertrauen bei weitem nicht ersetzen, denn wenn der Partner kein Geld mehr hat, wenn er dadurch den Vertrag nicht mehr erfüllen kann, sind auch die staatlichen Organe machtlos. Und ausgesprochene Betrüger lassen sich auch nicht so leicht fassen. Deshalb wird meist vor den Vertragsverhandlungen, besonders wenn es um größere Objekte geht, der Vertragspartner auf seine Vertrauenswürdigkeit überprüft. Außer dem persönlichen Eindruck wird dabei das Mittel der Auskünfte zu Hilfe genommen. Erst dann zeigt sich, ob man dem Partner Vertrauen schenken kann. Dies ist eigentlich der erste der wesentlichen Bestandteile des Vertrages.

Analog dazu ist der letzte der Bestandteile des Vertrages die Erfüllung, die Treue zu dem Wort, das man gegeben hat. Wer würde nicht die Versuchung spüren, sich um eine Verpflichtung zu drücken, vertragsbrüchig zu werden? Und ein Vertragsbruch ist ein Vertrauensbruch dem Partner gegenüber und ein Treuebruch gegen sich selbst, gegen das eigene gegebene Wort. Der Begriff der Treue wird meist ganz falsch gefaßt, man versteht darunter eine Art Gehorsam oder Anhänglichkeit einer anderen Person gegenüber. In Wirklichkeit ist Treue die Reinhaltung des eigenen Wesens, bzw. Einhaltung des einmal gegebenen Wortes. Breche ich mein Wort, so bin ich mir nicht selbst treu geblieben und habe das Vertrauen des anderen zu mir gebrochen. Das Gegenteil der Treue ist die im deutschen Wesen so verwurzelte „Nibelungentreue", die dem unehrenhaften Herrscher (Gunther) gehorsam ist und dadurch dem eigenen Wesen untreu wird und so Schuld aufhäuft, die Sühne fordert. Während also Vertrauen das Verhältnis von einem Menschen zum anderen ist — nämlich die Erwartung, daß er treu zu seinem Wort steht — ist Vertragstreue das Verhältnis des Menschen zu seinem einmal gegebenen Wort. Im Englischen ist der Sachverhalt klarer: „true" heißt zugleich treu und wahr.

Das Vertragsrecht, daß dem einzelnen Wirtschaftenden als positive Wirkung erhöhte Sicherheit gibt, hat auch eine sehr negative Wirkung — die Abschwächung der Kraft der Treue. Viele Verträge werden mehr aus Furcht vor gerichtlichen Folgen erfüllt als aus echter Treue.

Eine Zusammenfassung des Wesens des Vertrages ergibt also:

Die Einigung zweier Partner
in gegenseitigem Vertrauen (Erwartung, daß Wort gehalten wird)
auf eine gegenseitige Willenserklärung (Wort geben)
und beiderseitige Treue (Wort halten).

Selbstverständlich muß die Wesensbeschreibung auf alle Verträge zutreffen, also auch z. B. auf die Ehe oder auf die Aufnahme eines neuen Mitglieds in einen Verein, auf einen Vertrag zwischen zwei Ländern usw. Wiederum läßt sich bei einer Nachprüfung die Wesenserkenntnis des Vertrages nicht kürzer aussprechen und andererseits trifft die Beschreibung auf keinen anderen Tatbestand als auf den Vertrag zu. Damit ist nun die Wesenserkenntnis des Gütertausches bis in seine letzten Einzelheiten fertig, sie lautet: Der Gütertausch ist

die Einigung zweier Partner in gegenseitigem Vertrauen auf eine gegenseitige Willenserklärung und beiderseitige Treue	= Vertrag
die Verfügungsmacht über Güter oder Leistungen zu übergeben	= Eigentumsübergabe
die gleichwertig bzw. preisgleich sind	= Preisgleichheit

zum Zweck einer Steigerung der beiderseitigen Güterversorgung.

Der Einwand wird erhoben werden, daß mit einigen der genannten Kategorien die Welt der Werte betreten wird, die von der Wissenschaft gemieden werden muß, weil sie irrational ist. Nun ist aber sowohl eine Willenserklärung als auch Treue ein exakt faßbarer Vorgang. Auch der Tatbestand des Vertrauens ist in jedem einzelnen Fall eindeutig, wenn auch eine ganze Reihe von Operationen subjektiver Art seinem Zustandekommen vorausgehen mögen. Die sachliche Betrachtung der sogenannten „Werte" ist unumgänglich, nur Werturteile müssen vermieden werden. Wenn wahrhafte Erkenntnis des Tausches gewonnen werden soll, so geht es gar nicht anders, als die allgemeingültigen Faktoren aufzusuchen, auch wenn diese seelischer Natur sind.

Diese Faktoren sind durch die Wesenserkenntnis für den Tausch aufgedeckt worden. Und da der Tausch das Urbild der Wirtschaft ist — sie in ihrer Ganzheit enthaltend —, ist der Schluß zwingend, daß die einzelnen Glieder des Tausches den Hauptgesetzmäßigkeiten der Wirtschaft entsprechen müssen.

Die Ur-Funktionen der Wirtschaft

Wieder ist ein Wendepunkt im Gang der Untersuchung erreicht. Die streng analytische Methode, welche Klarheit über den Tausch brachte, weicht nun einem tastenden Suchen nach den Urfunktionen der Wirtschaft. Um Mißverständnisse zu vermeiden, muß gesagt werden, daß dieser Weg durch reine Begriffsarbeit allein kaum zu gehen wäre. In stetiger Wechselwirkung mit der Anschauung der praktischen Wirtschaft wurden vielmehr die folgenden Gedanken konzipiert, die sich erst im Verlauf der Untersuchung zu eigentlichen, im echten Sinne theoretischen Ideen verdichten. Es ist aber unerläßlich, diese ordnenden Gedanken jetzt schon zu entwickeln, weil die Wirtschaftpraxis ja mit ihrer Hilfe begriffen werden soll.

Wie beim Tausch, wird auch bei der Betrachtung der Wirtschaft nichts außer acht gelassen, wenn diese gegliedert wird in Güter/Geld-Verhältnisse, Mensch/Güter-Verhältnisse und rein menschliche Verhältnisse. Als Zweck des einzelnen Tausches wurde die Steigerung der beiderseitigen Güterversorgung festgestellt, sinngemäß wäre daher der Zweck der Wirtschaft die Steigerung der allgemeinen Güterversorgung (des Lebensstandards).

Die Betrachtung der Güter/Geld-Verhältnisse zeigt, daß in der modernen Wirtschaft die unzähligen Tauschvorgänge über das Geld führen, dadurch werden die Güterströme immer auch von Geldströmen begleitet, die — infolge der Preisgleichheit beim zweiphasigen Tausch einander entsprechen. Infolgedessen müssen in der Wirtschaft fließende Gleichgewichtsprozesse zwischen Gütern und Geld eine maßgebliche Rolle spielen. Sofern nun solche Gleichgewichtsprozesse Störungen ausgesetzt sind oder allzu große Schwankungen aufweisen, die vermieden werden sollen, erhebt sich die Aufgabe des Ausgleichens. Es liegt nicht im Wesen des Gleichgewichts, daß es sich selbst herstellt, dazu ist vielmehr menschliches Bewußtsein erforderlich, das aber auch durch das Erfinden und Ingangsetzen von Ausgleichsmechanismen wirken kann.

Das Verhältnis von Menschen zu Gütern ist gekennzeichnet durch den Wechsel von Verfügungsmacht (Eigentum). Nun sind die Menschen in ihrer Leistungsfähigkeit und Leistungswilligkeit außerordentlich verschieden, ja sogar beim einzelnen Menschen ergeben sich je nach der Intensität seiner geistigen Entfaltung und seinem Alter große Leistungsunterschiede. Deshalb muß der Umfang der Verfügungsmacht über Güter der einzelnen Wirtschaftsteilnehmer ebenfalls sehr verschieden sein. Es ist im Hinblick auf den großen Bereich der Wirtschaft eine reich gegliederte Machtstruktur zu erwarten, wobei die Verfügungsmacht des einzelnen seine Begrenzung findet durch die Verfügungsmacht der anderen. Infolge der dauernden personellen Veränderungen kann diese Machtstruktur nicht statisch sein, sondern wird sich in Veränderungsprozessen befinden. Sollte sie sich indessen in solcher Art verändern, daß ein Teil der Wirtschaftsteilnehmer eine übergroße Machtfülle erreicht und ein anderer Teil in ihrer Verfügungsmacht über Güter und Leistungen so beschnitten wird, daß auf dem Wege der Verfügungsmacht über Güter eine Macht über Menschen entstanden ist (sklavenartiges Verhältnis), so wird die Beschränkung zu großer Machtfülle eine wichtige Aufgabe sein. (Der Raub als ein Mittel zur Aneignung von Gütern fällt nicht unter das Prinzip des Wirtschaftens, das nur den freiwilligen Vertrag kennt, er kann daher nur als von außen bewirkte Störung aufgefaßt werden.)

Das rein menschliche Verhältnis beim Tausch ist der Vertrag. Im großen Bereich der Wirtschaft werden nicht nur zweiseitige Verträge geschlossen, sondern auch mehrseitige. Wirtschaftsteilnehmer mit gleichgearteten Interessen schließen sich zu Gruppen (Verbänden) zusammen, die wieder Rahmenverträge mit anderen Gruppen schließen. Es entsteht ein dichtes Geflecht von Beziehungen, die sich überschneiden, überlagern und vielfach verändern. Infolgedessen sind in der Wirtschaft komplizierte Prozesse in einem sich dauernd verändernden Vertragsgefüge zu erwarten. Diese werden zweifellos in irgendeiner Weise in Zusammenhang stehen mit den Wesensgliedern des Vertrages, mit Einigung, Vertrauen, Willenserklärung, Treue. Überträgt man diese Elemente des einzelnen Vertrages auf die Wirtschaft, so entstehen Metamorphosen, die durch die Tatsache des kontinuierlichen Tauschens bestimmt werden, das den isolierten Einzeltausch weitaus überwiegt, weil die gleichen Vertragspartner laufend neue Verträge oder einen Dauervertrag abschließen. Aus dem Element der Einigung kann dann die Atmosphäre der Einigkeit entstehen — eine überaus stark wirksame Realität in menschlichen Zusammenhängen. Das Vertrauen zum anderen entspricht dem Vertrauen zu größeren Gruppen. Die einmalige Willenserklärung wird beim kontinuierlichen Tauschen als Initiative auftreten. Die Treue in der Erfüllung des Einzelvertrages wird zur Treue als Eigenschaft. Diese hängt in kontinuierlichen Verträgen eng zusammen mit dem Vertrauen, das durch sie recht eigentlich begründet wird. Wer über längere Zeiträume hinweg Treue übt, d. h., sein in Verträgen gegebenes Wort einhält, der genießt wachsendes Vertrauen. Ein Treuebruch dagegen kann Vertrauen sehr schnell zerstören, gleichgültig, ob er aus Leichtsinn, Wunschdenken, mangelnden Fähigkeiten oder aus anderen Gründen mangelnder Voraussicht entstanden ist. Das für den Vertrag und das gesamte Vertragsgefüge so notwendige Vertrauen kann also entstehen durch Vertragstreue.

Woraus entsteht das Element der Einigkeit? Es wird sich niemals entwickeln können, wenn Verträge im Bewußtsein eines gänzlich unbefriedigenden Kompromisses auseinanderliegender Meinungen geschlossen worden sind. Dagegen ist dann eine echte Einigung bzw. Einigkeit möglich, wenn die Gedanken und Vorstellungen der Vertragspartner gegenseitig geprüft werden, und mit gutem Willen und nach besten Kräften versucht wird, eine Anschauung des wahren Sachverhaltes zu gewinnen, auch wenn dies eine Korrektur des eigenen Standpunktes verlangt. Das Verstehen des anderen und somit des ganzen Sachverhalts, das Verständnis im vollen Sinne führt für Gutwillige die echte innere Einigkeit herbei. (Böswilligkeit fällt nicht unter das Prinzip des Wirtschaftens, das auf dem freiwilligen Vertrag aufgebaut ist, und kann deshalb nur als Störung der normalen Funktion angesehen werden.)

Und wie kommt Initiative zustande? Sich vertraglich zu etwas verpflichten, dessen Realisierung in der Zukunft liegt und von vielen Imponderabilien bedroht ist, schließt große Risiken ein, je nach der Größe des Objektes, sei es der Bau einer neuen Fabrik oder die Übernahme eines erweiterten Tätigkeitsbereiches. Vielfältige Kenntnisse und Fähigkeiten mögen dazu nötig sein, und doch hängt es zum Schluß an einer einzigen Kraft, durch welche die Initiative zustande kommt oder nicht — am Mut zur Verantwortung. Für das Zustandekommen von Verträgen, Unternehmungen, kommt es nicht darauf an, wie gut oder schlecht etwas vorausgeplant ist (davon hängt vielmehr der Erfolg ab), sondern es kommt auf den Mut an, das niemals völlig zu berechnende Unternehmen zu wagen und später die Folgen zu tragen. Das ist Verantwortung. Aus dem Mut zur Verantwortung entsteht Initiative. Wenn daher in Vertragsgefügen Schwierigkeiten auftreten, was bei der unvollkommenen Menschennatur erwartet werden muß, so werden die Hauptaufgaben in der Stärkung der Treue, des Verständnisses und des Mutes zur Verantwortung liegen müssen.

Alle Wesensglieder des Tausches sind nun auf den Bereich der Wirtschaft im funktionellen Sinne übertragen. Die zu erwartenden Prozesse materieller und geistig-seelischer Art sind aufgezeigt, ebenso die bei etwaigen Störungen erforderliche Art der Aufgaben — damit ist die Frage nach dem Wesen der Wirtschaft beantwortet.

Prozesse	*Aufgaben*
Sich wandelndes komplexes Vertragsgefüge beruhend auf	Bewußte Gestaltung des Vertragsgefüges
Vertrauen	Vertragstreue
Einigkeit	Verständnis
Initiative	Mut zur Verantwortung
Strukturprozesse bezüglich der Verfügungsmacht über Güter	Beschränkung übergroßer Machtfülle
Gleichgewichtsprozesse zwischen Gütern und Geld	Ausgleich bei Gleichgewichtsstörungen

Vergleicht man damit die üblichen Definitionen vom „Wesen der Wirtschaft“, die fast durchweg nur „die vorsorgliche Bedarfsdeckung“ oder „die Wahl zwischen knappen Mitteln für die Zwecke der Bedürfnisbefriedigung“ zum Inhalt haben, so erweist sich deren unzulänglicher Erkenntniswert gegenüber der vollen Wesenserkenntnis. Eine solche Definition trifft ja auch schon auf das Tun des Einsiedlers zu, auf Arbeit und Verbrauch, auf Haushaltsführung und hat mit dem Wesen des Wirtschaftens, dem Tauschen eigentlich gar nichts zu tun. Außerdem werden jene Definitionen auch gar nicht als Erkenntnisinstrument benutzt. Daraus wird ersichtlich, daß exakte Begriffsarbeit so gut wie unbekannt ist. Bei einer

Wissenschaft, die nicht ausschließlich mit Zahlen erfaßt werden kann, ist sie aber unerläßlich[1].

Es ist jetzt noch zu prüfen, ob nicht durch die Gliederung der Wirtschaft auf Grund der Wesensglieder des Tausches heimlicherweise einige nichtabgeleitete Postulate in die Theorie geraten sind. Ein solches ist die Annahme von Störungen der Gleichgewichtsprozesse auf dem Güter/Geld-Sektor. Es würde sich aber nur dann um eine unbewiesene Hypothese handeln, wenn ausschließlich innerwirtschaftliche Störungen behauptet werden würden. Da aber außerwirtschaftliche Störungen (klimatische, politische usw.) auch darunter fallen, die keines Beweises bedürfen, ist die Aufnahme dieses Postulates gerechtfertigt.

Große Unterschiede im Umfang der Verfügungsmacht über Güter wurden hergeleitet von großen Unterschieden in der Leistungsfähigkeit und Leistungswilligkeit der Menschen. Dieses Postulat bedarf wohl keines Beweises. Um es deutlicher zu machen, erscheint seine Einbeziehung in die nachfolgende Untersuchung der praktischen Wirtschaft notwendig, obwohl strenggenommen die Leistung (Arbeit) des einzelnen Menschen außerhalb und nur ihre Bewertung innerhalb des Problemkreises der Wirtschaft liegt. Die Wirtschaft hat keinen anderen Zweck, als den reibungslosen Tausch von Gütern und Leistungen zu ermöglichen, damit der Mensch sich auf eine spezielle Arbeit konzentrieren und dafür dennoch alle Güter erhalten kann, deren er bedarf.

Ein weiteres, nichtabgeleitetes Postulat ist die Unvollkommenheit der geistig-seelischen (moralischen) Menschennatur, aus welchem die Erwartung von Schwierigkeiten in allen Vertragszusammenhängen abgeleitet wird. Auch dieses Postulat ist offenkundig und bedarf keines Beweises.

---

[1] Beispiele von Definitionen:

Adolf *Weber:* „Eine Mittel und Zwecke abwägende Tätigkeit, um vorsorglich knapp zur Verfügung stehende Mittel für die Bedürfnisbefriedigung bereitzustellen. — *Gottl:* „Vorsorgliche Deckung des Bedarfs". — F. B. W. v. *Hermann:* „Messende, ordnende, Mittel und Zwecke ordnende Tätigkeit." — Andreas *Paulsen* bzw. Lionel *Robbins:* „Die Wissenschaft, welche menschliches Verhalten untersucht, als Beziehung zwischen Zielen und knappen Mitteln, welche verschiedene Verwendungsmöglichkeiten haben." — Wilhelm *Röpke:* „Wirtschaften ist nichts anderes als die festgesetzte Wahl zwischen verschiedenen Möglichkeiten und die Nationalökonomie im Grunde nichts anderes, als die Lehre von den Alternativen." — Othmar *Spann:* „Objektiv: ein Gebäude von Mitteln für Ziele, subjektiv: das Abwägen und Widmen der Mitteln für Ziele." — Erich *Schneider:* „Gegenstand der Wirtschaftswissenschaft ist jener Ausschnitt menschlichen Handelns, der in Verfügungen über knappe Mittel zur Erfüllung menschlicher, aus Bedürfnissen und Wünschen resultierender Zwecke besteht."

Schließlich steckt noch ein etwas verstecktes Postulat in unserer Theorie: die Annahme, daß der Mensch in der Lage ist, seine geistig-seelischen Eigenschaften und Fähigkeiten zu ändern, einige solcher Eigenschaften sich abzugewöhnen und neue Fähigkeiten sich anzuerziehen. Hier wird eine weitverbreitete Meinung einwenden, daß das Geistig-Seelische die eigentliche Existenz der Menschen sei, das von der Natur oder Gott gegebene unveränderliche Sein des Menschen, und daß es nicht in seiner Macht liege, dasselbe willkürlich zu verändern. Zahllose Beispiele menschlicher Entwicklung, Entfaltung, Verwandlung, die nicht durch äußere Einflüsse, vielmehr durch innere Aktivität erreicht worden sind, widerlegen diesen Einwand. Es gibt eindeutig diese Entwicklungen. Auch wenn sie nicht von Menschen allein bewirkt werden, ändert das nichts an der bekannten Tatsache, daß härteste, langwierige Bemühungen die unerläßliche Voraussetzung dazu sind. So ist durch offenkundige Erfahrung auch dieses Postulat gerechtfertigt. Damit sind alle Postulate der Theorie genannt.

Der Einwand wird sicherlich erhoben werden, daß die vorgelegte Theorie eine unzulässige Vermischung zwischen theoretischen und politischen Bestandteilen sei, denn Wissenschaft habe nicht auszusagen, was sein soll, sondern nur, was ist. Ein solcher Einwand verkennt das Wesen der Erkenntnis. Die Wissenschaft hat nicht die Aufgabe, nur Teile des betreffenden Gegenstandes zu erkennen, sondern das Ganze. Und dazu gehört im vorliegenden Falle die Wirtschaft in ihrer gesunden Funktion. Ob die Aussagen der Wissenschaft hinterher angewandt werden oder nicht — das erst ist eine Angelegenheit, die außerhalb des wissenschaftlichen Bereiches liegt.

Es wird ferner eingewandt werden, daß es unzweckmäßig sei, die genannten Gebiete zusammen zu behandeln, da sie zu verschiedenartig sind und teilweise in die Gebiete der Soziologie, Psychologie, Rechts- und Staatswissenschaften usw. fallen. Dem wäre zu erwidern, daß gerade wegen dieser Auseinandertrennung das Wesen der Wirtschaft noch nie richtig erfaßt werden konnte, denn es ist eine unbestreitbare Realität, daß die beschriebenen Kräfte in der Wirtschaft gleichzeitig wirken, daß der darin tätige Mensch ungeteilt vorhanden ist und zwischen diesen Kräften abwägt. Wenn nur Teile behandelt werden, so kann das Ganze nicht erkannt werden, weil es etwas anderes ist als die Summe der Teile.

Als weiterer Einwand ist zu erwarten, daß die Theorie zu unbestimmt oder zu allgemein gehalten sei. Diese Ansicht ist insofern richtig, als die bisherige begriffliche Arbeit der Schaffung des theoretischen Instrumentariums diente, mit dessen Hilfe nunmehr die einzelnen Zusammenhänge der Wirtschaft aufgeklärt werden sollen. Insofern kann die Theorie erst fertig sein, wenn diese Klärung erfolgt ist. Trotzdem liegt der Kern jeder Theorie in der begrifflichen Arbeit, während die Durchforschung der Wirtschaftspraxis eigentlich nur eine Prüfung jener theoretischen Sätze auf ihre Richtigkeit (Verifikation) ist. In der Literatur und Publizistik wird leider das Wort Theorie so mißbraucht, daß das große Publikum sich darunter beinahe das Gegenteil dessen vorstellt, was sein eigentlicher Inhalt ist: die Wahrheit.

Zweiter Teil

Die Praxis der Wirtschaft

Ein Blick in die praktische Wirtschaft zeigt uns, daß es drei geschlossene Arten derselben gibt:

1. Die Einzelwirtschaft (Betriebswirtschaft), die durch eine einheitliche Gewinn- und Verlustrechnung gegenüber anderen Einzelwirtschaften und der Volkswirtschaft abgegrenzt ist.
2. Die Volkswirtschaft, die gegenüber anderen Volkswirtschaften durch ein einheitliches Währungssystem abgegrenzt ist.
3. Die Weltwirtschaft, die durch unseren Planeten begrenzt ist.

Es wird sich im weiteren Verlauf zeigen, wie außerordentlich wichtig es ist, exakt zwischen diesen Bereichen zu unterscheiden, um nicht dem Irrtum zu verfallen und Verwirrung zu stiften. Die systematische Gliederung, die wir durch unsere theoretische Untersuchung gewonnen haben, wenden wir nunmehr an, d. h., wir suchen nach den Urfunktionen in der praktischen Wirtschaft. Dabei wird sich erweisen, welches Gewicht ihnen dort beigemessen wird. Die großen Problemkreise werden getrennt nacheinander behandelt, die Güter/Geld-Verhältnisse, die Zusammenhänge zwischen Menschen und Gütern und schließlich die rein menschlichen Beziehungen. Zuerst jedoch ist eine kurze Übersicht über den Charakter der selbständigen und unselbständigen Arbeit erforderlich, um einen Beurteilungsmaßstab für deren spätere Bewertung zu haben.

Der Charakter der Arbeit und der Teilarbeit in der arbeitsteiligen Wirtschaft

Die Entwicklung der modernen industrialisierten Wirtschaft hat zur Aufspaltung der Arbeit in so engbegrenzte Teilarbeiten geführt, daß vielfach gar kein Bewußtsein mehr davon vorhanden ist, was alles zur Herstellung eines fertigen Gutes, also zu einer Voll-Arbeit nötig ist.

Schon bei der Herstellung eines Gutes für den eigenen Bedarf, z. B. eines Möbels, Kleides usw., zeigt sich, daß zuerst ein Entwurf (Zeichnung, Modell, Rezept usw.) angefertigt werden muß, bevor mit der ausführenden Stoffbearbeitung begonnen werden kann, und daß diese Arbeit des originalen Entwerfens (nicht des Kopierens!), die eigentlich schöpferische Arbeit, sehr viel schwieriger ist, weil sie neben technischem Können noch Ideenvermögen, Phantasie und plastische Vorstellungskraft erfordert.

Die selbsthergestellten Güter spielen jedoch heute die geringste Rolle. Was produziert wird, ist für andere bestimmt. Der selbständige Freiberufliche (Goldschmied, Graphiker, Vertreter, Händler usw.), hat dadurch weitere Aufgaben zu erfüllen. Zuerst einmal muß er die Bedürfnisse derjenigen Käufer erforschen, die für seine Art von Gütern Interesse haben. Dieser Teil der Arbeit wird im großen Unternehmen, in welchem hierfür eine besondere Abteilung eingerichtet ist, als Marktforschung oder Motivforschung bezeichnet. Sind die gewonnenen Vorstellungen nicht zutreffend, wird später die Produktion nicht zu verkaufen sein.

Ist das zur Produktion vorgesehene Erzeugnis entworfen, muß es kalkuliert werden, es müssen die gesamten Kosten zusammengestellt, der Mindestpreis errechnet und dem mutmaßlichen Verkaufspreis gegenübergesetzt werden. Jede Kalkulation enthält eine Reihe unbekannter Faktoren, besonders Umfang und Dauer der Verkaufsmöglichkeit, welche die Übersicht erschweren. Ist gar noch ein Irrtum darin enthalten, so kann es böse Überraschungen geben. Dieser Teil der Arbeit erfordert daher umfassende Kenntnisse des Marktes und exakte Vorausschätzungen der Entwicklung.

Es folgt nun der Herstellungsentschluß, die eigentliche Risikoübernahme, welche noch zur Voraussetzung hat die Finanzierungsmöglichkeit bzw. die Beschaffung von Kredit. Handelt es sich um ein großes Wagnis, so kann das Ringen um diesen Entschluß Monate und Jahre in Anspruch nehmen. Dieser Entschluß, der sich hinterher so punktuell ausnimmt, ist eine der schwerwiegendsten Aufgaben des selbständig Wirtschaftenden und Unternehmers.

Als nächste Arbeit folgt die Miete geeigneter Räume (bzw. der Bau einer Fabrik) und die Beschaffung der notwendigen Werkzeuge, Maschinen usw. (Investitionen). — Der Einkauf gemäß Kalkulation und Entwurf bzw. Rezept erfordert genaue Kenntnis der Rohstoffe und der preiswertesten Bezugsquellen. Da Rohstoffe oft sehr ungleich in der Qualität ausfallen, ist die Kenntnis von Prüfungsmethoden erforderlich, die es gestatten, ihre Beschaffenheit einwandfrei festzustellen.

Sind die Rohstoffe da, beginnt die Arbeit der ausführenden Stoffbearbeitung, wie schon erwähnt. Der selbständige Freiberufliche führt sie allein aus, im Unternehmen wird sie wiederum in viele Teilarbeiten aufgeteilt.

Nach Fertigstellung der Güter kommt die Arbeit des Verkaufens; bei allen Einzelanfertigungen und bei manchen Massengütern erfolgt der Verkauf vor der Produktion. Die Gesamtheit der Verkaufsbemühungen wird auch als Werbung bezeichnet, unter welche z. B. ebenso der Stil eines Briefes oder Gespräches gerechnet wird.

Schließlich ist noch eine allgemeine Verwaltung erforderlich, Auftragsbearbeitung, Statistik, Registratur, Buchhaltung, Betriebsabrechnung usw. Auch diese Arbeiten sind wichtig, um jederzeit einen klaren Überblick über den Stand der Finanzen und des Verhältnisses zwischen Produktion und Aufträgen zu haben.

Die bisher genannten verschiedenartigen Arbeiten müssen alle vom selbständig Freiberuflichen geleistet werden, sie gehören also zu einer Voll-Arbeit (selbstverständlich mit Abwandlungen im einzelnen Beruf, z. B. erfolgt beim Händler statt der Entwurfsarbeit das richtige Auswählen aus einem umfassenden Güterangebot usw.). Im Unternehmen werden diese Arbeiten aufgeteilt an einzelne Angestellte, oder bei größeren Unternehmen an ganze Abteilungen.

Im Unternehmen mit unselbständig Beschäftigten kommen in diesem Zusammenhang noch weitere Arbeiten hinzu, die mit der Organisation zusammenhängen. Die Produktion muß möglichst exakt langfristig vorausgeplant werden unter Berücksichtigung der mutmaßlichen Verkaufs- und Herstellungsmöglichkeiten. Eine weitere und wichtige Aufgabe ist die langfristige und kurzfristige Verteilung der Arbeit auf einzelne, möglichst dafür gut befähigte Personen sowie das Maß der zu übertragenden Verantwortung und die relative Bewertung des Arbeitsplatzes und die bestmögliche Auswahl bei der Einstellung.

Die Koordinierung zwischen den einzelnen Sektoren ist notwendig durch Informationen über die Zusammenhänge zwischen den aufgeteilten Arbeiten. Die immer wieder sich wandelnden Arbeitsprozesse machen stetige Anleitung und Unterweisung erforderlich. Dazu gehört auch die überaus wichtige Aufgabe einer guten Lehrlingsausbildung. Schließlich bedürfen die Arbeitsergebnisse einer täglichen exakten Prüfung und Kontrolle, um Fehler und Mängel frühzeitig erkennen und ausschalten zu können.

Eine solche ungefähre Aufgliederung der Voll-Arbeit in Teilarbeiten findet sich — mit einigen Variationen — in jedem Unternehmen. Die Kenntnisse darüber in der Öffentlichkeit sind allerdings mehr als dürftig, man findet groteske Vorstellungen über die Arbeitsarten und ihre Verteilung.

Nach ihren verschiedenen Ebenen können sie also folgendermaßen dargestellt werden:

Produktbezogene Arbeiten:
Schöpferische Eigengestaltung (Entwurf, Rezept, Forschung)
Ausführende Stoffbearbeitung (Technik)

Wirtschaftliche Arbeiten:
Vorstellung fremder Bedürfnisse (Marktforschung)
Kalkulation und Preisfestsetzung
Herstellungsentschluß (Risiko, Finanzierung)
Beschaffung der Produktionsmittel (Investitionen)
Rohmaterialeinkauf
Verkauf (Werbung)
Verwaltung, Auftragsbearbeitung, Statistik, Lagerhaltung, Buchhaltung (Bilanz)

Organisatorische Arbeiten:
Produktionsplanung
Aufgabenstellung, Arbeitsverteilung, Arbeitsplatzbewertung
Koordinierung, Information, Vorschlagswesen
Einstellung, Anleitung, Lehrlingsausbildung
Kontrolle der Arbeitsergebnisse

Alle diese Arbeiten muß der Unternehmer überschauen, um richtige Entscheidungen zu treffen und die Stellen richtig besetzen zu können. Es kann der Einwand erhoben werden, daß für den Unternehmer gar keine Arbeit mehr zu tun übrigbleibt, wenn alle Arbeiten an andere aufgeteilt sind, oder es wird auch die Meinung vertreten, die Arbeit des Unternehmers sei ebenso eine Teilarbeit wie jede andere. Eine einfache Überlegung zeigt jedoch, daß der Inhalt aller aufgegliederten Teilarbeiten von den Herstellungsentschlüssen, die auf jeden Fall beim Unternehmer liegen, jeweils bestimmt werden. Auch fühlt sich der Buchhalter durchaus nicht verantwortlich für das Ergebnis der Bilanz. Aus der Gesamtsicht des Unternehmers erfolgen Entscheidungen, die im einzelnen Bereich gar nicht beurteilt werden können. Gegensätzliche, sich ausschließende Vorschläge kommen von den einzelnen Bereichen. Was zu tun ist, muß der Unternehmer entscheiden, der die Verantwortung zu tragen hat im Falle eines Mißlingens. Und er muß die leitenden Positionen *richtig* besetzen. Die Summe der Teilarbeiten ist also nicht die Voll-Arbeit, sondern umgekehrt: von der Voll-Arbeit aus, die der Unternehmer konzipiert, wird Richtung, Art und Umfang der Teilarbeiten bestimmt, die von den Angestellten und Arbeitern, als seinen Helfern, geleistet werden.

A. Die Güter/Geld-Verhältnisse in der Wirtschaft

Jetzt wird der eigentliche Bereich der Wirtschaft betreten, wo getauscht wird, wo Leistungen bewertet werden. Die immer noch scharfen Kontroversen über die Fragen des „gerechten Lohnes", der Investitionen, Preise und Gewinne sind hier zu untersuchen. Ferner die Entstehung von Inflation, Depression, Arbeitslosigkeit. Wer bedenkt, wie oft solche Übel die Ursache waren von sozialen Wirren und Kriegskatastrophen, der wird diesen Problemen gewiß die nötige Bedeutung beimessen. Aber auch die Probleme der Währungsstabilität und der Bestimmung der internationalen Währungsrelationen fallen in diesen Bereich. Kein Wunder, daß die Wirtschaftswissenschaften sich vornehmlich um die Aufklärung dieser quantitativen Vorgänge bemühen.

Um in das Verständnis dieser Prozesse stufenweise einzudringen, erweist es sich als zweckmäßig, sie zuerst in der kleinsten Wirtschaftseinheit, dem Betrieb, dem Unternehmen aufzusuchen, wo die Entstehung von Gütern und Geld am anschaulichsten zu verfolgen ist.

Die relative Bewertung der Arbeitsleistungen (Teilgüter)

Bis heute hält sich hartnäckig die von Smith/Ricardo und Marx eingeführte Meinung, daß die durch Lebensmittel reproduzierbare „Arbeitskraft" durch den Lohn bewertet werde. Eine abstrakt juristische Auslegung mag zu dieser Auffassung kommen, weil nach dem Arbeitsvertrag der Zeitlohn auch bezahlt werden muß, wenn die Arbeitsleistung ungenügend oder unbrauchbar ist. Tritt ein solcher Fall aber ein, so wird der Arbeitsvertrag aus eben diesem Grunde aufgelöst, ein Beweis dafür, daß die trotzdem erfolgte Zahlung nur die Milderung einer Härte bedeutet, eine menschliche Hilfeleistung. Kann die im mündlichen oder schriftlichen Arbeitsvertrag vereinbarte Arbeitsleistung aus Mangel an Kenntnissen oder Fähigkeiten nicht erfolgen, so wird der Vertrag gekündigt. Es wird also in Wirklichkeit nur die tatsächliche fertige Arbeitsleistung (Gut) oder Teilarbeitsleistung bewertet. Beim Stücklohn (Akkord) tritt diese Tatsache noch viel deutlicher hervor. Ungenaue, unbrauchbare Stücke werden nicht bezahlt. Wenn auch in den Arbeitsverträgen mit Hilfsarbeitern und -arbeiterinnen, oder auch mit Kontoristinnen keine spezielle Tätigkeit genannt wird, sondern nur von allgemeinen einfacheren Arbeiten die Rede ist, so nur deshalb, weil die erforderlichen Arbeiten im voraus nicht konkret bestimmbar sind. Auf keinen Fall kann daraus der Schluß gezogen werden, daß „Arbeitskraft" gleich einer Ware verkauft wird, denn auf die Dauer — funktional gesehen — werden nur fertige Leistungen, Teilgüter bezahlt. So wie der selbständige Handwerker Güter oder Dienstleistungen an den Verbraucher verkauft, so verkauft der Arbeiter Teilgüter, Teilleistungen an den Unternehmer.

Damit kann der unglückselige Gedanke der Bezahlung der Arbeitskraft ohne Berücksichtigung der Leistung, der allein für den Sklaven angemessen ist, verlassen werden. Nicht der Mensch wird in der Wirtschaft bewertet, sondern allein die fertige Arbeitsleistung, das brauchbare Gut, oder die fertige Teilarbeitsleistung. Und somit ist der Lohn nicht der Preis für die Arbeitskraft, sondern der Preis für eine Teilarbeitsleistung, für ein Teilgut. So wie der Unternehmer einen Vertrag abschließt, um einen Rohstoff zu kaufen oder um den Rat des Werbeberaters zu erhalten, so schließt er einen Vertrag ab mit einem Werkzeugmacher, der Werkzeuge anfertigt, mit einer Stenotypistin, die Briefe schreibt. Diese Werkzeuge, diese Briefe sind Teilarbeitsleistungen, Teilgüter, die er genauso benötigt wie Stabeisen, Messingdraht oder Briefpapier für die Güter, die er herstellt und auf den Markt bringt, z. B. Verpackungsmaschinen.

Das Resultat dieser einleitenden Klärung über den Gegenstand der Bewertung bzw. den Charakter der Teilarbeitsleistungen widerspricht nicht unserer Theorie, in welcher der Begriff der Arbeitskraft ebenfalls nicht vorkommt. Wohl ist für das Hervorbringen jeder Arbeitsleistung körperliche und geistige Kraft erforderlich, aber entscheidend ist und bleibt in der Praxis allein, ob die entstandene Leistung brauchbar ist oder nicht.

Über die Methode der Bewertung orientieren wir uns am sichersten an den Tarifverträgen der Sozialpartner, dann haben wir die von allen Seiten anerkannte Bewertungsgrundlage für verschiedene Leistungen. Der Manteltarifvertrag zwischen dem Verband Badisch-Württembergischer Metallindustrieller mit der Industrie-Gewerkschaft Metall vom 6. 9. 56 sieht folgende Staffelung vor:

A. Gelernte Arbeiter	100 %
B. Angelernte Arbeiter und angelernte Arbeiterinnen	90 %
C. Ungelernte Arbeiter	85 %
D. Arbeiterinnen	77,5%

Außerdem erfolgt noch eine Staffelung vom 21. Jahr abwärts bis zum 14. Jahr. Ferner sind Zulagen vorgesehen bei besonderer Erschwerung der Arbeit infolge Hitze, Dämpfen, Rauch, Schmutz u. dgl. Dies betrifft die physische Seite der Arbeit, währenddem die vorgenannte Staffelung die geistigen Unterschiede der Arbeit betrifft.

Wenn auch in diesen Gruppierungen nur von exakt vorgeschriebenen Arbeiten die Rede ist, so bestehen doch einige Unterschiede, die durch die Bezeichnungen Gelernt, Angelernt und Ungelernt ausgedrückt sind. Da alles Lernen eine geistige Angelegenheit ist und dieses Lernen sich auf Fähigkeiten bezieht, die man sich angeeignet haben muß, so beruhen die Unterschiede in der Bewertung der Arbeitsleistungen hauptsächlich auf den größeren geistigen Anforderungen. Nicht die Schwere der Arbeit in bezug auf Muskelkraft, sondern in bezug auf die Kompliziertheit wird höher bewertet. Es gibt auch nicht nur ein einmal erworbenes Zeugnis, sondern jeder kann zum gelernten Arbeiter mit der Zeit aufsteigen. Und es darf hinzugefügt werden: das Zeugnis rettet auch nicht vor dem Abstieg, wenn die Leistungen zu sehr absinken, immer entscheidet die effektive, fertige Arbeitsleistung. Im Betriebe gibt es aber noch eine weitere Stufe, die wiederum höher bewertet wird als der Facharbeiter — der Vorarbeiter oder Meister-Stellvertreter. Er hat sich weitergehende Fähigkeiten erworben (Menschenführung, Kenntnisse und Übersicht über einen bestimmten Bereich) als sie vom Facharbeiter verlangt werden. Dadurch führt er neben seiner sonstigen Arbeit noch einige organisatorische Arbeiten durch, diese seine höhere Leistung wird höher bewertet, vielleicht zu 120—140 vH des Facharbeiterlohns. Auch dieses Beispiel zeigt, daß mit dem Steigen des geistigen Anteils an der Arbeit die Bewertung steigt.

In den Gehaltsabkommen für kaufmännische Angestellte der Industrie für Baden-Württemberg vom 1. 7. 1959 ist ebenfalls die Abstufung nach höheren oder niedrigeren Fähigkeiten klar zum Ausdruck gebracht. Die erste Stufe sind einfache Arbeiten. Die zweite Stufe erfordert „Kenntnisse, die durch eine vollendete Berufsausbildung oder auf eine andere Weise erworben worden sind“. Auf der dritten Stufe ist die Rede von

„erhöhten Fachkenntnissen, die Erfahrungen erfordern" und von „selbständigen Arbeiten im Rahmen allgemeiner Anweisungen". Die vierte Stufe erfordert „selbständige und verantwortliche Tätigkeit", „umfangreiche Berufserfahrung" und „Überblick" und bezeichnet die selbständige Führung kaufmännischer Abteilungen, etwa des Einkaufs, Verkaufs usw. Dann ist noch eine fünfte Stufe aufgeführt, in der hochwertige Tätigkeiten und Dispositionsbefugnisse genannt sind. Und wie verhält es sich mit der Bewertung dieser Stufen? Im Abkommen vom 1. 7. 1960 erhält die erste Stufe DM 403,—, die zweite DM 499,—, die dritte DM 657,—, die vierte DM 810,—, die fünfte nach freier Vereinbarung. Dies deutet schon darauf hin, daß es im Bereich der höheren Tätigkeiten noch viele Stufen gibt, die sich aber mit keinem Schema fassen lassen, und für welche Gehälter bis zu DM 5000,— und mehr bezahlt werden. Von Amerika wird der extreme Fall berichtet, daß ein Großunternehmen für einen genialen Mann eine Million Dollar im Jahr bezahlte. Aber auch in Rußland sind die Bewertungsstufen ganz ähnlich wie in den westlichen Ländern, d. h., es wird nach Leistung bezahlt.

Die absolute Höhe der Löhne und Gehälter ändert sich laufend und ist Gegenstand der volkswirtschaftlichen Bewertung. Die relativen Bewertungsunterschiede aber sind ziemlich gleichbleibend. Bevor wir aber diese Bewertungsunterschiede akzeptieren, wollen wir sie doch auf ihre Gründe hin überprüfen. Dem Mann am Schraubstock kommt sowieso die Arbeit am Schreibtisch verdächtig vor. In einem mittleren Unternehmen, in dem für ungefähr 10 Millionen DM Güter eingekauft werden müssen, kann ein sehr guter Einkäufer gegenüber einem „nur" guten Einkäufer dem Unternehmen vielleicht 50—100 000,— DM einsparen, also einen Betrag, der weit über sein Gehalt hinausgeht. Ein sehr guter Verkaufsleiter wird vielleicht 50 vH mehr verkaufen können als eine durchschnittlich befähigte Persönlichkeit. Und in dieser Weise können Erfinder, entwerfende Künstler, Marktforscher, Werbeleiter, Betriebsleiter, Konstrukteure bis zum Leiter einer kleinen Abteilung dem Unternehmen sehr viel mehr an Umsatzentwicklung oder Kosteneinsparung bringen, als ihr Gehalt ausmacht. Durch den Ausbau des Vorschlagswesens soll es auch dem einfachen Arbeiter möglich gemacht werden, fruchtbringende Ideen zu entwickeln und vorzubringen, denn immer sind es Ideen, Kenntnisse, Erfahrungen, also geistige Fähigkeiten, das sogenannte „Können", die die höhere von der niedrigeren Arbeit unterscheiden. Der Arbeiter oder Angestellte, der ausschließlich die genau umgrenzten Anweisungen der leitenden Personen ausführt, ohne einen eigenen Gedanken zur Verbesserung oder Vereinfachung der Arbeit beizutragen, profitiert im eigentlichen Sinne von jenen leitenden Persönlichkeiten, die eine größere Leistung bringen, als sie an Gegenleistung erhalten. Die Arbeit eines einfachen Hilfsarbeiters hat sich nicht viel verändert in hundert Jahren, wenn er aber für seinen Lohn heute um ein Vielfaches mehr kaufen kann als damals, so liegt es nicht an ihm, sondern an jenen, die neue Maschinen erfunden, ihre Aufstellung riskiert und den Fluß der Arbeit besser organisiert haben. Ein weiterer Beweis für diesen Sachverhalt findet man in der Tatsache, daß in Ländern, die keine Organisatoren haben, oder wo solche sich nicht entfalten können, der Lebensstandard des einfachen Mannes nicht ansteigt. Und der zitierte Mann mit dem Gehalt von 1 Million Dollar verwandelte das notleidende Unternehmen in ein aufstrebendes, gewinnbringendes. Er war die Ursache dafür, daß dieses Unternehmen viele Millionen Dollar Gewinn machte, seine Leistung war um ein Vielfaches größer als das Gehalt, das er bezog.

Die Überprüfung der relativen Bewertung in Lohn und Gehalt ergibt die Berechtigung der großen Unterschiede der Leistungsbewertung. Diese Unterschiede in der Leistung sind im Gegenteil noch weiter größer als die Unterschiede in der Bewertung. In Wirklichkeit verzichtet der leitende Angestellte auf einen großen Teil des Gegenwertes seiner vollen Leistung. Es könnte nun der Einwand erhoben werden, daß die höhere Leistung deswegen kein höheres Einkommen verdiene, weil sie auf einem Bildungsvorsprung oder auf mitgebrachten Fähigkeiten und Talenten beruhe, die nicht das Verdienst des einzelnen seien. Diesem Einwand wird das Argument entgegentreten, daß es viel mehr das mühevolle Lernen und Arbeiten, das beharrliche Verfolgen eines Zieles ist, welches zu großem Können und Leistungen führt. Wollte man aber den Mehrertrag, der aus den höheren Talenten stammt, richtig verwenden, so müßte man das nach den Intentionen der Schöpfung tun, die die ungleichen Fähigkeiten verteilte. Die Frage nach den Ursachen der Leistung führt aber in nicht-wirtschaftliche Bereiche. Die Wirtschaft hat es zu tun mit der Feststellung der Leistung und mit ihrer Bewertung. Aus demselben Grunde kann die Frage der Unterstützung für diejenigen, die keine oder keine Leistungen mehr verrichten können, nicht aus dem wirtschaftlichen Bereich beantwortet werden, sondern aus dem Bereich der Sittlichkeit. Ein weiterer Einwand könnte geltend machen, daß Leistungen, die höchste geistige Fähigkeiten erfordern, wie zum Beispiel beim Lehrer, Forscher oder echten Künstler, viel geringer bewertet werden als andere einfachere Arbeiten. Sofern es sich um wirklich große Leistungen handelt, ist eben dafür noch kein breiteres Verständnis und deshalb kein Bedürfnis vorhanden, denn dieses ist es letzten Endes, das den Arbeitsaufwand rechtfertigen muß und so maßgebend ist für die Bewertung.

Bei allen Arbeiten aber, die notwendig sind für die Herstellung begehrter Güter, kann zusammenfassend gesagt werden: Je schwieriger die Arbeitsleistung, desto höher ist die Bewertung. Mit dem höheren Schwierigkeitsgrad steigt hauptsächlich der geistige gegenüber dem körperlichen Anteil an der Arbeit. Die effektive Leistung der leitenden Angestellten ist oft höher als ihre Bewertung. Hier ist demnach das Prinzip der Gleichwertigkeit zwischen Leistung und Gegenleistung nicht immer erfüllt.

Für die gleiche Arbeit wird in verschiedenen Ländern ein außerordentlich verschiedener Lohn oder Gehalt bezahlt. Das erscheint nicht gerechtfertigt. Der Grund dafür liegt nicht in der individuellen Leistung, sondern im Entwicklungsgrad der jeweiligen Volkswirtschaft, wie sich später zeigen wird. Im ganzen bestätigt die Methode der Bewertung die erheblichen qualitativen Unterschiede der Arbeit, die im vorangegangenen Abschnitt beschrieben worden sind.

Die Leistungen des Unternehmers und der Gewinn

Was der Lohn für den Arbeiter ist, ist der Gewinn für den Selbständigen und Unternehmer. Er stellt zunächst das Einkommen dar, von dem er leben muß. Der Gewinn oder Verlust wird am Jahresende ermittelt in der Gewinn- und Verlustrechnung, der Gegenüberstellung der Ausgaben und Einnahmen, der Bilanz, die jedes Unternehmen erstellen muß. Es ist zu bedenken, daß die Rechnung aus ungeheuer vielen Tauschvorgängen zusammengesetzt ist. In einem mittleren Lebensmittelgeschäft oder in einem mittleren Industriebetrieb ist deren Anzahl etwa 100—200 000. Hier tritt die Urfunktion des Gleichgewichts schon deutlich zutage, ja, es wird in allen Ländern dieser Vorgang mit eben diesem Wort bezeichnet: Balance, Bilanz. Wenn der Gewinn als die angemessene Gegenleistung für die Leistungen des Selbständigen oder Unternehmers angesehen werden kann, so ist das vollkommene Gleichgewicht erreicht, die Ausgaben und Einnahmen sind gleich, „halten sich die Waage".

Werfen wir nun einen Blick in die Wirtschaft, um einen Anhaltspunkt über die Höhe der Gewinne von Selbständigen oder Unternehmen zu bekommen, so stellt sich heraus, daß diese Gewinne unglaublich verschieden sind. Nehmen wir das Beispiel berühmter Künstler, Rechtsanwälte usw. Der Gewinn ist natürlich nicht gleich der Höhe der Einnahmen, denn auch hier sind erhebliche Ausgaben zu bestreiten, immerhin können die Gewinne mehrere hunderttausend DM erreichen. Auf der anderen Seite erreichen sie bei einem „Kollegen" vielleicht nicht einmal das Existenzminimum, weil die Leistungen nicht ausreichen, um zu entsprechenden Verträgen zu kommen. Dieses Beispiel ist zwar kraß, aber es zeigt die Problematik deutlich. In der Landwirtschaft, im Einzelhandel und Großhandel sind die Unterschiede nicht so gewaltig, weil dort die qualitativen Leistungen weniger differieren. Erhöhte quantitative Leistungen von Großbetrieben dieser Wirtschaftzweige zeitigen natürlich auch erhöhte Gewinne. Beim Handwerk sind die qualitativen Leistungsunterschiede schon wieder ausschlaggebend, z. B. in der Schneiderei, Konditorei, Möbelherstellung, Goldschmiedekunst usw. Vom Können des Handwerkers hängt der Gewinn ab, das ist eindeutig. Es gibt Handwerksbetriebe, die Gewinne von DM 100 000,– erzielen und im gleichen Gewerbezweig gibt es Betriebe, die ihre Existenz verlieren, weil sie gar keinen Gewinn mehr erwirtschaften können. Dieselben Verhältnisse steigern sich beim industriellen Betrieb und Großbetrieb um ein Vielfaches. Nur ist die Mannigfaltigkeit durch die unterschiedlichen Branchen und Betriebsgrößen so gesteigert, daß Vergleiche immer fragwürdiger werden. Immerhin ist es interessant, die ungefähre Größenordnung der Einkommen bzw. Gewinne in Industrie, Handwerk und Handel, über die es viele falsche Vorstellungen gibt, zu kennen:

Jahreseinkommen	Industrie	Handwerk	Großhandel	Kleinhandel
unter 3 000,—	—	12 %	20 %	31 %
unter 5 000,—	—	36 %	34 %	56 %
unter 8 000,—	—	62 %	50 %	76 %
unter 16 000,—	—	87 %	70 %	91 %
unter 25 000,—	49 %	94 %	80 %	95 %
unter 100 000,—	79 %	99,6 %	95 %	99,4 %
unter 500 000,—	92 %	—	—	—
unter 1 000 000,—	97 %	—	—	—

Diese Zahlen stammen aus der Erhebung des Deutschen Instituts für Wirtschaftforschung Berlin vom April 1957 über die Einkommensschichtung in der Bundesrepublik für das Jahr 1955.

Sicher ist, daß die Gewinne in jenen Betrieben relativ am höchsten sind, die eine marktbeherrschende Stellung haben. Aber auch in großen Betrieben, die in starkem Wettbewerb stehen, können die Gewinne in die Millionen gehen. Gerade das große Unternehmen hat ja besonders viele Rationalisierungsmöglichkeiten. Indessen gibt es auch in jeder Branche kleine und große Unternehmen, die keinen Gewinn mehr erzielen können und daher ihre Existenz verlieren. Wählt man einen Maßstab, um die Höhe des Gewinns zu beurteilen, z. B. den Umsatz, so ist zu bedenken, daß manche Betriebe sehr umsatzintensiv sind und nur 1 vH oder 2 vH vom Umsatz gewinnen. Auch wenn der Gewinn in die Millionen geht, so steckt in einem so niedrigen Gewinnanteil doch ein erhebliches Risiko, die geringste Schwankung kann den Gewinn in einen Verlust verwandeln. Andere Betriebe, die sehr lohnintensiv sind, haben vielleicht einen Gewinnanteil von 20 vH des Umsatzes. Der Umsatz ist ein schlechter Maßstab, auch der Eigenkapital-Anteil, der von Betrieb zu Betrieb ebenfalls sehr verschieden ist.

Die Gewinne reichen bei Unternehmungen in alle Höhen und Tiefen; wie will man feststellen, ob sie die angemessene Gegenleistung zu den Leistungen des Unternehmens sind? Wer bestimmt denn die Höhe der Gewinne? Es ist keine Person und kein Gruppenvertrag, sondern die Abrechnung zwischen Ausgaben und Einnahmen. Die Kosten sind wenig beeinflußbar, die Preise sind es auch nur in engen Grenzen, wenn es sich nicht um ein marktbeherrschendes Unternehmen handelt. Immerhin kann der Unternehmer die Preise erhöhen, es fragt sich nur, ob er dann noch verkaufen kann. Es ist das Publikum, das entscheidet, ob es seine Güter kaufen will oder nicht, und da es sich in seinen Entscheidungen nach der Qualität der Güter und ihrer Preiswürdigkeit richtet, so ist es letzten Endes doch wieder die echte Leistung des Unternehmers, die entscheidend ist für die Höhe des Gewinnes. Trotzdem herrscht ganz allgemein das Gefühl vor, daß es nicht recht ist, wenn ein Unternehmer Millionengewinne als Einkommen hat, selbst wenn es sich erweist, daß er mit seinem Unternehmen in scharfem Wettbewerb steht. Es gibt heute niemand, der die Leistung des Unternehmers so hoch einschätzen würde.

Aber das Verständnis dieses Problems leidet daran, daß es falsch gestellt ist. Es ist gar nicht zutreffend, daß der Gewinn des Unternehmers dieselbe Art von Einkommen ist wie der Lohn oder das Gehalt. Nur derjenige Teil des Gewinns, der entnommen wird zum persönlichen Verbrauch, ist mit dem Gehaltseinkommen des Unselbständigen vergleichbar, und hier sind die Unterschiede mit geringen Ausnahmen sehr viel kleiner. Die meisten Unternehmer haben in diesem Sinne geringere Einkünfte als leitende Angestellte von Großbetrieben. Im übrigen dürfen nur Netto-Einkünfte verglichen werden. Nach der gegenwärtigen Staffel müssen schon bei einer Gewinnhöhe von ca. DM 110 000,— 53 vH als Steuer an den Staat abgeführt werden. In manchen anderen Ländern geht die Steuerprogression noch wesentlich weiter. Der Hauptteil des Gewinns dient aber der Rückzahlung von Schulden, die der Unternehmer bei der Bank aufgenommen hat, um sein Unternehmen zu begründen, zu vergrößern, zu rationalisieren. Mit dem Gewinn zahlt er zurück, was er einst für Investitionen auszugeben gewagt hat. Er ist angewiesen auf den Gewinn, weil er keinen Kredit mehr erhält, wenn er seine alten Schulden nicht bezahlen kann. Und normalerweise hat jedes Unternehmen Bankschulden. Eine allgemeine Regel gibt an, daß sie nicht höher sein sollten als die Forderungen und der jederzeit realisierbare Wert der Rohstoffvorräte und des Halb- und Fertigwarenlagers (Umlaufvermögen). Die Aktiengesellschaft benötigt den Gewinn zur Verzinsung ihrer Aktien, wenn sie ihre Investitionskredite ganz in Aktien umwandeln kann. Der Einwand, daß der Unternehmer ja bereits über ein Millionenvermögen verfügt und deshalb gar keine Bankkredite benötigt, ist im allgemeinen nicht richtig. Denn sein Vermögen besteht nicht in Geld, sondern in Maschinen und Gebäuden, während er für neue Investitionen immer wieder Geld benötigt. Und dieses Geld kann er nur von der Bank bekommen. Das allgemeine Publikum wird es ihm niemals geben, weil es gar nicht in der Lage ist, zu überprüfen, ob es sich um eine sichere Geldanlage handelt. Es zeigt sich also, daß der Unternehmer, um investieren zu können, Kredite benötigt, die er nur von der Bank bekommen kann, und zur Rückzahlung dieser Kredite benötigt er den Gewinn. Je höher die Investitionen, desto höher müssen die Gewinne sein.

Wer auf Grund dieser unausweichlichen Sachlage die Forderung erheben wollte, daß dann die Unternehmer aufhören sollten, zu investieren, der würde damit gleichzeitig die Steigerung des Lebensstandards in einen Rückgang verwandeln, denn dieser wird von der investierten maschinellen Kapazität bestimmt. Das zeigt zum Vergleich der Lebensstandard der wirtschaftlich zurückgebliebenen Länder. Wer andererseits fordern würde, daß die Investitionen dann eben vom Staat vorgenommen werden sollten, der übersieht, daß auch der Staat Gewinne erzielen muß, um seine Investitionen zu bezahlen. Diese Tatsache wird meist nur verschleiert, indem man dem Gewinn einen anderen Namen gibt. Gerade die zentral geleiteten Staatswirtschaften haben heute höchste Investitionsraten und müssen deshalb höchste Gewinne erwirtschaften.

Die oft gestellte Frage nach der Berechtigung der Gewinne ist eigentlich die Frage nach der Berechtigung des Investierens. Die Prüfung dieser Frage zeigt nun, daß dieses Recht grundsätzlich jedermann zusteht, und es wird auch ausgiebig davon Gebrauch gemacht. Nicht nur der Aufbau und die Erhaltung von Unternehmen fällt darunter, sondern auch der Aufbau eines selbständigen Berufes oder auch der Bau eines Hauses. Je nach seinen Fähigkeiten kann sich der einzelne betätigen. Wenn der Aufbau eines Unternehmens verhältnismäßig selten ist, so kann es nur daran liegen, daß wenige befähigte Unternehmer vorhanden sind oder daß dem andere Schwierigkeiten entgegenstehen. In zentral geleiteten Wirtschaften dagegen ist das Recht zu industriellen Investitionen nur einigen Staatsfunktionären vorbehalten.

Nach dem ermittelten Tatbestand ist das Wagnis der Investitionen und deren Rückzahlung bzw. Verzinsung eindeutig die Leistung des Unternehmers bzw. des Unternehmensleiters, infolgedessen muß der dazu erforderliche Gewinn als die angemessene Gegenleistung angesehen werden. Die These von der Ausbeutung ist für den vorliegenden Sachverhalt nicht zutreffend. Im Gegenteil ist in jenen Ländern der Lebensstandard der Arbeiter am höchsten, in denen es viele unabhängige Unternehmer gibt, die das Wagnis auf sich nehmen, Fabriken aufzubauen, zu investieren. Jede Investition, welche dazu beiträgt, die Gesamtproduktion zu erhöhen, ist in Wirklichkeit ein Geschenk an die Allgemeinheit in Form einer künftigen Erhöhung des Lebensstandards. Einwände, die auf Übergewinne infolge mangelnden Wettbewerbs zielen, oder die sich auf den Sonderfall beziehen, daß ein Unternehmer-Nachfolger nicht mehr investiert, sondern die Gewinne und damit die Substanz des Unternehmens verzehrt, oder daß die Besitzer großer Vermögen leben können ohne arbeiten zu müssen, werden später behandelt. Sie berühren den angegebenen normalen Sachverhalt und seine grundsätzliche Berechtigung nicht.

Wie einleitend gesagt wurde, ergibt sich der Gewinn am Jahresende aus der Abrechnung zwischen Ausgaben und Einnahmen, aus der sogenannten Gewinn- und Verlustrechnung. Diese muß näher betrachtet werden, um einen Einblick in die Zusammensetzung des Gewinns zu erhalten.

Preisbildung und Gewinn- und Verlustrechnung (Bilanz), das betriebliche Gütergleichgewicht, seine Störungen und sein Ausgleich

Nach dem bisherigen Ergebnis unserer Untersuchungen können wir feststellen, daß ein Unternehmen sich dann im Gleichgewicht befindet, wenn ein Nettogewinn erzielt wird, der den Lebensunterhalt des Unternehmers sichert, und der darüber hinaus eine angemessene Schuldentilgung für vorgenommene Investitionen ermöglicht. Bei der Aktiengesellschaft, die solche Schulden in Aktien umwandeln kann, werden die Gewinne benötigt für die Verzinsung des Aktienkapitals (Dividende). Der entsprechende Gewinn muß deshalb in den Preis eingerechnet werden. Die Errechnung und Festsetzung des Preises für seine Erzeugnisse ist eine der schwierigsten und verantwortungsvollsten Aufgaben des Unternehmers, deren Wirkung über den Bereich seines Betriebes hinausgeht. Eine Grundlage für die Bildung des Preises ist die Kalkulation. Die immer mehr verfeinerten Rechenmethoden der Betriebsabrechnung ergeben für das einzelne Produkt eine weit höhere Genauigkeit als noch vor Jahrzehnten, infolgedessen kann schärfer kalkuliert werden. Aber immer noch bleiben beachtliche Unsicherheitsfaktoren. Die Preise für Rohstoffe können sich verändern, die Entwicklung der Löhne und Gehälter ist ungewiß, die Höhe der entstehenden Kosten für die verschiedenen Betriebsabteilungen ist ungewiß, weil ihre relative Höhe abhängt vom Umfang der Produktion und diese wieder vom Verkaufsvolumen, das vorausgeschätzt werden muß. So wird schließlich der Selbstkostenpreis ermittelt, aber wie man sieht, auf sehr schwankendem Grund. Von einer exakten Vorausberechnung kann nicht die Rede sein.

Ist ein gewisser Mindestpreis ermittelt, so kommt als zweiter Gesichtspunkt für die Preisbildung die Marktlage des Wirtschaftszweiges. Ist der Wettbewerb im Augenblick sehr stark, weil Überkapazitäten vorhanden sind, so wird der Unternehmer nur diejenige Gewinnspanne hinzurechnen, mit der er eben noch existieren kann. Ist der Wettbewerb weniger stark, weil die Nachfrage nach dem betreffenden Erzeugnis größer ist als die Produktion der Branche, so wird er die Gewinnspanne höher einsetzen. So schafft er sich die Grundlage für weitere Investitionen. In beiden Fällen wird man sagen können, daß das Gleichgewicht des Unternehmens hergestellt ist. Es gibt natürlich noch eine ganze Reihe von Faktoren, die bei der Preisfestsetzung eine Rolle spielen, z. B. die allgemeine Konjunkturlage, der Wunsch, einen größeren Marktanteil zu Lasten der Wettbewerber zu erlangen. Oft mag auch die begründete oder unbegründete Angst vor dem Wettbewerb einen Einfluß haben, oder die nackte Gewinngier, Fehlschätzungen, oder der Ehrgeiz, die Eitelkeit, Ruhmsucht und dergleichen. Das Auftreten solcher Faktoren zeigt klar, wie subjektiv die Preisgestaltung im einzelnen Unternehmen verlaufen bzw. beeinflußt werden kann. Eine objektive obere Grenze für Preis und Gewinn wird aber durch den Wettbewerb gezogen. Im allgemeinen wird das Ziel des Gleichgewichts erreicht. Von insgesamt ca 2 Mill. Unternehmen im Bundesgebiet verlieren ca. 4000 jährlich ihre Existenz, das sind ca. 0,2 vH. Bei Verschlechterung der Konjunkturlage steigt allerdings die Zahl der Zusammenbrüche erheblich an, worin wieder die Einwirkung der volkswirtschaftlichen Situation auf das Einzelunternehmen sichtbar wird.

Zeigen sich Störungen des Gleichgewichts, werden die Gewinne immer kleiner, oder treten gar Verluste auf, so ist höchste Aktivität notwendig, um den erforderlichen Ausgleich zu schaffen, wenn dies überhaupt noch möglich ist. Normalerweise sind die Reserven eines Unternehmens im Verhältnis zum Umsatz gar nicht so groß. Eine Regel besagt, daß das Eigenkapital mindestens so groß sein soll, wie das Anlagevermögen, die Gebäude und Maschinen. Es ist aber durchaus üblich, daß der Umsatz das Zehnfache dessen ausmacht, so daß ein Verlust von 5 vH schon die Hälfte des Eigenkapitals verschlingen würde. Dazu kommt, daß bei einer leichten Stockung der Wirtschaft die Anlagen sehr an Wert verlieren, weil sie im Notfall gar keinen Käufer finden würden. Die Erfahrung zeigt auch durchaus, daß nach zwei bis drei Verlustabschlüssen bei jedem Unternehmen ernsthafte finanzielle Schwierigkeiten auftreten und daß keine Rettung mehr möglich ist, wenn bis dahin die Verlustursachen nicht restlos beseitigt sind. Das ist nicht immer leicht. Vielleicht müßte das Produkt qualitativ verbessert werden, ober in der Formgebung geändert werden, vielleicht ist die Kalkulation nicht exakt genug, oder die Maschinen sind veraltet. Es mag am Verkauf, an der Werbung, es mag an den Rohmaterialien liegen, oder es liegt an der Organisation. Wenn wir die 14 verschiedenen Arbeitsarten ansehen, die im Unternehmen vorkommen, so mögen eine oder mehrere davon nicht gut genug ausgeführt sein. Nur durch eine energische Überprüfung und Korrektur (Rationalisierung) kann der Unternehmer den erforderlichen Ausgleich zustande bringen, so daß das Gleichgewicht wiederhergestellt wird.

Beim Gleichgewicht können immer Störungen nach zwei Seiten auftreten, es kann der Fall eintreten, daß durch eine neue Erfindung oder eine andere Monopol- oder Teilmonopolstellung ein Unternehmen für längere Zeit überdimensionale Gewinne erzielt, die höher sind als es für den eigenen Ausbau benötigt. Bis heute gilt das als besonderer Glücksfall. Muß man aber nicht sagen, das Gleichgewicht (der Gleichwertigkeit) sei nach der anderen Seite gestört, und die Käufer jener Produkte müßten mehr bezahlen als deren Wert eigentlich ausmache? Die Verteidiger jener marktbeherrschenden Stellung argumentieren, daß kein Grund bestehe, den Preis herabzusetzen, solange „der Markt" ihren Preis bezahle. Ist aber nicht durch ein marktbeherrschendes Unternehmen das Wesen des Marktes — auf dem sich mehrere Verkäufer und Käufer für gleichartige Güter treffen — zerstört? Ist an seiner Stelle nicht ein — nur noch durch andersartige Güter schwach begrenztes — Preisdiktat getreten, das fast immer die Gleichwertigkeit der Tauschvorgänge aufhebt? In allen industrialisierten Ländern gewinnt die Idee an Boden, die Ausschaltung des Wettbewerbs zu verhindern. Dahin zielt das amerikanische Anti-Trust-Gesetz und das deutsche Gesetz gegen Wettbewerbsbeschränkungen. Es ist allerdings denkbar und durchführbar, daß ein marktbeherrschendes Unternehmen seine Machtstellung nicht ausnützt, die Gleichgewichtsfunktion nicht verletzt durch Übergewinne, aber dazu würde ein erhebliches Maß an Selbstbeschränkung gehören. Der Ausgleich eines in der genannten Weise gestörten Gleichgewichts kann natürlich auch erfolgen durch eine im öffentlichen Interesse liegenden Verwendung der Übergewinne. Das kann geschehen durch Beteiligung am Aufbau neuer Industrien, durch Aktienerwerb, wobei aber das Resultat eine weitere unerwünschte Verstärkung der Macht bedeuten kann. Man denke an die Machtgebilde, die Hunderte von Unternehmungen mit Hunderttausenden von Beschäftigten in einer einzigen Hand vereinigen. Doch diese Frage wird uns im nächsten Abschnitt näher beschäftigen. — Es gibt aber noch andere Möglichkeiten für eine Reduzierung der Übergewinne: Stiftungen für pädagogische, wissenschaftliche, künstlerische, religiöse, caritative Zwecke, kurz, die Förderung der kulturellen nichtwirtschaftlichen Gebiete, wobei es allerdings nicht immer ganz leicht für den Nur-Wirtschaftler ist, zwischen wertvoll und schlecht zu unterscheiden. Wenn allerdings diese Möglichkeiten für einen freiwilligen Ausgleich nicht wahrgenommen werden, so bleibt noch der Weg des zwangsläufigen Ausgleich durch eine Wegsteuerung der Übergewinne. Das wird in manchen Ländern durch eine scharfe Progression der Einkommen- bzw. Körperschaftsteuer vollzogen. Jedoch ist es zweifelhaft, ob die Höhe des Gewinnes ein ausreichender Maßstab für die Besteuerung ist. Andererseits ist die Fixierung eines Höchstgewinnes, der durch eine großzügige Auslegung der Gleichgewichtssituation, d. h., den Investitionsbedarf des Unternehmens plus dem persönlichen Bedarf des Unternehmers ermittelt wird, nicht leicht durchzuführen. Für eine Aktiengesellschaft wäre natürlich diese Größe gleich einer angemessenen Verzinsung des Aktienkapitals plus desjenigen Investitionsbedarfs, der nicht auf dem Kapitalmarkt abgedeckt werden kann. Es ist so gut wie ausgeschlossen, das Ausmaß der tatsächlich erzielten Übergewinne in Deutschland festzustellen. Es ist jedoch möglich, sichere Schlüsse zu ziehen aus der Wachstumsgeschwindigkeit dieser Unternehmen einerseits und der Flüssigkeit der Unternehmen andererseits, d. h., der unterhaltenen Termineinlagen oder anderer Formen längerfristiger Geldanlagen.

Zwar wird heute von mancher Seite noch nicht eingesehen, daß die Erzielung von Übergewinnen eine Gleichgewichtsstörung sein soll, von anderer Seite wird nicht eingesehen, daß für die überwiegende Zahl der Unternehmen eine Gleichgewichtsstörung dann vorliegt, wenn kein Gewinn erzielt wird, der es dem Unternehmer ermöglicht, seinen Lebensunterhalt zu bestreiten und die Bankschulden abzudecken, die er für Investitionen auf sich genommen hat.

Der Vorwurf der Ausbeutung, des Zurückbehaltens eines Mehrwertes, der so oft im Zusammenhang mit der Preisbildung und dem Gewinn gemacht wird, läßt sich jedenfalls höchstens für Übergewinne marktbeherrschender Unternehmen aufrechterhalten: „Normale“ Gewinne sind zur Bezahlung der investierten Anlagen bzw. zur Verzinsung des Aktienkapitals absolut notwendig. Das gilt für alle Wirtschaftsordnungen. Diese Fragen werden sich aber in den Betrachtungen über die volkswirtschaftlichen Zusammenhänge und das Eigentum weiter klären. Zunächst muß die Gleichgewichtsfunktion in der Volkswirtschaft aufgesucht werden.

Die gesamte Güterproduktion der Volkswirtschaft

Die Volkswirtschaft ist nach dem Betrieb die nächsthöhere Einheit, Daß sie nicht nur eine Addition der in ihr tätigen Unternehmen ist, zeigt sich an dem Wirken von Gruppen und Instituten, die volkswirtschaftliche Aufgaben haben. Ferner zeigt es sich an den Störungen des volkswirtschaftlichen Geschehens, denen das Einzelunternehmen mehr oder weniger machtlos gegenüber steht. Um schrittweise in die Vorgänge einzudringen, seien zunächst nur die reine Produktion, bzw. der Tausch von Gütern und Leistungen und die unmittelbar damit zusammenhängenden Probleme betrachtet. Dann können die Funktionen des

Geldes und die Komplikationen, die es mit sich bringt, besser verstanden werden.

Die gesamten Güter und Leistungen eines Volkes, das Sozialprodukt, wird von den selbständig und unselbständig Arbeitenden für ihre Familien und sich selbst hergestellt. In der Bundesrepublik Deutschland waren es nach der Zählung im Jahre 1950 3,2 Mill. Selbständige und 3,2 Mill. mithelfende Familienangehörige und 15,6 Mill. Unselbständige, im Jahr 1957 18 Mill. unselbständig Beschäftigte bei einer Gesamtbevölkerung von 47,7 Mill. Einwohner. Etwa 1/2 Mill. Personen sind auch bei guter Funktion der Volkswirtschaft arbeitslos, sei es, weil sie gerade ihren Arbeitsplatz wechseln, sei es, weil sie nur Arbeitswilligkeit vortäuschen. Nimmt man je nach Art der Statistik einen normalen Satz von 2—4 vH struktureller Arbeitslosigkeit, gerechnet von der Zahl derjenigen, die sich zur Arbeit melden, so gab und gibt es doch Zeiten, in denen die Arbeitslosigkeit erheblich höher steigt. In den Vereinigten Staaten waren es im Januar 1958 6,7 vH, in Deutschland waren es im Jahre 1932 etwa 20 vH der arbeitenden Bevölkerung. Solche Ereignisse nahm man früher als eine Art Naturkatastrophe. In jüngster Zeit gelten sie als politisches Verschulden. Es ist auch bei näherem Zusehen dem gesunden Menschenverstand nicht klarzumachen, daß Arbeitswillige hungern und sich einschränken müssen, weil zu viele Güter produziert worden sind. In der Wirtschaft geht es doch darum, Güter arbeitsteilig zu produzieren, dann zu tauschen, so daß jeder leben kann. Das Geld ist Tauschmittel. Gibt es daher eine Stockung, weil zu wenig Geld da ist, um dringend benötigte Güter wieder zu kaufen, so kann nur eine Störung durch das Geldsystem vorliegen. Selbst wenn eine echte Überproduktion vorläge, für die kein Bedarf da ist, so ist es immer ungerecht, wenn diejenigen, die das Unglück haben, entlassen zu werden, für etwas büßen sollen, das sie gar nicht verschuldet haben, ebenso wie es in jeder Hinsicht unverständlich ist, daß jemand, der Bedarf hat, trotz Güterüberfülle des Marktes darben soll.

In den modernen Industrieländern ist der Arbeiter auf einen Arbeitsplatz in den Unternehmen angewiesen, um seinen Lebensunterhalt zu verdienen. Wenn ihm dies durch eine Funktionsstörung der Volkswirtschaft versagt ist, und er nicht vollen Ausgleich erhält, so regen sich bittere Gefühle in ihm, ja, er fühlt sich seiner Freiheit beraubt. Er hört dann allzu gerne auf jeden, der Besserung verspricht. Wer in die menschliche Seite der Arbeitslosigkeit tief genug geblickt hat, wird auch nicht mehr theoretisch mit ihr spielen wollen. Er wird vielmehr alle seine

Kräfte aufbieten, um sie in jedem Falle abzuwenden. Wer würde bei diesen Überlegungen nicht des genialen John Maynard Keynes gedenken und seines heroischen Kampfes in der Weltwirtschaftskrise 1929 bis 1933. Die Wortprägung der Vollbeschäftigung wird immer mit seinem Namen verbunden bleiben. Vollbeschäftigung ist zweifellos ein wesentliches Erfordernis der Gesellschaftsordnung. In den Vereinigten Staaten ist sie im Taft/Hartley Act sogar ein gesetzlich vorgeschriebener Zustand, allein, wie die Entwicklung zeigt, ist es noch nicht allen Beteiligten klar, wie sie in jedem Falle verwirklicht werden kann. So viel ist sicher — Arbeitslosigkeit ist ein durch volkswirtschaftliche Fehlentwicklungen verursachtes Übel politischen Charakters, das mit allen Mitteln verhindert werden muß, weil es die Menschenwürde verletzt. Liegt es daran, daß ein steigender Bedarf nicht mehr vorliegt, so sollte rechtzeitig die wöchentliche Arbeitszeit reduziert oder die Ferien verlängert werden. Schließlich ist es doch wohl der Sinn der Erfindung von Maschinen, daß durch sie der Mensch von einem Teil seiner schweren Arbeit befreit wird, um Zeit und Muße für die Entfaltung seiner Persönlichkeit zu gewinnen. Anders als hier beschrieben ist der Sachverhalt in jenen Ländern, deren Sozialprodukt nicht steigt oder sogar fällt, weil die ausschließlich landwirtschaftliche Produktion mit der wachsenden Bevölkerung nicht Schritt hält und weil noch keine Industrie aufgebaut werden konnte. Dort herrscht vielfach eine erhebliche strukturelle Arbeitslosigkeit und der Lebensstandard ist erschreckend niedrig.

Ist in einer Volkswirtschaft die Vollbeschäftigung realisiert, so ist es in den Industrieländern eine Erfahrungstatsache, daß dieselbe Anzahl von Menschen jedes Jahr eine größere Menge von Gütern produzieren, weil jedes Jahr neue, leistungsfähigere maschinelle Anlagen erfunden, gebaut und eingesetzt werden. Je größer diese „Ausrüstungsinvestitionen" sind, die von den Unternehmern aufgebaut werden, desto größer ist das Wachstum der Gesamtproduktion, des Sozialprodukts. Es würde ein falsches Bild des Wachstums entstehen, wenn nur die Steigerung des Sozialprodukts nach den Berechnungen des Statistischen Bundesamtes zugrunde gelegt werden würde, weil sowohl die Zahl der Beschäftigten als auch die Zahl der wöchentlichen Arbeitsstunden schwankt. Nur das Sozialprodukt pro Beschäftigten und Arbeitsstunde im Jahresdurchschnitt gibt ein exaktes Bild des Wachstumsprozesses.

Höhere Ausrüstungsinvestitionen bringen also ein größeres Sozialprodukt zustande. Was ist aber die Ursache dafür, ob mehr oder weniger Maschinen vom Unternehmer neu investiert werden? Er ist darauf angewiesen, daß er seine Produktion verkaufen kann. Ist die Nachfrage nach seinen Erzeugnissen groß, so wird er weitere Fabriken bauen, oder kostspielige automatische Anlagen einrichten. Ist die Nachfrage schwach, so wird er sehr vorsichtig mit neuen Investitionen sein, denn ein stilliegender Maschinenpark kann seinen Ruin bedeuten. Es kann nun eine allgemeine Nachfragestockung (Unternachfrage) eintreten, die eine allgemeine Wachstumsstockung der Produktion zur Folge hat (Recession, Stagnation). Diese vermindert das Wachstum des Sozialprodukts unmittelbar, außerdem zieht sie sehr schnell einen Rückgang der Ausrüstungsinvestitionen nach sich.

Wenn also die entscheidende Ursache für das Wachstum einer Volkswirtschaft die Ausrüstung mit Maschinen ist, bzw. das Wirken der Unternehmer und Erfinder, so ist offenbar die wesentlichste Störungsursache die Stärke der Nachfrage. Das führt uns in das Reich des Geldes, denn Nachfrage ist eine Geldgröße. Die gesamte Güterproduktion wird von selbständig und unselbständig Arbeitenden produziert, diese erhalten dafür Geld und dieses Geld bzw. ein großer Teil davon ist die „Nachfrage“, welche die produzierten Güter wieder kauft. Als Nachfrage wird also derjenige volkswirtschaftliche Geldstrom bezeichnet, der für den Kauf von Gütern und Leistungen laufend ausgegeben wird.

Das Geld in der Wirtschaft
Einkommen und Nachfrage, Kredit und Sparen

Es herrscht vielfach die Meinung, daß das Banksystem das Geld entstehen lasse und daß es daher ganz in seiner Macht stehe, die Menge des Geldes und damit auch die Stärke der Nachfrage nach Belieben zu steuern. Diese Meinung ist ein gefährlicher Irrtum, weil er die weitere Meinung hervorbringt, daß die Zentralbank jede krisenhafte Entwicklung verhindern könne.

In Wirklichkeit bringt das Bankensystem überhaupt kein Geld in Umlauf, es stellt nur Kredit gegen entsprechende Sicherheit den Unternehmern, Selbständig Freiberuflichen — teilweise auch Privaten zur Vorfinanzierung des Wohnungsbaues oder dauerhaften Gütern — und schließlich noch evtl. der öffentlichen Hand zur Verfügung. Diese erst wandeln den Kredit in Geld um, indem sie dafür Güter kaufen, Löhne bezahlen usw., aber sich der Bank gegenüber verschulden. Nur wenn sich Leute finden, die bereit sind, Kredit aufzunehmen, und denen gegenüber die Bank bereit ist, Kredit (aus dem Lateinischen: Vertrauen) zu gewähren, kann Geld entstehen. Wenn sich aber in einem Lande keine wagemutigen Unternehmer und Bankiers finden, wird wenig investiert, und das Sozialprodukt und damit der Lebensstandard bleiben niedrig.

Für jede Arbeitsleistung, für jedes Teilgut wird Lohn bzw. Gehalt bezahlt. Hier sieht man am besten wie Geld entsteht: daß es zugleich mit den Gütern entsteht, daß es eine Bescheinigung für hergestellte Güter ist. Der Fabrikant nimmt zum Beispiel einen Kredit auf, kauft Rohstoffe (d. h. Güter von anderen Unternehmen), bezahlt Löhne für die weitere Verarbeitung (bzw. kauft Teilleistungen), bezahlt sonstige Kosten und Steuern. Dann verkauft er die Güter an den Händler. Aus dem Erlös kann er den Kredit zurückzahlen, und der Gewinn entsteht als Restposten. Der Kredit hat sich über Löhne, Gehälter und Gewinn in Geld, in Einkommen verwandelt, dieses verwandelt sich wieder in Nachfrage, damit werden die Güter gekauft, das Geld fließt zurück, der Kredit wird getilgt, die Nachfrage erlischt, die Güter sind im Besitz des Verbrauchers. So muß streng unterschieden werden zwischen dem Kredit, der ein reines Schuldverhältnis darstellt, das zwischen Bank und Unternehmen besteht und mit Gütern unmittelbar nichts zu tun hat, und Geld, das durch das Unternehmen entsteht und eine Quittung für hergestellte Güter ist. Wenn das durch den Unternehmer geschaffene Geld durch den Kauf der Güter wieder an ihn zurückgeflossen ist, kann er das Schuldverhältnis mit seiner Bank, den Kredit tilgen. Durch das Unternehmen erst entsteht also Geld in Form von Löhnen, Gehältern, Gewinnen, Steuern, zusammen mit Gütern. Auf diesem Wege ist es immer gedeckt durch Güter und bedarf einer zusätzlichen Deckung für den innerwirtschaftlichen Vorgang nicht.

So geht der grundsätzliche Prozeß der Geldschöpfung zusammen mit der Güterproduktion, der Wertschöpfung im Unternehmen vor sich, das Bankensystem leistet bei diesem Prozeß nur Hilfestellung mittels Krediten. Gleichzeitig mit dem Güterstrom entsteht der Geldstrom und beide Ströme verschwinden wieder beim Kauf. (Von Kreislauf zu sprechen, trifft die Sache nicht genau. Wenn auch ein Gut noch lange erhalten bleiben mag, so ist es doch aus dem Güterstrom der Wirtschaft ausgeschieden. Und das an die Bank zurückgeflossene Geld, das den Kredit tilgt, ist nicht mehr existent). Dieser einfache, in dauernder Wiederholung verlaufende Prozeß des Entstehens und Vergehens erfährt allerdings einige Komplikationen. Die aus dem Einkommen stammende Nachfrage ist nur ein Teil des gesamten Nachfrage-Geldstroms, der größere Teil, eine Art Sekundär-Geldstrom, entsteht dadurch, daß die Güter nicht in einem einzigen Betrieb fertiggestellt werden, sondern als Rohstoffe und Halberzeugnisse durch mehrere Produktionsstätten, und schließlich bis in das letzte Einzelhandelsgeschäft wandern und auf diesem Wege immer wieder verkauft und gekauft werden müssen. Dieser Vorgang bedeutet gegenüber dem bisherigen vereinfachten Schema eine Multiplikation des Geldstroms, und er bedeutet auch eine Multiplikation der Lagerhaltung, bzw. des Güterstroms. Hinzu kommt, daß infolge des normalen Wachstums der Produktion auch der Nachfragegeldstrom laufend steigen kann oder muß, sofern nicht die Preise diese Differenzen ausgleichen sollen oder können. Wie schon festgestellt wurde, weist das Wachstum des Sozialprodukts Schwankungen auf, deren Ursachen in einseitigen Veränderungen des Geldstroms der Nachfrage liegen, deshalb ist es wichtig, diese Ursachen aufzusuchen.

Schon vor der eigentlichen Geldentstehung, in der Kreditaufnahme bzw. Kreditgewährung, sind laufend Veränderungen zu beobachten. Die Bereitschaft der Unternehmer, Kredite aufzunehmen, beruht im wesentlichen in der Stärke der Nachfrage. Aber sie beruht auch auf dem Verhalten des Zentralbankensystems, das in der Veränderung des Diskonts den Kredit verbilligen oder verteuern kann. Dieses hat normalerweise auch die Möglichkeit, die Höhe des Gesamtkredits zu beschränken. Die an Produktionsunternehmen gegebenen Kredite wirken allerdings nicht einseitig, weil sie gleichzeitig auch den Güterstrom vermehren. Einseitig wirken dagegen Verbraucherkredite oder Staatskredite, die nur den Geldstrom verstärken. Wie die „Geldschöpfung aus dem Nichts“ seit je die Bankrotteure unter den Staatsmännern fasziniert hat, ist im Faust II verewigt. Trotzdem wird sie mit den entsprechenden Folgen für den Geldwert immer wieder praktiziert, natürlich unter Ausschaltung der selbständigen Aufgabe der Zentralbank.

Wird der Kredit in den Unternehmen zu Einkommen umgewandelt, so ergeben sich auf dieser Stufe weitere Veränderungsmöglichkeiten des Geldstroms. Das gesamte Einkommen in der Volkswirtschaft besteht aus Löhnen, Gewinnen und Steuern. Da aber aus denselben Komponenten die Preise bestehen, so daß eine Erhöhung des Gesamteinkommens auch eine Erhöhung der Preise bedeutet, oder die Verhinderung einer Preissenkung, wird der Nachfragegeldstrom im Verhältnis zum Güterangebot nicht oder nur sehr kurzfristig verändert.

In der Verwendung des Einkommens treten dagegen wieder starke, einseitige Veränderungen des Geldstroms ein im Zusammenhang mit dem Sparen, d. h., mit allen im Bankensystem stillgelegten oder aufgenommenen Geldern (die Ausdehnung des Sparbegriffes auf „Gütersparen“ oder „Sachkapitalbildung“ ist u. E. begriffsverwirrend). Ob es sich um

Teile der Löhne, Gewinne oder Steuern handelt, ist zunächst gleichgültig. Das Sparen verringert den Geldstrom der Nachfrage. Im Gegenteil zu dieser Feststellung steht die weit verbreitete Meinung, daß Spargelder gar nicht stillgelegte Gelder sind, sondern daß gerade diese Spargelder als Bankkredite in den Unternehmen arbeiten, ja sogar die eigentliche Ursache aller Investitionen sind. Diese Ansicht wird widerlegt durch jeden Konjunkturrückgang, wo die Investitionstätigkeit stagniert trotz höchster Sparleistungen. Sie wird ebenso widerlegt durch den Wirtschaftaufbau nach dem Kriege, als es keine Möglichkeit gab, zu sparen. Auch aus der Gesamtbilanz des Bankensystems ergibt sich deutlich ein Überwiegen der Kredite gegenüber den Spar- und Termineinlagen. Die kurzfristigen Einlagen und der Geldumlauf sind im wesentlichen selbst aus Krediten gespeist. Spareinlagen sind also keine Voraussetzung der Kreditgewährung, außer im Falle wirksam gewordener Kreditrestriktionen. Diese Zusammenhänge werden noch deutlicher, wenn alle in Frage kommenden Faktoren in ihrem Zusammenspiel betrachtet werden. Zunächst kann über das Sparen nichts anderes gesagt werden, als daß es den Geldstrom einseitig vermindert. Ob diese Wirkung durch Preisbewegungen oder durch erhöhte Kredite oder andere Faktoren kompensiert wird, ist wieder eine ganz andere Frage.

Es gibt noch eine Ursache der Veränderung des Nachfrage-Geldstromes: Die Zahlungsbilanz. Ein Überschuß (aktive Zahlungsbilanz) vermehrt einseitig den Geldstrom, ein Defizit vermindert ihn. (Für die in der Zahlungsbilanz enthaltene Leistungsbilanz könnten diese Wirkungen auch in einseitigen Veränderungen des Güterstroms ausgedrückt werden.)

Gleichzeitige Veränderungen des Güter- und Geldstroms ergeben sich durch Änderungen der gesamten Lagerhaltung, für welche die Ursachen nicht immer leicht zu finden sind.

Der Überblick über alle Faktoren, welche verändernd auf den Geldstrom und den Güterstrom einwirken, läßt begreifen, daß eine quantitative Berechnung dieser Ströme auf außerordentliche Schwierigkeiten stoßen muß. Eine solche Berechnung erscheint indessen auch gar nicht notwendig, da es eine ganze Reihe zuverlässiger Indikatoren gibt, (Produktionsindex, Auftragseingang, Lieferfristen, Beschäftigungsgrad, Geldumlauf, Höhe der Kredite, Investitionsvorhaben usw.), die das Verhältnis der Stärke des Nachfrage-Geldstromes zum Güterstrom messen können. Und auf dieses Verhältnis kommt es bei der Konjunkturbeobachtung an. Es wird ausgedrückt in den Bezeichnungen der im Gleichgewicht mit dem Güterstrom befindlichen Nachfrage oder der Störungen dieses Gleichgewichts, der Übernachfrage und der Unternachfrage.

An dieser Stelle wird der Unterschied deutlich zwischen der mechanischen Betrachtung, die sich auf die Erforschung der Ursachen eines Prozesses und seiner Störungen beschränkt und der funktionalen Betrachtung, welche außerdem die Bedingungen oder Mittel erforscht, die zur Abwehr von Störungen bzw. zur Aufrechterhaltung der Funktion dienen.

Daß ein Ungleichgewicht des Nachfrageverhältnisses große Störungen in einer Volkswirtschaft verursachen kann, wurde lange nicht gesehen, weil die Meinung vorherrschte, daß der Mechanismus der unbeeinflußten Preise, jeweils den Ausgleich zwischen dem Güterangebot und der Geldnachfrage herbeiführe. Durch schwere Wirtschaftskrisen und die Erfahrungen in der Bekämpfung ihrer Ursachen ist aber diese Überzeugung sehr ins Wanken geraten. Es ist zu prüfen, welche Wirkungen die Preisbewegungen tatsächlich haben.

Die Preise in der Volkswirtschaft

Die Preise mancher landwirtschaftlicher Erzeugnisse, die nicht staatlich, oder durch Abkommen reguliert sind, bilden sich ganz aus dem Verhältnis zwischen Angebot und Nachfrage, und sind demgemäß dauernden starken Schwankungen unterworfen.

Die Preise von Industrieerzeugnissen dagegen werden in der Kalkulation errechnet, ein Mindestpreis muß erzielt werden, weil sonst ein Unternehmen schnell in Zahlungsschwierigkeiten kommen kann. Die Frage erhebt sich nun, in welchem Umfang die Preise in einer Volkswirtschaft beweglich oder unbeweglich sind. Dies ist in verschiedenen Volkswirtschaften je nach ihrer Struktur verschieden, hier soll zunächst von der Bundesrepublik Deutschland ausgegangen werden. Die volkswirtschaftliche Gesamtrechnung nach einer Veröffentlichung des Deutschen Instituts für Wirtschaftsforschung (Vierteljahreshefte zur Wirtschaftsforschung III/61) ergibt für das Jahr 1960 die nachfolgend genannten Zahlen.

Ihre Aufgliederung zeigt, daß der weitaus überwiegende Teil des Einkommens feste Größen sind, die von den Unternehmern kalkuliert und herausgewirtschaftet werden müssen, und die damit preisbestimmende Wirkung haben. So z. B. die Löhne und Gehälter, alle Steuern und Sozialversicherungsbeiträge, auch die freiwilligen sozialen Aufwendungen können praktisch nicht reduziert werden, außer in Fällen der Not. Die Abschreibungen müssen mindestens erwirtschaftet werden, sonst kann

	Mrd. DM	%
Nettolöhne und Gehälter	99,9	35,6
Sozialversicherungsbeitrag der Arbeitnehmer	11,2	4
Sozialversicherungsbeitrag der Arbeitgeber	14,8	5,3
Sonstige	2,4	0,8
Direkte Steuern der Arbeitnehmer	7,6	2,7
Direkte Steuern der Arbeitgeber	18,9	6,7
Indirekte Steuern	38,9	13,8
Gewinne der öffentlichen Hand	4,0	1,4
Abschreibungen der Unternehmen	23,4	8,3
Unverteilte Gewinne (für Investitionen)	18,1	6,4
Verteilte Gewinne	39,9	14,2
Betriebl. Übertragungen	2,2	0,8
Bruttosozialprodukt	281,3	100

sich das Unternehmen nicht mehr halten. Die nicht entnommenen Gewinne werden normalerweise dringend benötigt, um neue Anlageinvestitionen zu bezahlen bzw. aufgenommene Kredite abzudecken. Und die Entnahmen braucht der Unternehmer, um zu leben. In diesem Posten sind auch enthalten alle Einkommen der selbständig Freiberuflichen, alle Einnahmen aus Mieten, Zinsen, Dividenden, Spekulationen usw. In einer krisenhaften Entwicklung, in welcher die Nachfrage stark abgeschwächt ist, hat der Unternehmer somit nur die Möglichkeit, seine Preise so weit zu senken, daß er eben noch zu existieren vermag. Dies ist in den verschiedenen Unternehmen und Branchen ohne Zweifel sehr verschieden. Nehmen wir aber als Hypothese an, er würde in einem Notfall seine Entnahmen auf ein Drittel = 13,3 Mrd. beschränken und für eine kurze Frist auf jeden weiteren Gewinn außer den Abschreibungen verzichten können, so würde die Einsparung (unverteilte Gewinne 18,1 Mrd. + 26,6 Mrd.) 44,7 Mrd. DM betragen, das sind 15,9 vH des Sozialprodukts.

Daraus muß der Schluß gezogen werden, daß im volkswirtschaftlichen Durchschnitt der Preis fertiger Güter zu etwa 85 vH durch das Einkommen bestimmt wird und nur bis zu 15 vH durch eine schwankende Nachfrage beeinflußt werden kann. Oder anders ausgedrückt: ca. 85 vH des Einkommens entzieht sich den Marktvorgängen, es wird willkürlich (autonom) bestimmt durch Löhne, Steuern, Gewinne und nur etwa 15 vH des Einkommens im Bereich der Gewinne wird durch den Markt bzw.

den Preis bestimmt. Wer den Einwand erhebt, daß die Löhne auch den Gesetzen des Marktes unterworfen seien, der übersieht, daß in einigen Ländern nach dem Kriege trotz der wirtschaftlichen Übersteigerung durch Disziplin und Einsicht zu große Lohnsteigerungen ganz entgegen dem „Marktgesetz" vermieden werden konnten — das sind die Länder mit den heute „harten" Währungen, die den geringsten Preisauftrieb zu verzeichnen hatten. Auch bei der USA-Recession ist ein solcher Marktmechanismus nicht zu beobachten gewesen. In den Ländern allerdings, in denen die Löhne dem „Marktgesetz" folgten, war eine stetige Inflation zu beobachten. Wäre es daher nicht möglich, die Lohnbewegungen dem Marktmechanismus zu entziehen, so wäre Preisstabilität nur zu erreichen über die „industrielle Reservearmee" nach Marx, also über eine manipulierte Dauerarbeitslosigkeit.

Natürlich gilt es nur für Westdeutschland oder ähnlich gelagerte Industrieländer, daß die Preise zu etwa 85 vH aus festen Einkommensteilen bestehen. In vielen Rohstoffländern werden zweifellos die Einkommen überwiegend durch die Preise bestimmt. Es besteht aber die allgemeine Tendenz in der Welt, die Preise nach den für erforderlich gehaltenen Einkommen zu richten, wie das auch z. B. über die Subventionierung der einheimischen Landwirtschaft oder über staatlich fixierte Preise geschieht. Die Ursache für diese Entwicklung liegt hauptsächlich in den steigenden Einkommen des industriellen Sektors, denen die Landwirtschaft auch folgen muß, wenn sie ihre Arbeitskräfte halten will. Es ist letztlich das innig in sich zusammenhängende Lohngefüge und die Beweglichkeit des Arbeiters, die eine gleichartige Einkommensentwicklung in allen Wirtschaftszweigen erzwingen. Zusammen mit der stark entwickelten Arbeitsteilung und der Betriebskostenrechnung ergibt sich jene geringe Beweglichkeit der Preise, die fälschlicherweise oft auf Machtverhältnisse zurückgeführt wird. Auch im Inland ausgesprochener Rohstoffländer, deren Haupterzeugnisse an den Börsen gehandelt werden und sehr großen Preisschwankungen unterliegen, müssen die Preise meist von der Regierung stabilisiert werden, weil sonst private Unternehmungen in schlechteren Jahren sich nicht halten könnten.

Wenn wir wissen, daß die Preise im wesentlichen aus dem Einkommen bestimmt sind, so folgt daraus, daß eine Veränderung der Preise ihre wichtigste Ursache in der Veränderung der Einkommen hat. Und wenn in einer Volkswirtschaft, in der das Sozialprodukt und die Einkommen steigen, die Preisstabilität gewahrt bleibt, so nicht deswegen, weil das vermehrte Einkommen die Nachfrage vergrößert, und diese auf ein vergrößertes Güterangebot stößt und damit die Preise zwischen gleichmäßig steigendem Angebot und Nachfrage gleichbleiben. Vielmehr wird das steigende Einkommen schon in der Kalkulation durch den Rationalisierungseffekt der größeren Produktion mit denselben Arbeitskräften neutralisiert. Das zeigt sich auch daran, daß durchaus nicht alle Preise gleichbleiben, sondern nur diejenigen der rationalisierbaren Wirtschaftszweige. Der volkswirtschaftliche Rationalisierungseffekt ist bei gleichbleibender Beschäftigtenzahl natürlich gleich dem Wachstum des Sozialprodukts. Beträgt der Rationalisierungseffekt 5 vH des Sozialprodukts, so können auch die Löhne, Gewinne und Steuern, kurz das Gesamteinkommen nicht höher steigen als 5 vH. Zwar kann das Einkommen trotzdem nominal höher steigen, die Preise würden dann aber nachziehen, so daß schließlich die Steigerung des realen Einkommens eben 5 vH beträgt.

Wir halten also fest: die Veränderung der Preise wird im wesentlichen durch die Veränderung der Einkommen und durch den Rationalisierungseffekt bestimmt, und nur zu einem sehr geringen Grade durch die Stärke der Nachfrage. Dennoch ist die durch sie bedingte Bewegung der Preise alles andere als nebensächlich. Für die einzelnen Gütergruppen ist sie von außerordentlicher Bedeutung, so gering sie auch sein mag, ein Unterschied von 2—5 vH ist oft von großer Tragweite. Denn ein Preis mit höherer Gewinnspanne ruft in dem betreffenden Wirtschaftszweig größere Investitionen hervor, ein Preis mit niedriger Gewinnspanne verursacht eher eine Verminderung der Investitionen. Das ist die Funktion des Wettbewerbs. Daraus kann geschlossen werden, daß der Preis die wichtige Funktion der Steuerung des Güter-Angebots ausübt. Nicht des quantitativen Gesamtangebots, sondern des Angebots gewisser Güterarten, also der qualitativen Zusammensetzung des Angebots. Doch auch die Gesamtpreisentwicklung ist von wesentlicher Bedeutung für die Volkswirtschaft. Zwar wird immer noch über die Bemessungsart des gesamten Durchschnittspreises aller Güter bzw. des Preisniveaus gestritten, aber in der empirischen Wirtschaftsbeobachtung hat sich die Anwendung des Index der Einzelhandelspreise und der Lebenshaltungskosten durchgesetzt. Letzten Endes sind in den Einzelhandelspreisen alle Kosten (wie z. B. Rohstoffe, Kohle, Maschinenabnützung, usw.) enthalten, und so geben diese ein gutes Bild der Situation. Noch genauer spiegelt die Gesamtpreisbewegung wohl die Berechnung der Lebenshaltungskosten eines mittleren Haushalts. (Angaben des Statistischen Bundesamtes):

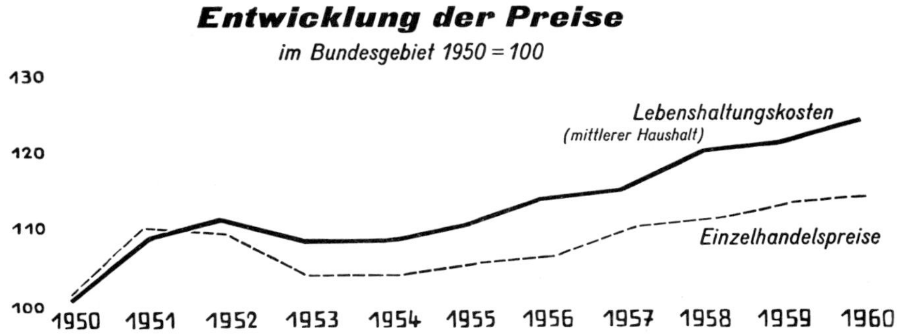

Wie sich erweist, werden die Preisbewegungen von beiden Kursen ziemlich gleich wiedergegeben. In der Zeit vor dem Kriege sind die Preisbewegungen turbulenter gewesen. Aber es gibt auch heute Länder, in denen die Preisbewegung anders verläuft. Das Institut für Weltwirtschaft, Kiel, veröffentlichte 1960 die Steigerung der Lebenshaltungskosten in den verschiedenen Ländern seit 1953 = 100 wie folgt: Bundesrepublik Deutschland 110, Schweiz 107, Italien 113, Frankreich 121, Großbritannien 119, Griechenland 131, Spanien 140, Türkei 171, USA 108, Mexiko 150, Argentinien 165, Brasilien 206, Chile gar 627.

Die allgemeine Steigerung des Preisniveaus wird Inflation genannt, das Sinken Deflation. Die Benennung erfolgte wohl aus der Vorstellung, daß dem Güterangebot ein schneller steigendes bzw. ein zurückbleibendes Geldvolumen gegenübersteht. Damit war zwar die Nachfrage gegemeint, allein es hat sich gezeigt, daß es in Wirklichkeit das schneller oder langsamer wachsende Einkommen ist, das in den Industrieländern das Preisniveau hauptsächlich bestimmt. Zu beachten ist, daß nur an der Bewegung des gesamten Preisniveaus Inflation oder Deflation abgelesen werden kann, niemals an der Bewegung einzelner Preise.

Das Konjunkturgleichgewicht und seine Störungen

Die wesentlichen Faktoren für das Verständnis des volkswirtschaftlichen Prozesses sind nun gefunden:

1. Der gesamte Güterstrom bzw. das Sozialprodukt, modifiziert durch die Veränderungen in der Lagerhaltung.
2. Der gleichzeitig entstehende Geldstrom des Einkommens, Löhne, Gewinne, Steuern, der in den Industrieländern hauptsächlich die Preise bestimmt.

3. Der Geldstrom der Nachfrage, der den Güterstrom wieder aufnimmt, entstehend aus dem Einkommensstrom, aber modifiziert durch Sparen, Kredite, Saldo des Finanzhaushalts und der Zahlungsbilanz.

Zu 1: Blicken wir wieder auf das Sozialprodukt allein, so ist es die natürlichste Sache der Welt, daß dieses jährlich wächst, wegen der Erfindung neuer Maschinen und deren Einsatz in den Unternehmungen, und weil die Zahl der Arbeitenden sich nicht plötzlich verändern wird, wenn nicht eine Störung von außen dies verursacht. Der einzige Grund für einen Rückgang des Sozialprodukts darf nur die Verkürzung der Arbeitszeit sein, auf die man sich immer wieder einigen wird, um mehr arbeitsfreie Zeit zu haben. So gesehen, ist das Wachstum des Sozialprodukts kausal abhängig von der Vollbeschäftigung. Ist diese gewährleistet durch eine stetige Nachfrage, so bleibt das Wachstum nicht aus. Anders ist es in solchen Ländern, deren Haupterzeugnisse landwirtschaftlicher Art sind und Mißernten unterworfen sein können. Eine solche Störung von der Naturseite kann evtl. zum Teil ausgeglichen werden, wenn dadurch der Weltmarktpreis sich erhöht.

Zu 2: Für Industrieländer ist die Art der Einkommensbildung im Verhältnis zum Sozialprodukt eine stets vorhandene und leicht entzündliche Störungsquelle. Sowohl inflatorische als auch deflatorische Störungen können auftreten. Der Maßstab dafür ist der Einzelhandelsindex oder der Lebenshaltungsindex. Der störungsfreie Zustand ist Preisstabilität, Preisgleichgewicht, wobei Schwankungen von ca. 3 vH pro Jahr wohl den äußersten Rand der Stabilität darstellen.

Zu 3: Auch in der Bildung des Nachfrageverhältnisses können, wie schon festgestellt, Störungen auftreten, einerseits als Übernachfrage, andererseits als Unternachfrage. So schwierig es ist, den „richtigen" Umfang der Nachfrage zu ermitteln, so leicht ist es, Anfang und Ende des störungsfreien Zustandes festzustellen. Dieser Zustand ist die „gleichgewichtige Nachfrage". Sie kann im wesentlichen als erreicht gelten, wenn Vollbeschäftigung (nicht mehr als 2—4 vH Arbeitslose) ohne Arbeitskräftemangel verwirklicht ist. Das gilt wiederum nur für Länder, die keine strukturelle Arbeitslosigkeit haben. Analog dazu wäre in Ländern mit struktureller Arbeitslosigkeit das Konjunkturgleichgewicht erreicht, wenn der Beschäftigungsgrad nicht mehr als ± 2 vH schwankt.

Ist sowohl die gleichgewichtige Nachfrage als auch die Preisstabilität verwirklicht, so befindet sich die Volkswirtschaft im Konjunkturgleichgewicht (Engl.: Equilibrium). Sie kann so äußerlich einen völlig ruhigen und harmonischen Eindruck machen, jedoch kommt dieses Konjunkturgleichgewicht unter größten auseinanderstrebenden Kräften zustande, die jederzeit eine neue Störung verursachen können. Außer den Natureinwirkungen und auch politischen Einwirkungen gibt es zwei grundsätzliche Störungsquellen — die Preise und die Nachfrage, die jeweils in zweifacher Richtung gestört werden können. Da diese Störungen auch kombiniert auftreten, gibt es theoretisch folgende Störungsarten:

Die reinen Störungen:
Übernachfrage (bei Preisstabilität)
Unternachfrage (bei Preisstabilität)
Inflation (bei gleichgewichtiger Nachfrage)
Deflation (bei gleichgewichtiger Nachfrage

Die kombinierten Störungen:
Inflation bei Übernachfrage
Deflation bei Übernachfrage
Unternachfrage bei Inflation
Unternachfrage bei Deflation

Oder graphisch entwickelt:

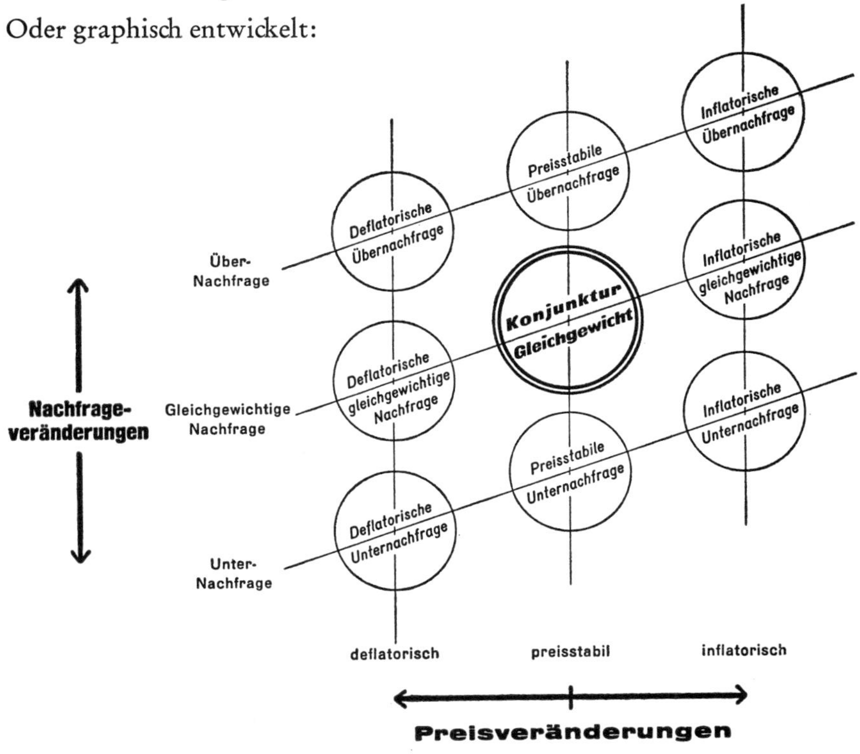

In der Publizistik und auch in der Fachliteratur wird häufig die Preisentwicklung mit der Nachfrageentwicklung verwechselt oder auch die Wirkung jener Kräfte aufeinander überschätzt, woraus ein großer Teil der Mißverständnisse zu erklären ist, die in jeder Konjunkturdiskussion in großer Zahl auftreten. Es ist aber wegen der unangenehmen Begleiterscheinungen mancher Konjunkturstörungen von größter Wichtigkeit, ein möglichst exaktes und leicht faßliches Instrument zu haben, womit frühzeitig Störungen sicher erkannt werden können. Dann ist es auch möglich, ohne gefährlichen Zeitverlust durch Mißverständnisse in der Diskussion rechtzeitig Gegenmaßnahmen zu ergreifen.

Volkswirtschaftlicher Konjunkturausgleich (Konjunkturpolitik)

Man sollte alles tun, um Wortprägungen zu verhindern, die zu einer irrtümlichen Auffassung der betreffenden Sache führen. Die Tätigkeit, die benötigt wird, um eine Volkswirtschaft im Konjunkturgleichgewicht zu halten, ist keine politische Tätigkeit, über die eine Mehrheit von Nichtsachverständigen entscheiden kann, sondern das ist eine Aufgabe, die höchsten Sachverstand erfordert. Diese Tätigkeit könnte vielleicht besser mit dem Ausdruck Konjunkturausgleich bezeichnet werden. Welche Stellung die Wissenschaft zu diesem Problem des Konjunkturausgleichs einnimmt, zeigt vielleicht am besten ein Auszug aus der „Zielsetzung" des Gutachtens des Wissenschaftlichen Beirats beim Bundeswirtschaftsministerium vom 3. Juni 1956:

„Der Beirat ist der Überzeugung, daß ein stetiges Wachstum der Volkswirtschaft am besten sichergestellt wird, wenn es der Wirtschaftspolitik gelingt, die Kaufkraft der Währungseinheit, gemessen am Niveau der Konsumgüterpreise, tunlichst stabil, die Beschäftigung der Produktionskräfte möglichst hoch und die Zahlungsbilanz auf der Grundlage eines freien internationalen Leistungsaustausches ausgeglichen zu halten."

Da eine möglichst hohe Beschäftigung und stetiges Wachstum nur erreichbar sind mittels einer gleichgewichtigen Nachfrage, sind auch in dieser offiziellen Verlautbarung Preisstabilität und stetige Nachfrage als die hauptsächlichen Prinzipien der Wirtschaftspolitik dargestellt. Ja, es kann wohl gesagt werden, daß sämtliche Gruppen mit volkswirtschaftlicher Bedeutung sich zu diesen Prinzipien bekennen und darüber hinaus auch alle Wirtschaftsteilnehmer. Trotzdem wird es von vielen Seiten für unmöglich gehalten, sie auf die Dauer zu verwirklichen, und tatsächlich zeigen die inflatorischen Erscheinungen in vielen Ländern und die Unternachfrage in manchen Ländern, daß diese Aufgabe sehr schwierig sein muß. Zu ihrer Verdeutlichung seien die genannten Arten von Konjunkturstörungen und wesentliche Möglichkeiten ihrer Bekämpfung näher beleuchtet.

Übernachfrage bei Preisstabilität

Weil Übernachfrage häufig mit Inflation verwechselt wird, kann sie in ihrer reinen Form leicht übersehen oder bagatellisiert werden. Sie tritt nur in Volkswirtschaften auf, in denen Einkommensdisziplin gehalten wird. Aber, wenn sie nicht bekämpft wird, kann sie leicht Ursache zu inflatorischen Erscheinungen werden. Der ganz eindeutige Indikator für das Vorhandensein einer Übernachfrage ist der Mangel an Arbeitskräften. Das ist der Fall, wenn die in den Unternehmen geschaffenen Arbeitsplätze nicht voll besetzt werden können, trotzdem es zur Bewältigung der vorliegenden Aufträge nötig wäre. Sie kann, wie sich gezeigt hat, mehrere Ursachen haben. Der Geldstrom der Nachfrage kann zu sehr vergrößert worden sein durch Kreditgewährung, Auflösen von stillgelegten Geldern, durch Haushaltsdefizite des Staates oder Zahlungsbilanzüberschüsse. Alle diese Ursachen können aber nicht in gleicher Weise bekämpft werden. Die geringste Einflußmöglichkeit hat man wohl auf die Spargelder. Dagegen ist die Kreditgewährung leicht regulierbar, jede Übernachfrage kann durch Kreditbeschränkungen von seiten des Zentralbankensystems schnell abgebaut werden. Die Erhöhung des Diskonts ist ein weiteres Mittel, um die Übernachfrage abzubremsen. Allerdings sind diese wichtigen Mittel der Konjunktursteuerung durch die Internationalisierung des Geldverkehrs weitgehend unwirksam geworden, da es der Wirtschaft möglich ist, sich Kredite aus anderen Ländern zu holen.

Die Fiskalpolitik hat ebenfalls geringe Wirkungsmöglichkeiten. Ohne die Steuererhebung zu verändern, müßte sie die Ausgaben beschränken und die Kassenüberschüsse im Bankensystem stillegen. Ist das gerade möglich, so kann auch der Finanzminister mithelfen in der Bekämpfung der Übernachfrage. Am schwierigsten ist die Bekämpfung von nachfragesteigernden Zahlungsbilanzüberschüssen, wenn Handelsbeschränkungen sowohl bezüglich der Zölle, Kontingentierungen usw., als auch hinsichtlich des Zahlungsverkehrs durch internationale Abkommen weitgehend beseitigt sind. Eine natürliche Barriere gegen ein uferloses Ansteigen der Übernachfrage ist der Mangel an Arbeitern. Wenn Aufträge aus diesem Grunde nicht sogleich, sondern erst später ausgeführt werden können, so verzögert das auch die Inanspruchnahme von Kredit. Die Gewinnung von Arbeitern aus dem Ausland dürfte weniger geeignet sein, eine Übernachfrage abzubauen, weil da der Produktionssteigerung auch eine Nachfragesteigerung gegenübersteht. Die durchgreifend wirksamen Mittel einer Bekämpfung der Übernachfrage bleiben die Kreditbeschränkungen und die Diskonterhöhung der Zentralbank, die aber nur dann wirken, wenn das Einströmen von Auslandsgeld neutralisiert oder die Kreditgewährung aus dem Ausland verhindert werden kann.

Inflation bei gleichgewichtiger Nachfrage

Wie schon dargestellt, wird unter Inflation das Steigen des Preisniveaus (der Lebenshaltungskosten) verstanden. Dieser Konjunkturzustand ist häufig verbreitet. Weil die Preise in den Industrieländern, wie nachgewiesen, hauptsächlich durch die Einkommen bestimmt werden, liegt die Ursache einer Inflation im wesentlichen in einer zu großen Erhöhung der Einkommen gegenüber dem Wachstum des Sozialprodukts, des Güterstroms. Nun sind die wichtigsten Einkommenserhöhungen die Lohnerhöhungen. Sie werden jährlich vertraglich festgelegt. Die sehr unterschiedlichen Gewinne sind mehr Resultate des Wirtschaftens und die Steuern sind an Einkommen und Umsatz prozentual angehängt. So liegt die Ursache einer inflatorischen Entwicklung im Zustand der gleichgewichtigen Nachfrage meist bei überdimensionalen Lohnerhöhungen. Die Forderung der Gewerkschaften geht natürlich neben der Realisierung der Wachstumssteigerung auch auf eine Vergrößerung des Lohnanteils am Gesamteinkommen, der sogenannten Lohnquote, zu Lasten der Gewinne. Gerade das ist aber nicht möglich, solange die Preise beweglich sind. Und setzt man sie fest, geht das wichtige Instrument verloren, das die qualitative Zusammensetzung der Produktion durch den Verbraucher steuert. Selbst wenn es gelänge, die Unternehmer zu überreden, die Gewinne zu senken, würde das — bei gleichgewichtiger Nachfrage — eine Verringerung der möglichen Investitionen bewirken und damit eine Verlangsamung des Wachstums der zukünftigen Produktion, was gleichbedeutend ist mit einer Verminderung der in den künftigen Jahren möglichen Lohnerhöhungen. Die Tatsache ist nicht zu umgehen, daß das Gesamteinkommen nicht höher steigen darf, als der Rationalisierungseffekt, bzw. das Wachstum des Sozialprodukts, weil sonst das Preisniveau steigen *muß*. Das gebieten die Kalkulationen.

Die volkswirtschaftlichen Lohnerhöhungen sind deshalb im Gegensatz zur landläufigen Meinung keine Machtfrage, sondern ein Rechenexempel. Daher sind Arbeitskämpfe um eine höhere Lohnquote eine sinnlose Verschwendung von materiellen Werten und — weit schwerwiegender — von Vertrauenskräften. Eine zu große Lohnerhöhung wird schnellstens durch eine Preissteigerung (inflatorische Bewegung) korrigiert, zunichte gemacht. Anders ausgedrückt: Solange die Nachfrage ungebrochen ist, solange die Vollbeschäftigung erhalten bleibt, kann dem Arbeiter nichts verlorengehen. Die Meinung, daß nur die Löhne sein Anteil am Sozialprodukt seien, ist falsch. Der größte Teil der Gewinne ist es ebenso, denn sie allein führen zu weiteren Investitionen und damit zu weiterem Wachstum, d. h., zu künftigen Lohnerhöhungen oder Preissenkungen (extrem gehandhabt in den Aufbauländern mit zentralgelenkter Wirtschaft). Erst in einer Nachfrage-gestörten Konjunkturlage, in der die Arbeitslosigkeit ansteigt und das Wachstum zurückfällt, geht dem Arbeiter etwas verloren. Die Einsicht in die Bewegungen der Einkommen (Löhne, Steuern, Gewinne), der möglichen Investitionen (Ursache des zukünftigen Wachstums) und der Preise zeigen eindeutig, daß hauptsächlich die autonom bestimmbaren Löhne (evtl. auch Steuern) die Ursache einer Steigerung des Preisniveaus sind.

Wie kann deshalb eine inflatorische Bewegung der Preise bei gleichgewichtiger Nachfrage bekämpft werden? Ein altes Rezept will es durch Kreditbeschränkungen erreichen, durch Schaffung einer Unternachfrage und damit Arbeitslosigkeit, bis der Lohnauftrieb zum Stillstand kommt. Aber das ist ein schlechtes Rezept, weil es das Wachstum abwürgt. Und es ist darüber hinaus ein unsoziales, gefährliches Rezept. Steuersenkungen dagegen wirken einem Preisauftrieb entgegen, aber dieses Instrument ist zu schwerfällig, um rasch angewandt zu werden, selbst wenn es in dem betreffenden Moment grundsätzlich möglich wäre. Die einzige Möglichkeit der Bekämpfung ist vielmehr die Einsicht der Sozialpartner in die Tatsache, daß die Einkommen nicht stärker erhöht werden dürfen, als das Wachstum des Sozialprodukts betragen wird (das ungefähr geschätzt werden kann). Man sollte die vorhandene Vernunft und den guten Willen nicht unterschätzen, es ist viel mehr davon da, als gemeinhin angenommen wird. Was aber bis heute fehlt, ist die wahrheitsgetreue Unterrichtung über die Tatsachen. Falsche Theorien, bzw. Hypothesen, eine allzu formale statt einer funktionalen Betrachtung, verhindern die Einsicht in die wirklichen Zusammenhänge. Ein weiteres Mittel der Bekämpfung wäre nur noch der gesetzliche Lohnstopp, für den sich allerdings wohl nur im Fall eines Notstands eine parlamentarische Mehrheit finden läßt. Die Zusammenhänge zwischen der Preisentwicklung und der Lohnentwicklung spiegeln sich deutlich im Konjunkturbild der Bundesrepublik Deutschland (nach Angaben des Statistischen Bundesamtes):

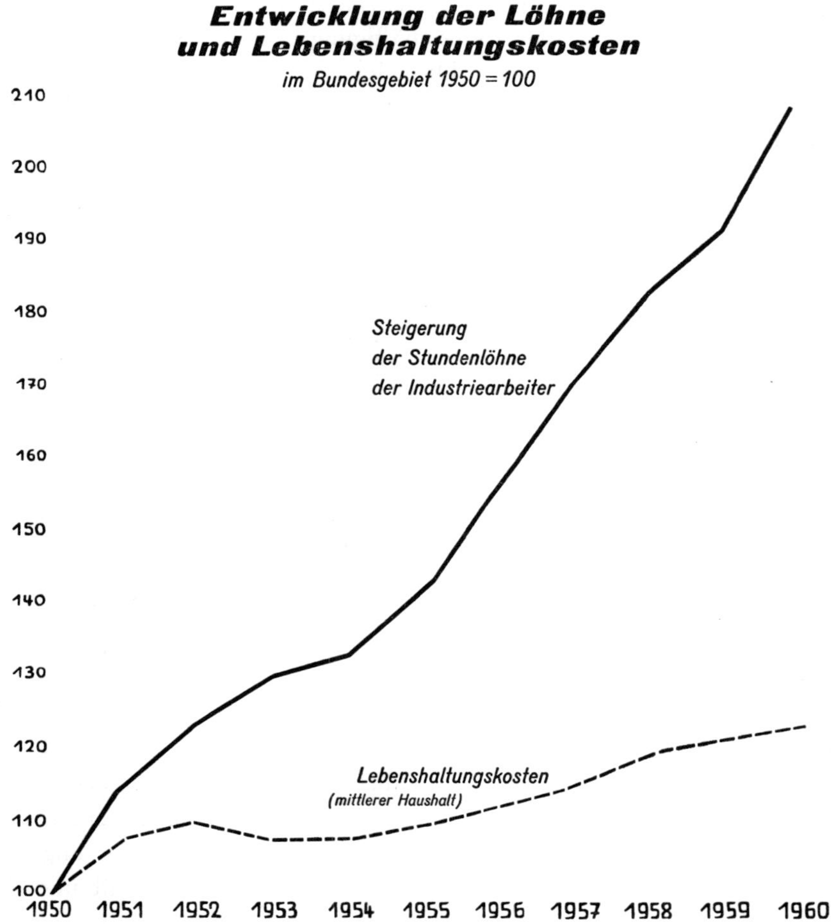

Inflation bei Übernachfrage

Wenn eine nicht genügend bekämpfte Übernachfrage so mächtig wird, daß auch eine disziplinierte Volkswirtschaft von Lohnerhöhungen und einer anschwellenden Steigerung des Preisniveaus ergriffen wird, so sind rechtzeitige Dämpfungsmaßnahmen versäumt worden und eine drastische Bekämpfung der Übernachfrage wird erforderlich. Das ist nur möglich durch scharfe Kreditrestriktionen. Die Internationalisierung des Zahlungsverkehrs ist geeignet, die Wirksamkeit solcher Beschränkungen eventuell zunichte zu machen. In einem solchen Fall sind auch Einschränkungen jener Freizügigkeit notwendig. Solange es nationale Volkswirtschaften gibt, muß es auch eine nationale Konjunktursteuerung (-politik) geben. Und dazu ist — gerade im Falle der Übernachfrage — die Kreditbeschränkung ein unerläßliches Instrument, das funktionsfähig gehalten werden muß. Selbstverständlich entspricht es der Gerechtigkeit, Mittel und Wege zu finden, durch welche die Unternehmen gleichmäßig von solchen Einschränkungen betroffen werden. Wird die Übernachfrage abgefangen, dann ist es wieder die Aufgabe der Sozialpartner, die Einkommenserhöhungen nicht über den Umfang des Wachstums des Sozialprodukts hinaussteigen zu lassen. Eine besondere Rolle spielt dabei die Lohnpolitik der Großunternehmen.

Unternachfrage bei Preisstabilität

Die unsachgemäße Bekämpfung der inflatorischen Übernachfrage kann zu einer Unternachfrage führen, so daß dann der Fall eintreten kann, daß bei inflatorischer Tendenz eine Unternachfrage sich ausbreitet. Dieser Fall wird in der Folge behandelt. Zunächst gilt es, beim entgegengesetzten Konjunkturpol wieder die einzelnen Stadien rein für sich zu fassen. Eine Unternachfrage (oder Überproduktion) braucht durchaus nicht nur aus einer bekämpften Übernachfrage herrühren, wie eine viel verbreitete Meinung sagt, sondern, sie kann — wie schon dargestellt — auch aus einem Konjunkturgleichgewicht heraus sich entwickeln, wenn z. B. aus dem Einkommensstrom so viel stillgelegt wird, daß die produzierten Konsumgüter nicht mehr aufgenommen werden, und wenn gleichzeitig die Bereitschaft zur Kreditaufnahme gering ist. Es ist wichtig, den Ursachen nachzugehen, welche die Nachfrage so weit abgeschwächt haben, daß sie in einem Rückgang der Produktion und in einem Ansteigen der Arbeitslosigkeit ihren Ausdruck findet. Es ist völlig ausgeschlossen, daß eines Tages die Einkommen, die mit den Gütern entstanden sind und ihren Preis bestimmt haben, plötzlich nicht mehr ausreichen sollten, um diese wieder zu kaufen. Das wäre nur möglich, wenn jemand heimlicherweise das Einmaleins verfälscht hätte. Es sind die zuviel über die Elastizität der Preise hinaus stillgelegten Gelder und Spareinlagen, die nicht zum Güterkauf verwendet werden, welche die Schwäche der Nachfrage verursachen. Sie können zwar kompensiert werden durch entsprechende Kreditnahmen, aber sie müssen es nicht. Die

Gesamtbilanz des Bankensystems ist ein Indikator für diese Verhältnisse. Vom einzelnen Unternehmer oder Privatmann her gesehen ist natürlich das Sparen gut zu verstehen, es entspringt hauptsächlich dem Bedürfnis nach Sicherheit, für schlechte Zeiten vorzusorgen, Reserven zu sammeln für unvorhergesehene Schwierigkeiten. Es sind ausschließlich einzelwirtschaftliche Gesichtspunkte, die aber im Falle einer stockenden Nachfrage den volkswirtschaftlichen Erfordernissen zuwiderlaufen. In diesem Falle führt die übertriebene Vorsorge für schlechte Zeiten, diese schlechten Zeiten erst herbei. Sparen bzw. die Geldhortung ist volkswirtschaftlich gesehen nicht *immer* eine Tugend. Im Falle einer Unternachfrage kann es die Ursache zu einer verheerenden Depression mit Massenarbeitslosigkeit und den entsprechenden politischen Folgen sein.

Der untrügliche Indikator für eine Unternachfrage ist der Beschäftigungsgrad, der Produktionsindex, der Auftragseingang, der Umfang der geplanten Bau- und Ausrüstungsinvestitionen usw. Steigt die Gesamtproduktion nicht laufend entsprechend den Erwartungen, die auf Grund der vorgenommenen Ausrüstungsinvestitionen ungefähr geschätzt werden können, so ist das schon ein Zeichen für eine Unternachfrage, die sich dann auch in kürzerer Wochenarbeitszeit und ansteigender Arbeitslosigkeit ausdrückt. Die Verbrauchsgüter und Investitionsgüterproduktion entwickeln sich nicht gleichmäßig, so daß es gefährlich ist, daraus Aussagen abzuleiten. Trotzdem geht bei der skizzierten Entwicklung einer Unternachfrage wohl immer die Abschwächung der Konsumgüterproduktion voraus. Wenn so die Produktionskapazitäten nicht ausgenutzt sind, gehen auch die Aufträge an die Investitionsgüterindustrie zurück. Das ist verständlich, denn wer wird weitere Fabriken bauen oder Maschinen kaufen, wenn die bestehende Kapazität nicht ausgenützt ist. Diese Erscheinung läßt sich bei beiden „Recessions" der USA nachweisen. Im Jahre 1953 setzte der Rückgang der Konsumgüterproduktion im Mai ein, dem die Investitionsgüter im August erst folgten. In den beiden Jahren 1956 und 1957 erhöhte sich die Konsumgüterproduktion praktisch nicht, sondern stagnierte auf gleichem Niveau, trotzdem die Investitionstätigkeit für Ausrüstungen im ganzen Jahr 1956 sehr lebhaft war. Infolge dieser gestiegenen, aber später stilliegenden Kapazitäten mußte dann auch einmal die Investitionsgüterproduktion zurückgehen und das geschah schließlich im August 1957. Man kann wohl sagen, daß eine aus dem Gleichgewicht sich herausentwickelnde Unternachfrage immer zuerst von einer zurückfallenden Konsumgüterproduktion angezeigt wird, und dann erst sich in den übrigen Bereichen bemerkbar macht. Wie kann aber eine sich entwickelnde Unternachfrage bekämpft werden? Sicher ist, daß der Geldstrom der Nachfrage auf irgendeinem Wege gestärkt werden muß. Eine Ansicht rät den Unternehmern, einfach weiter zu produzieren und zu investieren, dann würde schon die nötige Nachfrage mit der Produktion entstehen. Diese Ansicht übersieht, daß dadurch der Zustand der Unternachfrage nicht verändert werden kann (ganz abgesehen von der praktischen Undurchführbarkeit für haftende Einzelunternehmer). Wohl entsteht mit der Produktion Einkommen und damit Nachfrage, aber es entstehen im gleichen Maße auch weitere Güter, und somit wird das gestörte Verhältnis zwischen Nachfrage und Gütern nicht verbessert. Nein, die Bekämpfung einer Unternachfrage ist nur möglich, indem der Geldstrom der Nachfrage allein verstärkt wird, ohne eine Vermehrung des Güterstroms. Das kann geschehen durch eine Vermehrung der Konsumentenkredite, wohl auch der längerfristigen Investitionskredite. Das wird meist auch angestrebt durch eine weitgehende Senkung des Zinses, allein, man hat die Erfahrung gemacht, daß dadurch die Kreditnahme nicht wesentlich gesteigert werden kann. Die Bank deutscher Länder äußerte sich in einem solchen Fall im Jahre 1952, daß das Bankensystem entgegen einer landläufigen Ansicht keine Kredite in die Wirtschaft „hineinpumpen" könne, sondern, daß es angewiesen ist auf die Bereitschaft zur Kreditaufnahme und auf die Kreditwürdigkeit des kreditsuchenden Publikums. Mit einer verstärkten Kreditgewährung ist also die Unternachfrage kaum zu bekämpfen.

Rein technisch gesehen, wäre das einfachste Mittel die teilweise Auflösung der stillgelegten Gelder (die ja hauptsächlich den Nachfragestrom eingeengt haben). Aber praktisch ist es sehr schwer, diese Gelder zu dirigieren, da der einzelne frei darüber verfügen kann. Selbst eine radikale Senkung des Zinsfußes bringt sie nicht mit Sicherheit in Bewegung. Das ist natürlich, denn bei Kurzarbeit oder steigender Arbeitslosigkeit, die ja Erscheinungen der Unternachfrage sind, verbreitet sich das Gefühl der Unsicherheit, und der einzelne wird noch mehr als bisher dazu neigen, flüssige Mittel zu halten. Vor allen Dingen müßte geklärt werden, ob im jeweiligen Fall die Gelder mehr von den Unternehmern, der öffentlichen Hand oder den Arbeitnehmern gespart werden. Sind es die letzteren, so mag eine Verkürzung der Arbeitszeit zu einer gewissen Entspannung beitragen. Sind es die Unternehmer, so müßte der Schluß gezogen werden, daß die Gewinne zu groß sind und der Wettbewerb nicht funktioniert. Leider ist auf Grund der „Zusammengefaßten statistischen Bilanz der Kreditinstitute und der Bundesbank" noch keine genaue Analyse möglich, aus welchem Bereich die stillgelegten Gelder hauptsächlich stammen. Immerhin ergibt sich, daß von den gesamten stillgelegten Geldern (Passiva minus Bargeldumlauf und Sichteinlagen) in letzter Zeit nur ca. 20 vH bei den Sparkassen liegen, von denen wiederum vielleicht die Hälfte von selbständigen und kleinen Unternehmern stammen. Ungefähr 30 vH aller stillgelegten Gelder gehören der öffentlichen Hand. Wenn auch diese Anteile schwanken, so ergibt sich doch die Tatsache, daß der überwiegende Teil der stillgelegten flüssigen Mittel aus dem Bereich der Unternehmen kommt. Im Fall einer eingetretenen Unternachfrage wird man versuchen müssen, sie wieder in Bewegung zu bringen, und hierfür ist das klassische Mittel die Senkung des Diskonts, die aber kräftig genug sein muß, um wirksam zu werden. Genügt sie nicht, müßte eine Maßnahme gefunden werden, die das Halten flüssiger Mittel mit Kosten belastet, z. B. ein „Minus-Zins". Offenmarktoperationen des Bankensystems, die auf denselben Effekt zielen, nämlich die stillgelegten Gelder in Investitionen umzuwandeln, können nie allein den Umfang erreichen, der notwendig ist, eine Unternachfrage wirksam zu bekämpfen. Noch besser wäre es natürlich, von vornherein den Gesamtumfang der Geldstillegungen in einem Rahmen zu halten, der keine Störung der Nachfrage verursacht.

Das Verhalten der öffentlichen Hand ist im Falle einer Unternachfrage genau zu prüfen. Befinden sich nach Gegenüberstellung ihrer Einlagen und Kredite größere flüssige Mittel im Bankensystem, so müssen diese mittels einer Steuersenkung der Nachfrage zugeführt werden. Sehr umstritten ist das Instrument des „Deficit spending", des bewußten Finanzhaushalts-Defizits, mit dem eine Unternachfrage bekämpft werden soll, sofern keine Überschüsse in den Kassen sich befinden. Aber eigentlich ist ein Streit darüber jetzt nicht mehr möglich, da die Tatsachen eindeutig sind. Wenn die Bürger des Landes zuviel Geld der Nachfrage entziehen und so eine Störung der Volkswirtschaft verursachen, warum soll dann nicht der Finanzhaushalt in die Bresche springen, um diese Unternachfrage auszugleichen? Er kann es damit, daß er sich verschuldet, indem er die Steuern um den fehlenden Betrag senkt und die Ausgaben nicht beschneidet. Dadurch verschuldet er sich zwar, aber die Deckung dieser Schuld ist ja in Form von Spar- und Termineinlagen der Wirtschaft effektiv vorhanden. Ändert sich später der Sinn der Bürger des Landes, indem sie beginnen, ihre stillgelegten Gelder aufzulösen und in den Verkehr zu bringen, so müßten dann die Steuern über den Bedarf des Finanzhaushalts hinaus, etwa durch eine Konjunkturausgleichsteuer, erhöht werden, um die öffentliche Schuld wieder abzudecken. Dieses Instrument könnte gut funktionieren, jede Nachfragestörung könnte schnellstens ausgeglichen werden, weil der Haushalt groß genug ist, um mit entsprechenden Summen zu operieren. Wenn z. B. bei unverminderten Ausrüstungsinvestitionen die jährliche Wachstumsrate des Sozialprodukts von 8 vH auf 4 vH zurückgehen würde, so wäre bereits ein Einsatz von ca. 3—4 vH des Sozialprodukts notwendig, um den weiteren Abstieg in einen Produktionsrückgang abzufangen. Mit den herkömmlichen Krisenprogrammen, die sich insgesamt vielleicht auf 1 vH belaufen mögen, ist einem solchen Einbruch nicht beizukommen, abgesehen davon, daß solche Programme immer viel zu spät anlaufen. Alles hängt von schneller und kräftiger Aktion ab. Das wäre dem Finanzhaushalt möglich, wenn er aus Konjunkturgründen vorübergehend sich verschulden dürfte. Die Einrichtung eines solchen Instrumentes ist in der Bundesrepublik erst möglich nach einer Verfassungsänderung, weil Haushaltsausgleich vorgeschrieben ist.

Der Haupteinwand gegen das Instrument des Defizit-Spending ist immer wieder die inflatorische Wirkung. Dieser Einwand ist für das entwickelte Beispiel nicht berechtigt, weil eine Steuersenkung deflatorisch wirkt, sofern sie im Bereich der Unternehmen, und neutral, sofern sie im Bereich der Verbraucher vorgenommen wird. Bei vorsichtiger Bemessung wird auch keine Übernachfrage entwickelt, die einen inflatorischen Druck ausüben könnte, sondern es soll nur die stetige Nachfrage wiederhergestellt werden. Auch die spätere Erhebung der Konjunkturausgleichsteuer dürfte nicht inflatorisch wirken, da sie zweckmäßigerweise auch kurzfristig erhoben wird. Für die Technik der Steuersenkung gibt es auch verschiedene Möglichkeiten. Üblich ist eine verschiedenartige Senkung der Tarife, je nach Stärke der Interessenten und der politischen Konstellation, allerdings benötigt die Verabschiedung eines solchen Gesetzes außerordentlich viel Zeit, die in einem akuten Fall nicht immer zur Verfügung steht. Es ist zu prüfen, ob es nicht viel vorteilhafter wäre, mit dem Mittel von Steuererlassen für einzelne oder alle Steuerarten zu operieren. Diese könnten für ein, zwei, drei Monate je nach Bedarf dosiert werden, entweder hintereinander oder in zeitlichen Abständen. Solche kurzfristigen Steuererlasse hätten den großen Vorzug, sofort zu wirken, jederzeit einsatzfähig zu sein, keinen Verwaltungsaufwand und keine komplizierte Gesetzgebung zu benötigen, da die Steuersätze nicht geändert zu werden brauchten.

Schließlich könnte eine Unternachfrage auch noch bekämpft werden durch Schenkung von Gütern an wirtschaftlich schwache Länder, um so das Güterangebot zu reduzieren. Eine solche Aktion ist wohl auch nur über den Staat möglich, der vielleicht vorzugsweise Güter von notleidenden Industrien aufkauft. Der Nachteil dieses Verfahrens ist, daß durch einen solchen dirigistischen Eingriff des Staates eine vielleicht notwendige Strukturwandlung der betreffenden Volkswirtschaft verhindert wird. Meist gehen aber Strukturwandlungen nicht so sprunghaft vor sich, daß sie eine größere Unternachfrage für die gesamte Volkswirtschaft verursachen.

Daß während einer Unternachfrage die Arbeitslosenunterstützung so hoch als irgendmöglich festgesetzt wird, vielleicht auf 80 vH des Lohnes, ohne Rücksicht auf den angesammelten Fonds, sollte eigentlich eine Selbstverständlichkeit sein. Es ist die erste Pflicht einer menschlichen Gemeinschaft, einen einzelnen nicht leiden zu lassen für eine Störung, die er nicht verursacht hat. Im übrigen ist es auch in höchstem Maße sinnwidrig, daß Menschen sich einschränken oder gar hungern sollen, weil zuviel Güter vorhanden sind.

Trotzdem die Bekämpfung der Unternachfrage über den Staatshaushalt bzw. die Besteuerung möglich und durchführbar ist, wird damit die Wurzel des Übels, die zu hohen Geldstillegungen von Wirtschaftsteilnehmern nicht beseitigt. Je nachdem, ob diese von Unternehmern oder Arbeitnehmern stammen, sind daher die besseren Bekämpfungsmittel der Unternachfrage die Besteuerung flüssiger Mittel oder die Arbeitszeitverkürzung. Die Konjunkturstörung der Unternachfrage ist deshalb so gefährlich, weil sie so spät bemerkt und zuerst meist mißdeutet wird. Wenn eine Verlangsamung des Wachstums eintritt, wird sogar häufig der falsche Rat gegeben, mehr zu sparen, und den Unternehmern wird gesagt, sie sollen mehr investieren. Wenn aber die Investitionen vor diesem Zeitpunkt keinen Rückgang aufzuweisen haben, und der Produktionsindex für Konsumgüter steigt trotzdem nicht mehr, so liegt schon ein Fall von Unternachfrage vor und Gegenmaßnahmen müssen eingeleitet werden, um die Nachfrage zu stärken. Es ist eine Illusion, zu glauben, man könne eine Erhöhung der Investitionen in einem solchen Falle verlangen, wenn die Aufträge zurückgehen. Im Gegenteil, noch immer hat ein Rückgang der Produktion auch einen Rückgang der Investitionen nach sich gezogen. Ein gewisses Maß von Sparen bzw. Stillegen von Geld ist natürlich möglich, nur darf diese sogenannte „Sparrate" nicht über die Möglichkeit einer Preissenkung (unter Annahme einer wachstumsgerechten Lohnerhöhung) hinausgehen. Es sei hier dennoch verwiesen auf die Gefahr, die ein immer größer werdendes Volumen stilliegender Gelder haben kann, wenn einmal eine Störung von außen, etwa politischer Art, diese Gelder plötzlich in Bewegung setzt. Für die übliche Konjunkturbetrachtung sind die stilliegenden Gelder nicht existent. Sie können es aber einmal werden. Auch von diesem Gesichtspunkt ist die Ansammlung allzu großer flüssiger Vermögen nicht wünschenswert.

Deflation bei stetiger Nachfrage

Dieser Konjunkturzustand tritt verhältnismäßig selten auf, das ist ohne weiteres verständlich, wenn man bedenkt, daß dazu die Lohnerhöhungen niedriger sein müßten, als das Wachstum des Sozialprodukts. Deflation bedeutet also nicht unbedingt, daß das Einkommen absolut schrumpft, auch wenn es weniger wächst als das Sozialprodukt, ist der Tatbestand der Deflation, der sinkenden Preise gegeben. Es wird manchmal die Ansicht geäußert, der Konjunkturverlauf werde sehr viel stabiler und klarer sein, wenn man sich entschließen würde, einen absoluten Lohnstopp einzuführen und dafür das Preisniveau sinken zu lassen, im Maßstab des jährlichen Wachstums, also ca. 4—8 vH. Das Lohn-Preis-Bild würde sich dann umkehren. Das hätte den Vorteil, daß die ganzen Auseinandersetzungen um die Lohnerhöhungen wegfallen würden und damit eine wesentliche Ursache des Unfriedens in der Wirtschaft. Überdies würde das Wachstum in Form sinkender Preise nicht nur Arbeitern und Unternehmern, sondern auch den Rentnern zugute kommen. Die volkswirtschaftlichen Zusammenhänge wären sehr viel leichter zu durchschauen wie bisher. Die Schuld an Störungen könnte nicht mehr verschleiert werden. Störungen durch die Preise würden überhaupt wegfallen mit Ausnahme der Störungen durch zu langsame Preissenkungen. Im übrigen wären nur noch Nachfragestörungen zu behandeln. Eine allgemeine Umstellung auf das Prinzip der festen Löhne würde sogar vielleicht die internationalen Komplikationen infolge der so verschiedenen konjunkturellen Entwicklung der Volkswirtschaften lösen können.

Der Einwand, daß die stetigen Preissenkungen ein Element der Unruhe in der Wirtschaft bilden würden, ist nicht stichhaltig, weil ja in den seltensten Fällen die Preise in einem Wirtschaftszweig völlig stabil sind. Auch der Einwand des Lagerabbaus bei allgemeinen Preissenkungen und einer dadurch verursachten Unternachfragestörung ist in dem Augenblick hinfällig, in dem die Preissenkungen zur allgemeinen Regel werden. Dann bleiben einfach die Lager kleiner als bisher, aber es gibt keine großen Schwankungen mehr. Der stärkste Einwand gegen dieses System der festen Löhne und sinkenden Preise ist der, daß zweifellos die Preise nicht rasch genug, analog dem Rationalisierungseffekt sinken werden und daß dies unweigerlich zu einer Unternachfrage führen muß. Wenn aber der Wettbewerb intakt ist, oder auf irgendeinem Wege die Stillegung zu großer flüssiger Mittel verhindert werden könnte, so müßte auch dieses Problem lösbar sein. Man sieht, daß eine wesentliche Vereinfachung unseres komplizierten Wirtschaftssystems möglich wäre, wenn man die längst widerlegte Vorstellung vom Marktcharakter des Lohnes über Bord wirft und statt dessen feste gleichbleibende Löhne einführt, basierend auf einem Grundlohn für ungelernte Arbeiter und nach oben gestaffelt je nach der Leistung des einzelnen Arbeiters oder Angestellten.

Zunächst aber hat ein allgemeiner deflatorischer Preiseinbruch bei stetiger Nachfrage den Charakter einer konjunkturellen Störung, weil dadurch ein Lagerabbau und somit eine Nachfrageschwäche verursacht wird. Ihre Bekämpfung ist denkbar einfach — mittels einer allgemeinen Lohnerhöhung.

Unternachfrage bei Deflation

Wächst die Unternachfrage sich so weit aus, daß die Arbeitslosen die Löhne unterbieten, um einen Arbeitsplatz zu erhalten, dann kommt auch das Preisniveau ins Wanken, der dadurch verursachte Lagerabbau verschärft die Nachfragestockung, die Depressionskrise ist im Gang. Für ihre Bekämpfung gelten dieselben Prinzipien wie für die reine Unternachfrage, aber in noch wesentlich größerem Umfang. Die Deflation, die erst in einem späteren Stadium der Unternachfrage als deren direkte Folge aufgetreten ist, kann eigentlich gar nicht bekämpft werden. Es gilt vielmehr, so schnell als irgend möglich die Nachfrage zu verstärken, damit die Arbeitslosigkeit aufhört. In einer solchen Krise ist es aber außerordentlich schwer, die stillgelegten Gelder wieder in Fluß zu bringen, weil ganz allgemein sehr viel mehr als gewöhnlich gespart und gehortet wird. Die Besteuerung flüssiger Mittel muß in einem solchen Fall ganz rigoros durchgeführt werden, um diese wieder in den Nachfragestrom zu zwingen. Gleichlaufend damit müßten jene vorübergehenden Steuererleichterungen bei gleichzeitiger Verschuldung des Finanzhaushalts erfolgen. In einer Depressionskrise, in der vielleicht schon 10—15 vH der Arbeiter beschäftigungslos sind, müssen drastische Maßnahmen getroffen werden, damit eine politische Katastrophe verhindert wird. Dies ist natürlich nur dann nötig, wenn jahrelang gegen eine sich ausbreitende Unternachfrage nichts getan worden ist, in der Hoffnung, daß irgendwelche dunklen unbekannten „Selbstheilungskräfte“ die Sache wieder ins Gleichgewicht bringen würden.

Unternachfrage bei Inflation

Die Kombination dieser beiden Störungen wird als paradox empfunden, weil sie gewöhnlich einander entgegenstehenden Konjunkturpolen entsprechen. Allein die „recession 1957/58“ in den Vereinigten Staaten zeigt diese Störungsart, und ebenso der Beginn der Krise im Jahre 1929. Bei näherem Zusehen ist das auch ganz verständlich. Wenn in einer Volkswirtschaft mit inflatorischer Tendenz diese falsch bekämpft wird, etwa durch Kreditbeschränkungen, so muß sich zwangsläufig einmal Unternachfrage einstellen. Erst wenn die Arbeitslosigkeit groß genug ist, können die Lohnerhöhungen durchbrochen werden und dann erst ist die Voraussetzung gegeben für ein Sinken der Preise. So erweist sich die inflatorische Unternachfrage nur als Durchgangsstadium zwischen Inflation und Depression. In ihrer Bekämpfung kann nur dann Unklarheit entstehen, wenn man Einkommen und Nachfrage verwechselt. Die Inflation kann nur bekämpft werden, durch die Verhinderung einer Einkommensübersteigerung und die Unternachfrage durch Kredite, Auflösung von stillgelegten Geldern, Haushaltsdefizite.

Deflation bei Übernachfrage

Nur der Vollständigkeit halber sei diese kuriose Kombination erwähnt, sie wird wohl nur sehr selten, und dann als ganz kurzes Übergangsstadium auftreten. Die Deflation wird durch Lohnerhöhungen, die Übernachfrage durch Kreditbeschränkungen bekämpft. Da die Übernachfrage das beste Klima für Lohnerhöhungen darstellt, ist tatsächlich ein deflatorischer Trend gar nicht denkbar, es sei denn z. B. infolge eines gesetzlich festgelegten oder vereinbarten Lohnstopps.

Überblick

In den meisten Volkswirtschaften ist die Konjunkturlage der Inflation vorzufinden, bei stetiger Nachfrage und gelegentlicher Übernachfrage. Vollbeschäftigung und ein stetiges Wachstum ist darin gewährleistet, wenn es sich nicht um Länder handelt, in welchen es zu wenige Unternehmer gibt, die in der Lage sind, Industrien aufzubauen. Die stetige Inflation hat den Vorteil, daß weniger flüssige Mittel stillgelegt werden, und somit eine Unternachfrage nicht entstehen kann. Der

Nachteil liegt darin, daß die Sparer geschädigt werden, und daß die steigenden Preise den Export erschweren, solange die Wechselkursrelationen nicht frei beweglich sind, so daß es für solche Länder außerordentlich schwierig ist, zu einer augeglichenen Zahlungsbilanz zu kommen. Andere Volkswirtschaften, in denen eine Unternachfrage entsteht durch einen zu großen Entzug flüssiger Mittel, die stillgelegt werden, haben einen weniger starken Lohn- und Preisauftrieb, dagegen besteht immer die große Gefahr, daß die Unternachfrage sich verstärkt und durch ein wachsendes Heer von Arbeitslosen Unsicherheit und Unzufriedenheit entsteht. Außerdem ist das Wachstum immer kleiner als es sein könnte, oder hört ganz auf, weil die Produktionskapazität teilweise stilliegt. Die Preisstabilität muß in diesen Fällen mit ungeheuren Opfern erkauft werden.

Zweifellos die günstigste wirtschaftliche Entwicklung nehmen jene Länder, in denen stetige Nachfrage und damit Vollbeschäftigung und Wachstum erhalten werden können bei gleichzeitiger Preisstabilität, durch Lohn- und Preisdisziplin.

Eines hat sich mit aller Deutlichkeit erwiesen: das Konjunkturgleichgewicht wird immer wieder gestört werden, nicht nur durch innerwirtschaftliche Verlagerungen oder Stockungen, sondern auch durch Mißernten oder außenpolitische Einflüsse, und deshalb ist es unumgänglich, in aktivem Konjunkturausgleich jene Störungen zu neutralisieren, um möglichst dauernd an das so erwünschte Konjunkturgleichgewicht heranzukommen. Alle volkswirtschaftlichen Gruppen haben bei diesem ständigen Ausgleichen wichtige Aufgaben zu erfüllen, die Gewerkschaften und Unternehmer bei der Bekämpfung der Inflation, — Zentralbank, Unternehmer und der Finanzhaushalt bei Bekämpfung der Unternachfrage. Die Übernachfrage kann am besten abgedämpft werden durch die Zentralbank, soweit sie durch die Liberalisierung des internationalen Geld- und Kreditverkehrs daran nicht gehindert wird, die seltene Deflation durch Unternehmer und Gewerkschaften. Somit hat es immer wieder jeder Wirtschaftsteilnehmer in der Hand, durch seine ständigen Entscheidungen als Unternehmer oder als Arbeiter oder sogar als Sparer selbst die Erhaltung dieses Konjunkturgleichgewichts mit herbeizuführen. Dazu aber muß der einzelne Wirtschaftsteilnehmer besser informiert werden, damit er weiß, wie er sich im konkreten Fall konjunkturgerecht verhält bezüglich der Gewinnverwendung oder der Bestimmung der Einkommenshöhe. Die parteipolitisch unabhängigen freien Konjunkturforschungsinstitute sollten in ihren Beurteilungen der Lage besser zu Wort kommen, bzw. besser und häufiger in die normale Verkehrssprache übersetzt werden. Wenn die wahren Zusammenhänge eindeutig bestimmt werden und jenseits aller Interessenpolitik eine weite Verbreitung finden, dann muß die Erreichung eines verhältnismäßig störungsfreien Konjunkturgleichgewichts auf die Dauer möglich sein.

Das weltwirtschaftliche Gleichgewicht

Konjunkturbewegungen wie in der Volkswirtschaft gibt es in der Weltwirtschaft nicht in gleicher Weise. Nur in Ausnahmefällen ergreift eine Konjunkturstörung die ganze Welt, wie es in den dreißiger Jahren die Depressionskrise tat. Normalerweise ist zum gleichen Zeitpunkt die Konjunkturentwicklung der Länder durchaus verschieden. Das weltwirtschaftliche Gleichgewicht ist auf einer anderen Ebene zu suchen.

Die einzelne Volkswirtschaft steht mit anderen durch Importe und Exporte durch Gläubiger- und Schuldner-Verhältnisse in Verbindung, dadurch ergibt sich ein außerordentlich differenziertes Geflecht von Güter- und Geldströmen in der Welt. Der Saldo aller Geldbewegungen wird in der einzelnen Volkswirtschaft in der Zahlungsbilanz festgehalten, und die Bemühungen richten sich darauf, eine ausgeglichene Zahlungsbilanz zu haben. Wenn dies allen Ländern gelingen würde, so könnte von dem weltwirtschaftlichen Gleichgewicht in der Güter/Geld-Sphäre gesprochen werden. Das ist aber nicht der Fall, es gibt Ungleichgewichte aller Grade, es gibt chronische Schuldner und chronische Gläubiger. Alle Währungsabkommen, auch die Goldwährung, haben unterschiedliche Konjunkturentwicklungen nicht verhindern können. Selbst heute hat man es trotz der vielen neuen Erkenntnisse nicht in der Hand, eine gleichmäßige Konjunkturentwicklung in den verschiedenen Ländern zu erreichen. Die Konjunktur ist eben, wie festgestellt worden ist, ein sehr diffiziles Phänomen und kann vom jeweiligen Bankensystem allein niemals gesteuert werden, besonders dann nicht, wenn der Geld- und Kreditverkehr internationalisiert ist. Und wenn es unter Einsatz aller Kräfte einmal gelingen sollte, eine gleichmäßige Konjunkturentwicklung der Länder zu erreichen, so würde sich bald herausstellen, daß damit ausgeglichene Zahlungsbilanzen auch nicht zu erzielen sind, weil z. B. die Qualität des Güterangebots einen großen Einfluß auf die Zahlungsbilanzen hat. Nun werden glücklicherweise die Ungleichgewichte in der Weltwirtschaft sehr langfristig und mit großer Gelassenheit betrachtet, weil sie sich oft nach Jahren oder Jahrzehnten wieder ausgleichen. Trotzdem ist es notwendig, in hartnäckigen Fällen Maßnahmen zu ergreifen.

Deutlich muß festgestellt werden, daß nicht nur ein Passiv-Saldo, sondern auch ein Aktiv-Saldo ein Verstoß gegen das Gleichgewicht ist. Die Einführung beweglicher Wechselkurse würde zwar die Ungleichgewichte gegenstandslos machen oder sie mindestens verschleiern, aber für diese Regelung kämen nur wenige Länder in Betracht, die schon die Stufe der vollen Konvertibilität erreicht haben. Ein solcher Schritt ist in seinen Auswirkungen nicht leicht zu übersehen, weil die Abwicklung von Geschäften mit erheblichen Risiken belastet, und vielleicht eine ausgedehnte, störende Spekulation einsetzen würde.

Als letztes Mittel zur Beseitigung hartnäckiger Ungleichgewichte bleibt nur der dirigistische Eingriff in Form von Einfuhr- oder Ausfuhrbeschränkungen, der zwar nicht gerne, doch im Falle akuten Devisenmangels immer wieder angewandt werden muß.

Schließlich könnte man sich auch noch das Mittel der sehr langfristigen Kreditierung oder Schenkung denken, das solche Länder anwenden, die eine chronisch aktive Zahlungsbilanz aufweisen. Dieses Mittel des Ausgleichs ist bisher zwar wenig üblich, aber im Grunde genommen ist es dasselbe Prinzip wie ein Finanzausgleich zwischen den Ländern eines Bundesstaates, der ebenfalls auf Schenkung beruht. Das sind allerdings keine rein bilanztechnischen Angelegenheiten mehr, sondern Fragen der Struktur der Weltwirtschaft, die an späterer Stelle behandelt werden.

Zusammenfassung

Es hat sich gezeigt, daß überall in der Wirtschaft Gleichgewichtsprozesse stattfinden, deren krisenhafte Störungen außerordentlich schwerwiegende Folgen im Leben der Völker nach sich ziehen. Höchste Aufmerksamkeit wird daher diesen Fragen gewidmet. Stäbe von Experten sind in internationalen und volkswirtschaftlichen Organisationen, wissenschaftlichen Instituten, Ministerien und Ämtern, aber auch in den Unternehmen beschäftigt, dieses jeweilige Gleichgewicht (der Zahlungsbilanzen, der Konjunktur, der Unternehmensbilanzen) zu diagnostizieren und aufrechtzuerhalten durch entsprechende Ausgleichsmaßnahmen. Wirtschaftskatastrophen haben in der Vergangenheit darauf aufmerksam gemacht, daß dieses Gleichgewicht im weltwirtschaftlichen und volkswirtschaftlichen Bereich so wenig „automatisch“ eintritt, wie in einem Unternehmen.

Defizite in der Unternehmensbilanz oder der Zahlungsbilanz eines Landes, ebenso anhaltende Unternachfrage oder inflatorische Tendenz fordern alsbaldige Behandlung heraus. Dagegen werden große Überschüsse in den entsprechenden Bereichen mit größerer Ruhe hingenommen, obwohl es ganz klar ist, daß in der Weltwirtschaft jedem Überschuß ein Defizit entgegenstehen *muß*, und daß somit beide Zustände eine Abweichung vom Gleichgewicht bedeuten.

Aus diesen Untersuchungen der Funktion der praktischen Wirtschaft hat sich, wie die Theorie erwarten ließ, die eminente Bedeutung des Gleichgewichts und des Ausgleichs in allen ihren Bereichen erwiesen.

B. Menschen und Güter
Die Verfügungsmacht in der Wirtschaft

Welche Menschen sollen über wie viele Güter verfügen dürfen? Über dieser Frage entzünden sich seit Jahrhunderten die Gemüter der Theoretiker, Politiker und Anhänger der verschiedenen Richtungen. Jeder soll völlige Freiheit haben über das, was ihm zukommt oder was er erwirbt, zu verfügen, das Privateigentum soll unbegrenzt sein, sagen die einen. Die Produktionsmittel sollen dem Volk gehören und große Privatvermögen soll es nicht geben, sagen die anderen. Dazwischen gibt es die verschiedensten Abstufungen und Übergänge. Daß der Arm/Reich-Komplex und die Urlaster der Menschheit, der Neid und der Geiz, mit diesen sich gegenüberstehenden Ansichten eng zusammenhängen, ist sicher. Allein, es handelt sich nicht nur um Ansichten, sondern um Gegensätze, die sich seit Jahrhunderten erbittert bekämpfen, die Unruhe und Unfrieden in die menschlichen Gemeinschaften hineintragen. Selbst die heutige Teilung der Welt in zwei sich drohend gegenüberstehende Machtblöcke ist im Namen jener gegensätzlichen Meinungen über die Verteilung des Eigentums, bzw. der Verfügungsmacht über Güter in der Wirtschaft entstanden. Es besteht daher aller Grund, den verschiedenen Arten von Verfügungsmacht und ihren Wirkungen genau nachzugehen, um ein objektives Bild ihrer Funktion zu gewinnen. Direkte Verfügungsmacht über Güter und Geld haben alle, die mit der Produktion, dem Handel und dem Verbrauch von Gütern zu tun haben.

Der Selbständige und der Unternehmer

Der selbständige Freiberufliche produziert Güter bzw. Leistungen, die von anderen gewünscht und gekauft werden. Da er allein arbeitet, macht ihm niemand Vorschriften (außer der allgemeinen Gesetzgebung). Er kann seine Arbeit nach Belieben einteilen, er kann in seiner Werkstatt, Atelier oder Praxis schalten und walten, wie er es für richtig hält.

Er kann den ihm verbleibenden Gewinn, sein Einkommen, nach seinen Absichten und Bedürfnissen verwenden. Aber er hat auch die Verantwortung für einen Verlust, es ist seine Sorge, damit fertig zu werden. Er hat also volle Verfügungsmacht in seinem Bereich, auch über seine Werkzeuge (Produktionsmittel). Da es aber normalerweise viele andere gibt, die denselben Beruf ausüben und denselben Kundenkreis ansprechen, hängt seine selbständige Existenz allerdings davon ab, ob er auf die Dauer solche Güter herstellen und verkaufen kann, die in Qualität und Preis den Wünschen der Käufer entsprechen, d. h., ob er dem Wettbewerb gewachsen ist. Dies aber ist eine Frage seiner Fähigkeiten. Sind die Fähigkeiten nicht ausreichend, so treten finanzielle Verluste ein, der freie Beruf muß aufgegeben werden. Daraus wird ersichtlich, daß im freien Beruf die Verfügungsmacht hauptsächlich in den Fähigkeiten, dem Können begründet ist und daß die Produktionsmittel eine nur untergeordnete Rolle spielen. Ein Beweis dafür sind diejenigen, die aus politischen Gründen ihre Heimat verließen und im anderen Lande auf Grund ihres Könnens eine eigene Arbeitsstätte „aus dem Nichts" wieder aufbauen konnten.

Im Unternehmen, in dem Angestellte und Arbeiter beschäftigt werden, ist die Frage der Verfügungsmacht komplizierter, weil die Arbeiten aufgeteilt sind, Vollmachten übertragen werden und in verschiedenen Unternehmensformen der Vermögensbesitz in anderen Händen ist, als die Unternehmensleitung. Man spricht daher von einer Spaltung der Eigentumsfunktion, wodurch der Eigentumsbegriff als solcher sehr unsicher geworden ist. Das zeigen deutlich die Forderungen und die Widerstände bezüglich Mitbestimmung und Gewinnbeteiligung, oder in anderen Fällen bezüglich Enteignung und Verstaatlichung. Beim selbständigen Unternehmer ist die Frage nach der Verfügungsmacht noch am besten überschaubar. Er hat, wie der Freiberufliche, innerhalb des Rahmens allgemeiner Gesetze und Verträge volle Verfügungsmacht in seinem Unternehmen, er bestimmt Art und Umfang der Produktion und der Produktionsmittel, schließt und kündigt Arbeitsverträge, Lieferverträge, Kaufverträge, Kreditverträge usw., kurz, er übt die schon genannten Aufgaben des Unternehmens aus. Er ist der Verantwortliche für die Einhaltung allgemeiner Gesetze, er haftet mit seinem vollen Vermögen für Verluste und entscheidet über die Verwendung des Gewinns. Aber weil die Arbeiten im Unternehmen einen großen Umfang angenommen haben, überträgt der Unternehmer an Angestellte und Arbeiter für einen jeweils begrenzten Bereich die Vollmacht, in seinem Namen zu handeln. Als der für die Jahresrechnung Verantwortliche kann er natürlich nur solchen Angestellten und Arbeitern Vollmachten widerruflich übertragen, zu denen er das Vertrauen hat, daß sie in seinem Sinne handeln, denn er muß Verluste tragen, die sie verursachen. Wenn sie gegenteilige Meinungen entwickeln, die der Unternehmer nicht akzeptiert, müssen sie sich dennoch seiner Entscheidung unterordnen oder sich von ihm trennen. Man sieht — trotz Übertragung von Vollmachten bleibt die volle Verfügungsmacht ungeteilt beim Unternehmer. Dasselbe gilt für Kapitalgesellschaften, insofern die Mehrheit des Kapitals in einer Hand ist. Auch in diesem Falle kann der Unternehmer über alle Einwände hinweg Entscheidungen treffen.

Und wie verhält sich die Sache, wenn zwei Unternehmer als gleichberechtigte Teilhaber ein Unternehmen leiten? Jeder hat zwar volle Verfügungsmacht, aber auch volle Verantwortung. Wesentliche Entscheidungen müssen daher gemeinsam beschlossen werden. Ein Gegeneinander ist auch hier auf die Dauer nicht möglich. Sind die Differenzen nicht zu überbrücken, dann trennen sich die Partner. Es ist sprichwörtlich bekannt, daß „Compagnie-Geschäfte" schlechte Geschäfte sind. Die Reibungsmöglichkeiten in einem Unternehmen sind unzählig — selbst bei größter persönlicher Freundschaft treten über Investitions-, Nachfolgerfragen usw. leicht Meinungsverschiedenheiten auf, die zur Auflösung der Partnerschaft führen können. Aber es gibt auch den Idealfall, daß zwei Persönlichkeiten in großzügiger Weise und Offenheit zusammenarbeiten und dadurch eine starke Kraft entfalten. Das ist jedoch nur auf freiwilliger Basis möglich. Jeder hat volle Verfügungsmacht über das ganze Unternehmen. Der materielle Wert des Unternehmens — dessen Bezeichnung in dem Wort „Produktionsmittel" oder „Kapital" sehr ungenau umschrieben ist — gehört jedem der beiden „Teilhaber" nur zur Hälfte. Trotzdem er „Teileigentümer der Produktionsmittel" ist, hat er im Sinne der Leitung des Unternehmens volle Verfügungsmacht.

Anders ist die Sachlage in der Aktiengesellschaft mit gestreutem Aktienbesitz. Dort ist die Eigentümerin die Gesellschaft (juristische Person) in Gestalt der Aktionärsversammlung sowie des von ihr gewählten Aufsichtsrates. Aber der alleinige Vertreter der Gesellschaft ist der vom Aufsichtsrat gewählte Vorstand, der „in eigener Verantwortung die Gesellschaft so zu leiten hat, wie es das Wohl des Betriebes, der darin Beschäftigten und der gemeinsame Nutzen des Volkes erfordern" (vgl. Handelsgesetzbuch). Das heißt nichts anderes, als daß vom Eigentümer die gesamte Verfügungsmacht des Unternehmens auf Zeit (jeweils fünf Jahre) an den Vorstand übertragen wird. Es ist ein Lehensverhältnis.

Bei einem mehrköpfigen Vorstand wird meist ein Vorsitzender bestimmt, um eine oberste Spitze zu haben. Wo dies nicht der Fall ist, nimmt die stärkste Persönlichkeit de facto die Spitze ein, oder es handelt sich um echte Zusammenarbeit. Mehrheitsbeschlüsse oder Kampfabstimmungen sind in einer Unternehmensleitung, die einheitliche Entschlüsse braucht, auf die Dauer undenkbar. Selbst die größte Gesellschaft — und das ist in anderen Ländern nicht anders — braucht an der Spitze einen Unternehmer, der mit voller Verfügungsmacht über das Unternehmen ausgestattet ist, weil die unteilbare Verantwortung dies erfordert. Zu demselben Resultat gelangt die eingehende Untersuchung von Peter A. Schlenzka[2]. Dennoch besteht natürlich zwischen Vorstand und Aufsichtsrat ein Informations-Beratungsverhältnis, das bei einem starken Aufsichtsrat dem Partnerschaftsverhältnis zwischen zwei selbständigen Gesellschaftern gleichen kann. Der Vorstand braucht ja die Bestätigung des Aufsichtsrats (die er im normalen Verlauf immer erhält), aber auch der Aufsichtsrat braucht immer einen Vorstand, der, wie gesagt, mit voller Verfügungsmacht ausgestattet ist. Der Minderheitsaktionär dagegen hat keinerlei Verfügungsmacht über das Unternehmen. Er ist lediglich berechtigt, einmal im Jahr auf der Hauptversammlung über Entlastung von Vorstand und Aufsichtsrat und die vorgelegte Gewinnverteilung oder die Wahl zum Aufsichtsrat abzustimmen. Erfolgreiche Opposition eines Minderheitsaktionärs ist äußerst selten. Meist nimmt er an der Versammlung auch gar nicht teil, sondern seine Bank, in deren Depot die Aktien liegen, tut das für ihn auf Grund genereller Vollmacht.

Eine große Verwirrung über die Stellung des Aktionärs ist im Laufe der Zeit entstanden. Einerseits soll er der Eigentümer der Produktionsmittel sein, ja der eigentliche Erbauer der Industrie, er soll als Unternehmer gelten — und andererseits soll er der Kapitalist sein, dessen angesammeltes Kapital ein Raub am Volke sei. Beides ist der Minderheits-Aktionär gewiß nicht. Er ist nicht Eigentümer von Produktionsmitteln, weil er keinerlei Verfügungsmacht darüber hat. Was er hat, ist ein Wertpapier, eine Bescheinigung über einen Teil der Vermögensmasse, die im Wert steigen oder fallen kann. Darüber kann er verfügen, das ist alles. Und wer Aktien kauft, ist gewiß kein Räuber, sondern er legt Geld, das er erworben hat, in Aktien an, wie es jedermann freisteht. Kurz gesagt, der Minderheits-Aktionär hat den Charakter

[2] Peter A. *Schlenzka:* Unternehmer, Direktoren, Manager — Krise der Betriebsführung?

eines Geldanlegers. Er interessiert sich für die Rendite, mit der Führung des Unternehmens hat er nichts zu tun. Das weiß er selbst, die Vorstände der Aktiengesellschaften und alle anderen Beteiligten ganz genau, nur die Publizistik weiß es oft nicht, weil eine juristische spitzfindige Interpretation die Aktiengesellschaft zu einer Schöpfung der Minderheits-Aktionäre machen will, was sie aber in Wirklichkeit nicht ist. Die Entwicklung der Investmentgesellschaften beweist mehr als theoretische Erwägungen den reinen Geldanlagecharakter des Aktien-Kleinbesitzes[3]. Der Mehrheits-Aktionär andererseits ist selbständiger Unternehmer, der für sein Unternehmen die Form der A. G. gewählt hat und dadurch nicht mit seinem Privatvermögen haftet. Wenn er nicht selbst im Vorstand tätig ist, z. B. als Leiter eines Konzerns, so hat er dennoch wohl in allen Fällen als Unternehmer zu gelten, der die Produktionsentschlüsse trifft, währenddem die Vorstände, funktional gesehen, den Status leitender Angestellten haben. Demgegenüber übt in der Aktiengesellschaft mit gestreutem Aktienbesitz (Publikumsgesellschaft) der Vorstand praktisch alle Unternehmerfunktionen aus.

Mißverständnisse in der Diskussion über die Verfassung der Aktiengesellschaft beruhen vielfach darin, daß nicht grundsätzlich unterschieden wird zwischen der Mehrheits-Gesellschaft und der Publikumsgesellschaft. Zwischen diesen Extremen liegen funktional gesehen eine Reihe von Übergangsformen, die Beteiligung mit Sperr-Minorität, die GmbH oder KG mit wenigen Gesellschaftern. Die Genossenschaft dagegen gleicht funktionell der Aktiengesellschaft mit stark gestreutem Aktienbesitz, weil jeder Genosse unabhängig von seinem Beteiligungsgrad nur eine Stimme hat. Wenn in der Genossenschaft zwei Vorstände gemeinsam das Unternehmen führen, so gilt auch dort, daß sie harmonieren müssen oder daß die stärkere Persönlichkeit die wesentlichen Entschlüsse trifft, denen die andere zustimmt.

Noch eine Unternehmensform gibt es, die wesentlich abweicht von den bisher beschriebenen: die Unternehmen des Staates, der Gemeinden usw. Hier liegt das Eigentum und damit auch die Verfügungsmacht beim Staat und, weil der Staat eine Willensäußerung des Volkes ist, beim Volk, und damit beim einzelnen Bürger — so lautet das Argument. Der reale Vorgang sieht aber folgendermaßen aus: Der Bürger wählt alle vier Jahre ein Parteiprogramm, wählt damit einige Abgeordnete, denen er zwangsläufig die Verfügungsmacht über seinen wirtschaftlichen

[3] Eindrucksvoll dargestellt in dem soeben erschienenen Buch von Siegfried C. *Cassier:* Wer bestimmt die Geschäftspolitik der Großunternehmen.

Besitz beim Staat überträgt. Diese geben die Verfügungsmacht sämtlicher Bürger (auch derjenigen, die sie nicht gewählt haben) dem Finanzminister weiter, der über den gesamten Finanzhaushalt verfügt. Dieser gibt sie der Verwaltung weiter, in der meist noch einige Weitergaben jener Verfügungsmacht geschehen. Schließlich wählen Beamte der Verwaltung die Aufsichtsräte (vorwiegend Beamte, selten Abgeordnete) und diese erst wieder den Vorstand des jeweiligen öffentlichen Unternehmens. Der Bürger hat also nicht die leiseste Spur eines Eigentums (d. h. Verfügungsmacht) daran, auch keinen sichtbaren Vermögensanteil, den er verkaufen könnte — ihn als den Besitzer oder gar Eigentümer der staatlichen Produktionsmittel zu bezeichnen, ist eine Unverfrorenheit, bestenfalls eine juristische Abstraktion.

Die Zusammenschau der verschiedenen Formen des Eigentums, bzw. der Verfügungsmacht in den Unternehmen zeigt mit aller Deutlichkeit, daß das sogenannte gemeinschaftliche Eigentum so gut wie gar nicht existiert, daß es nur dort verwirklicht ist, wo zwei oder mehrere Unternehmer in vollem gegenseitigem Vertrauen und Offenheit jeweils voll über das Unternehmen verfügen können. In allen anderen Fällen kann höchstens von gemeinsamem Besitz, besser von gleichgerichteter Geldanlage gesprochen werden. Was diese Geldanleger miteinander verbindet, sind nur die Interessen der Geldanlage hinsichtlich Verzinsung, Substanzzuwachs und Sicherheit.

Das wesentlichste Resultat der Untersuchung ist aber, daß jedes Unternehmen, gleichgültig welche Form es aufweist, einer Geschäftsleitung bedarf, die im Besitz der vollen Verfügungsmacht ist. Es liegt in der Natur der Sache, daß derjenige, der die Verantwortung für die Gewinn- und Verlustrechnung hat, dieselbe nicht tragen kann, wenn ihm ein anderer zuwiderhandeln kann. Das schließt auch jede Form einer Mitbestimmung gegen die Intentionen der Geschäftsleitung aus. Nur die Geschäftsleitung selbst kann für Teilbereiche Verfügungsmacht übertragen, ohne daß ihr dadurch eine Einbuße an Verfügungsmacht entsteht. Die beauftragten Angestellten erreichen oft einen sehr hohen Grad an Mitbestimmung, und werden schließlich am Gewinn beteiligt, wenn sie wesentliche Aufgaben des Unternehmens erfüllen können. Damit ist die Notwendigkeit der vollen Verfügungsmacht im Bereich des Unternehmens erwiesen. Sie besteht im wesentlichen in der Leitung des Unternehmens. Eine rein juristische Betrachtungsweise, die das funktionale Prinzip außer acht läßt, mag zu der Meinung kommen, der Vermögensbesitzer, der Aktionär habe eine größere Verfügungsmacht, weil er

— allerdings nur zusammen mit anderen — das Unternehmen verkaufen und den Unternehmensleiter einsetzen und absetzen kann. Funktionalwirtschaftlich gesehen ist es aber keine Frage, was wesentlicher ist — ein Unternehmen leiten zu können oder es verkaufen zu können (so wie das Spielen-Können eines Klaviers wesentlicher ist als dessen Besitz). In wessen Händen der Besitz des Unternehmens ist, scheint vom volkswirtschaftlichen Gesichtspunkt sogar ziemlich gleichgültig zu sein, die Hauptsache ist, daß solche Einrichtungen getroffen sind, die den tüchtigen Unternehmer an die Leitung gelangen lassen. Und das ist nach weitverbreiteter Meinung das Privateigentum an Produktionsmitteln im Zusammenhang mit dem Wettbewerb, wodurch die bestmögliche Auslese der Unternehmer erfolgen soll, indem alle diejenigen ihr Unternehmen schließen müssen, die im Wettbewerb nicht bestehen.

Die Berechtigung des Privateigentums an Produktionsmitteln wird bestritten durch die Aneignungs- bzw. Ausbeutungstheorie, die es als auf Diebstahl beruhend zurückweist und das Gemeineigentum fordert. Demgegenüber wird versucht, die Berechtigung des Eigentums aus dem positiven Recht abzuleiten oder, weil dies ungenügend ist, aus dem sogenannten Naturrecht. Oder es wurde versucht, das Eigentum von der Zweckmäßigkeit oder von der güterschaffenden Arbeit her zu begründen. Diese Theorien oder besser: hypothetischen Deutungsversuche stehen sich noch heute ungelöst gegenüber. Die Kontroversen über den Begriff und die Einrichtung des Eigentums dauern immer noch an. Um zu einer wahren Erkenntnis über das Eigentumsproblem zu kommen, ist es notwendig, dort nachzusehen, wo neue Produktionsmittel entstehen. Trotz großer Erschwernisse gibt es immer noch Neugründungen selbständiger Unternehmen. Was ist dabei das Entscheidende? Weder das Naturrecht, denn das hat jeder, noch das Kapital, mit dem der Gründer oft ganz unzulänglich ausgestattet ist, noch die Bildung einer Gemeinschaft tut es (siehe das Versagen der Produktionsgenossenschaften). Die Beste ist eine neue Idee, eine neue Erfindung, ein Erzeugnis, eine Maschine, ein Verfahren, natürlich zusammen mit allen Fähigkeiten zur Unternehmensleitung. Manchmal genügen auch diese allein ohne revolutionierende Idee. Zur Errichtung und Einrichtung der Produktionsstätte werden Kredite benötigt, die der Gründer nur dann erhält, wenn die Bank von seinen Fähigkeiten überzeugt ist. Im Lauf der Zeit werden die Kredite aus Gewinnen zurückgezahlt, dann erst befinden sich die Produktionsmittel im Eigentum des Unternehmers.

Nach diesem eindeutigen Tatbestand ist die Summe der Fähigkeiten zur Unternehmens- oder Geschäftsleitung die Ursache für das Entstehen der Produktionsmittel und des Eigentums, also kein Recht und kein Materielles, sondern ein Immaterielles. Dasselbe trifft zu für das Wachstum eines bestehenden Unternehmens. Es ist absolut nichts Neues, daß das Wachstum oder der Untergang von Unternehmen in ganz überwiegendem Maße in den entsprechenden Fähigkeiten der Geschäftsleitung ihre Ursache haben, woraus hervorgeht, daß auch das Unternehmen selbst hauptsächlich geistiger Natur ist. In der Tat besteht es auch wesentlich in dem Vertrauen seines Kundenkreises. Schwindet dieses dahin, so können die größten Produktionsanlagen den Untergang nicht aufhalten, wie viele Beispiele beweisen. Wenn aber die Fähigkeiten und die Arbeit des Unternehmers der Grund für die Entstehung der Produktionsmittel sind, so ist es berechtigt, daß er darüber verfügt. Die Verfügungsmacht über Güter aber nennt man Eigentum. Und Eigentumsrecht ist der Schutz dieses Verhältnisses durch die Organe des Staates. Das ist die funktionelle Ableitung des Eigentumsbegriffes. Die juristische Ableitung aus Besitz und Recht verwechselt Ursache und Wirkung. Die Arbeitstheorie des Eigentums beruht auf ähnlichen Überlegungen, es werden jedoch aus ihr falsche Schlüsse gezogen. Die Arbeitsteilung und der gemeinschaftliche Charakter der Arbeit, bzw. die gemeinsam erzeugte Produktion begründet nicht gemeinschaftliches Eigentum an Produktionsmitteln, sondern an der erzeugten Produktion, und das bedeutet deren gerechte Verteilung in der Gemeinschaft. Eine exakte Beobachtung erweist eindeutig, und die wirtschaftlich zurückgebliebenen Gebiete mit ihrer strukturellen Arbeitslosigkeit bestätigen es, daß die Schaffung und Erhaltung des Unternehmens selbst und in dessen Folge auch der materiellen Produktionsmittel aus Arbeit und Wagemut des Unternehmers hervorgehen, und nicht aus irgendeiner Gemeinschaft. Deshalb ist es berechtigt, daß er darüber verfügt, d. h. Eigentümer ist.

Anders ist der Sachverhalt bei der Aktiengesellschaft mit gestreutem Aktienbesitz und der Genossenschaft, weil die von der Unternehmensleitung geschaffenen Produktionsmittel nicht in deren Eigentum übergehen, allerdings auch nicht in das Eigentum der Aktionäre, wie oft fälschlich geglaubt wird (diese sind nur Eigentümer ihrer jeweiligen Aktien), sondern in das Eigentum der Gesellschaft (jur. Person), die nur in Gestalt von Mehrheitsbeschlüssen der Aktionäre bzw. Genossen oder des Aufsichtsrats in Erscheinung tritt, und an der dieselben vermögensmäßig partizipieren. Zwar ist im allgemeinen der Vorstand mit seinem hohen Gehalt und Gewinnbeteiligung zufrieden, aber es wird immer mehr zur Frage, ob der Aktionär, der im wesentlichen nur Geldgeber ist, den normalerweise ständigen Wertzuwachs der Produktionsmittel voll erhalten soll in einer Zeit, da durch schärfere Prüfung der Gesellschaften und aktive Konjunkturpolitik die Risiken einer Beteiligung doch sehr gesunken sind, obwohl andererseits Insolvenzen auch großer Firmen noch immer sich ereignen. In diesem Zusammenhang ist die Tatsache interessant, daß nach Schätzungen nicht mehr als ca. 20 vH des Aktienkapitals der Bundesrepublik breit gestreut sind. Es herrscht also der Typus der Mehrheitsgesellschaft, des selbständigen Unternehmers vor.

Die vorstehende Klärung des Eigentumsbegriffs ist zweifellos schwer verständlich, weil seit vielen Jahrzehnten hinter der Bezeichnung „Eigentum an Produktionsmitteln" ein ganz anderer Begriff steckt als der hier entwickelte einer aktiven Verfügungsmacht, der bestenfalls noch für bewegliche Güter des Alltags zutrifft. Man versteht heute darunter vielmehr nur noch die Geldanlage, den passiven Vermögensbesitz. Dies wird auch deutlich an den Bezeichnungen „gemeinsames Eigentum" und „Miteigentum", die sich nur auf den Vermögensbesitz beziehen. Noch eine andere weitverbreitete Meinung sieht im Eigentum nur den juristischen Begriff statt des funktionalen. Nach dem bereinigten Eigentumsbegriff wären Eigentümer an Produktionsmitteln nur der selbständige Freiberufliche, der selbständige Unternehmer, der Mehrheitsaktionär und der Vorstand oder zuweilen der Aufsichtsrat der Publikumsgesellschaft in seiner Eigenschaft als Vertreter der Gesellschaft, die als juristische Person zwar Eigentümerin ist, aber nicht selbst verfügen kann. Die Minderheitsaktionäre und stillen Teilhaber müßten ihrer Funktion entsprechend etwa als Vermögensteilhaber, Geldanleger, Wertpapiersparer (auch Kapitalist ist ungenau) oder dergleichen bezeichnet werden.

Es dürfte indessen völlig aussichtslos sein, die allgemein übliche Identifizierung der Bezeichnung „Eigentum" mit dem Begriffsinhalt des passiven Vermögensbesitzes ausrotten zu wollen, statt dessen muß der eigentliche Begriff des Eigentümers, also desjenigen, der aktiv verfügt, der das Unternehmen aufbaut und leitet, eine neue Bezeichnung bekommen. Diese ist schon gegeben in der Bezeichnung des Unternehmers. Und der Unternehmer muß als der Erbauer der Produktionsmittel, als der Architekt der Industrie in die Betrachtungen der Wissenschaft aufgenommen werden. Es ist eine der größten Fehlleistungen der klassischen Ökonomie, daß der Unternehmer in ihrem System kaum Beachtung fand. Ungleich wichtiger erschienen ihr die „Produktionsfaktoren" Boden, Arbeit und Kapital.

In Wirklichkeit ist die Kenntnis der in der Charakterisierung der Arbeit beschriebenen unternehmerischen Aufgaben als der konkrete Inhalt der Verfügungsmacht ein wesentlicher Schlüssel für das Verständnis der Wirtschaft.

Die Verschiedenheiten der Unternehmensformen laufen letzten Endes auf die Frage hinaus: Soll der Unternehmer sich selbst und seinen Nachfolger bestimmen können, indem er Eigentümer seines Unternehmens ist oder soll er bestimmt, „belehnt" werden von einer anderen Instanz und von welcher? Der Sozialismus marxistischer Prägung lehnt bekanntlich jedes selbständige Unternehmertum radikal ab. Die Instanz, die den Unternehmensleiter einsetzt, ist der Staat, der mit dem Volke identisch sein soll. Aber das ist nicht zutreffend — der Staat ist vielmehr die Beamtenhierarchie, die Bürokratie, und diese ist durchaus nicht identisch mit dem Volke, sondern sie ist ein ungemein starkes Monopol. Ob sie die richtige Instanz ist für die Einsetzung der Unternehmensleiter, darf nach aller geschichtlichen Erfahrung bezweifelt werden, denn sie wird immer den politisch Zuverlässigen dem Könner vorziehen[4].

Die Versammlungen der Aktionäre und Genossen, die auf die Rendite bedacht sind, sind dagegen bemüht, die bestmögliche Persönlichkeit für die Leitung des Unternehmens zu gewinnen. Sofern es sich aber um ein Monopol oder ein marktbeherrschendes Unternehmen handelt, wird auch diese auf das Gewinnmotiv gerichtete Instanz nicht als die richtige angesehen werden können.

Aber in einer funktionierenden Marktwirtschaft kommt noch ein weiteres objektives Bestimmungsprinzip hinzu, der Wettbewerb, dem alle Unternehmen ohne Rücksicht auf die besondere Form ausgesetzt sind. Wer hinsichtlich Qualität und Preiswürdigkeit zu weit zurückfällt, muß sein Unternehmen schließen. So ist auch der selbständige Unternehmer und der von ihm gewählte Nachfolger dieser Bestimmungsinstanz unterworfen, hinter welcher der Käufer, der Verbraucher steht. Auch die Aktionärsversammlungen werden von dieser Instanz belehrt, ob ihre Wahl richtig war. Der Beurteilungsmaßstab des Verbrauchers ist die Güte der Erzeugnisse, Pünktlichkeit der Belieferung, Zuverlässigkeit usw. Somit sind es letzten Endes wieder die Fähigkeiten, durch die der Unternehmer bestimmt wird, gleichgültig in welcher Unternehmensform, aber nur dann, wenn der Wettbewerb verwirklicht ist. Die Wirtschaft als Ganzes fordert eigentlich, daß Einrichtungen getroffen werden, die garantieren, daß die zur Leitung Befähigten die Verfügungsmacht über die Unternehmen erhalten. Eine solche Einrichtung scheint der Wettbewerb

[4] s. Walter *Wannenmacher:* Das Land der Schreibtisch-Pyramiden.

zu sein, durch den die Auslese nach Leistung bewirkt wird, und zwar von dem, den es angeht: Vom Verbraucher.

Der Einwand kann gemacht werden, daß im Fall der Ernennung eines unfähigen Nachfolgers die Leistungsauslese zu spät kommt und die Vernichtung volkswirtschaftlicher Werte und soziale Härten nicht verhindert werden können. Dem kann entgegnet werden, daß gerade das Wissen von der unbarmherzigen Härte des Wettbewerbs jeden Unternehmer dazu zwingt, einen geeigneten Nachfolger bestens einzuschulen, und daß nirgends besser als im Betrieb selbst, in der täglich geforderten Bewährung die Eignung eines Nachfolgers festgestellt werden kann. Wird doch eine Fehlentscheidung getroffen, so ist wenigstens die untrügliche Instanz des Wettbewerbs da, um diesen Fehler anzuzeigen und zu korrigieren. Daß der Wettbewerb, der es der Verbraucherschaft ermöglicht, durch ihre Käufe in ungezählten Einzelentscheidungen die Produktion und die Produzenten zu bestimmen, ein besseres Prüfungsinstrument darstellt als jedes staatliche Amt, liegt in der Natur der Sache.

Zusammenfassend ergibt sich, daß für die Führung eines Unternehmens uneingeschränkte Verfügungsmacht notwendig ist. Das erscheint gerechtfertigt, wenn sie auf den dafür erforderlichen Fähigkeiten beruht. Der Selbstgründung eines Unternehmens oder der Bestellung eines Unternehmers (auch Nachfolgers) können immer Irrtümer zugrunde liegen. Ein objektiver Maßstab ist aber die Bestätigung durch den Wettbewerb. Dann beruht die Verfügungsmacht tatsächlich auf unternehmerischer Fähigkeit. Nur dort, wo kein Wettbewerb herrscht, beruht die Verfügungsmacht auf dem Besitz der Produktionsmittel (private oder staatliche Monopole). Volle Verfügungsmacht über das Unternehmen (nicht nur über die Produktionsmittel) ist der eigentliche Inhalt des Eigentumsbegriffes, von dem aber der Sprachgebrauch abgedrängt wurde. Eigentumsrecht ist dessen Schutz durch die Organe des Staates. Gemeinsame Verfügungsmacht gibt es nicht, mit Ausnahme des Idealfalles, daß zwei oder mehrere Personen in gegenseitigem Vertrauen jeweils voll über das Unternehmen verfügen können. Dagegen ist gemeinsamer Vermögensbesitz des materiellen Wertes von Produktionsmitteln (als Geldanlage) in der Publikumskapitalgesellschaft möglich gemacht worden, obwohl deren Entstehung und Wachstum nicht das Werk der Aktionäre, sondern des Unternehmensleiters ist. Dadurch stehen die Vorteile (Wertzuwachs) und Nachteile (Risiko) des Produktionsmittel-Besitzes auch dem Nichtunternehmer offen. Eindeutig hat sich aber gezeigt, daß die materiellen Produktionsmittel sekundärer, untergeordneter Natur sind, das Unternehmen besteht im wesentlichen in geistiger Potenz.

Wenn nun der Unternehmer in seinem Bereich volle Verfügungsmacht ausübt, welche Wirkung hat das auf die anderen Wirtschaftsteilnehmer?

Der Angestellte und Arbeiter im Unternehmen

Nach allem, was bisher über die Verfügungsmacht im Unternehmen gesagt worden ist, könnte der Schluß gezogen werden, daß die darin unselbständig Beschäftigten ganz ohne Verfügungsmacht sind, daß sie gezwungen sind, Güter herzustellen, über die sie keinerlei Verfügungsmacht erhalten. So wird auch oft ihr Dasein mit dem des Sklaven verglichen. Gewiß waltet ein Zwang über dem Arbeitenmüssen, aber dieser rührt in erster Linie von der Notwendigkeit her, das Leben zu erhalten und sonstige Bedürfnisse zu befriedigen. Der Zwang zur Arbeit stammt also zunächst aus unserer Natur und unseren Wünschen. Die Frage ist aber, ob die Menschen zu einer ganz bestimmten Arbeit gezwungen werden. Schon ein Blick in die umfangreichen Anzeigenteile der Tageszeitungen beweist, daß normalerweise in den freien Ländern Stellenangebote in Fülle ausgeschrieben sind. Welche Arbeit aber angenommen werden kann, hängt ganz von den Tätigkeiten und dem Können des einzelnen ab. Ein gelernter Bäcker kann sich nicht um den Posten eines Betriebsleiters einer Uhrenfabrik bewerben. Dagegen kann er sich vielleicht um den Erwerb einer Bäckerei bemühen, deren Inhaber keinen Nachfolger hat. Jedenfalls hat er die Möglichkeit, seinen Arbeitsplatz zu wechseln, um sich zu verbessern, wenn er ernstlich will. Hier wird seine Verfügungsmacht deutlich. Wenn er auf Grund seiner erworbenen Fähigkeiten bestimmen kann, welche Arbeit er leistet, so liegt die Verfügungsmacht über seine Leistungen bei ihm selbst. Auch umgekehrt ist er in der Lage, seine Leistungen an seinem bisherigen Arbeitsplatz zu verweigern, wenn es ihm dort nicht mehr gefällt. Er kann aus freiem Willen kündigen und seine Leistungen dem bisherigen Unternehmer entziehen. Je bedeutender seine Fähigkeiten und sein Können werden, je mehr er im Lauf der Zeit hinzulernt, desto größer wird seine Verfügungsmacht, denn um so mehr legt der Unternehmer Wert darauf, das Arbeitsverhältnis mit ihm aufrechtzuerhalten. Er wird ihm sogar Aufstiegsmöglichkeiten einräumen müssen, ihm Gelegenheit geben, seine höherwertigen Leistungen zu zeigen, die wiederum höheren Lohn oder Gehalt wert sind. Fähige Menschen sind sehr gesucht.

Wenn der Angestellte und Arbeiter so — eine gut funktionierende Wirtschaft vorausgesetzt — über seine Leistungen weitgehende Verfügungsmacht hat, woraus bestehen diese Leistungen? Wie schon in der

Analyse der Arbeiten im Unternehmen festgestellt wurde, sind alle Leistungen Teilgüter, sie tragen einen Teil dazu bei, die Güter des betreffenden Unternehmens herzustellen, und sie werden darin getauscht gegen Geld (Lohn und Gehalt). Insofern ist das Unternehmen nichts anderes als ein Markt für Teilgüter. Der Arbeiter und Angestellte produziert die vom Unternehmer gewünschten und genau spezifizierten Teilgüter und verkauft sie an diesen in einem kontinuierlichen Prozeß. Er kann sie allerdings jeweils nur an den einen Unternehmer verkaufen. Aber er ist nicht allein auf diesen angewiesen, solange er jederzeit einen anderen finden kann. Über seine eigenen Leistungen, d. h., die von ihm hergestellten Teilgüter hat also der Arbeiter und Angestellte volle Verfügungsmacht, er verkauft sie gegen Geld (Lohn, Gehalt), das er ganz nach seinem Belieben verwenden kann. Seine Verfügungsmacht über seine Leistungen wird aber desto mehr eingeschänkt, je weniger selbständige Unternehmungen in seiner Nähe sind. Immerhin kann er notfalls den Wohnort wechseln. Gibt es aber nur noch einen einzigen Arbeitgeber, wie in der Staatswirtschaft, so ist er völlig von diesem abhängig, er muß auch die schlechtesten Bedingungen akzeptieren, er ist machtlos. Er verliert ferner in dem Maße an Verfügungsmacht, als infolge einer Störung des Konjunkturgleichgewichts die Arbeitslosigkeit wächst. Wenn er bei einer Beendigung seines bisherigen Arbeitsvertrages befürchten muß, arbeitslos zu werden, so ist er in seiner Bewegungsmöglichkeit eingeschränkt, er muß unter Umständen eine zu niedrige Bezahlung oder eine ungerechte Behandlung hinnehmen oder seine beruflichen Aufstiegspläne zurückstellen.

Die Verfügungsmacht des Arbeiters und Angestellten über seine Leistungen ist daher nur unter drei Voraussetzungen weitestgehend gesichert:

Wenn seine Leistungen genügen.
Wenn es möglichst viele unabhängige Unternehmer gibt.
Wenn der Konjunkturzustand der Vollbeschäftigung verwirklicht ist.

Eine kurze Überlegung zeigt, daß dadurch der Verfügungsmacht des Unternehmers Grenzen gesetzt werden. Es ist ihm zwar nicht von einer äußeren Macht vorgeschrieben, wie er die Arbeiter und Angestellten zu behandeln hat, aber sie werden ihn verlassen, wenn er sie schlecht behandelt oder bezahlt. Die Verfügungsmacht über Güter in seinem Betrieb verleiht dem Unternehmer keine Macht über Menschen, solange diese sich ihm leicht entziehen können. Die Vollbeschäftigung führt sogar zu einem Wettbewerb unter den Unternehmern, um durch gute soziale Leistungen und das schon berühmt gewordene „Betriebsklima“ fähige Menschen an sich zu ziehen. Dafür ist das Wort vom sozialen Wettbewerb geprägt worden. Das verleiht dem Arbeiter das Gefühl der Unabhängigkeit und Sicherheit, das er besonders in den modernen Industriestaaten benötigt, um menschenwürdig leben zu können.

Es muß hervorgehoben werden, daß die Verfügungsmacht der Unternehmer und Arbeiter über Güter und Leistungen nicht verwechselt werden darf mit der Macht der Gewerkschaften und Verbände. Diese sind volkswirtschaftliche Organe, deren Aufgaben und Stellung in der Wirtschaft schon erwähnt wurde und weiter erörtert werden wird. Verfügungsmacht über Güter haben aber außer den Unternehmern und Arbeitern/Angestellten vor allen Dingen die Verbraucher, die Käufer im weitesten Sinne.

Die Verfügungsmacht des Käufers: der Markt

Daß ein Käufer über die von ihm gekauften Güter verfügen kann, ist eine fast auf der ganzen Welt anerkannte Tatsache. Mit dem endgültigen Kauf haben die Güter aber schon die Sphäre der Wirtschaft verlassen, weshalb es für die wirtschaftliche Betrachtung nicht von großem Interesse ist, was nachher mit ihnen geschieht. Von höchstem Interesse ist aber die Verfügungsmacht des Käufers vor dem Kauf von Gütern. Welche Güter wird er sich aus seinem laufenden Einkommen kaufen? Die Gesamtheit der Käufer in der Bundesrepublik hatte im Jahre 1960 immerhin ca. 280 Milliarden Mark zur Verfügung, um damit Güter aller Art zu erwerben. Wie geht das vor sich? Die Produzenten bringen die Güter auf den Markt. In den Industrieländern besteht der Markt im wesentlichen aus den Ladengeschäften und Büros, dagegen verlieren öffentliche Messen und Märkte immer mehr an Bedeutung. Die andere Seite des Marktes sind die Käufer, welche mit ihrem Geld (das sie für die Herstellung von Teilgütern erhielten) die Ladengeschäfte aufsuchen, um die Güter auszuwählen und zu kaufen, die ihren Bedürfnissen entsprechen. Sind alle Güter auf dem Markt erhältlich, die es gibt, so kann der Käufer in aller Ruhe seine Auswahl treffen. Ist es nicht unendlich reizvoll, das Zustandekommen eines Kaufes zu verfolgen? Nicht selten haben die Künstler sich davon inspirieren lassen, wie seine Majestät der Kunde von den Verkäufern umworben wird, die seine Begehrlichkeit wecken oder Wünsche in ihm wachrufen wollen. Wie er prüft, vergleicht, sich angezogen fühlt, zaudert, und schließlich zustimmt — oder sich abwendet. Wie der zielbewußte Kauf beiderseits Befriedigung auszulösen imstande ist. In den Büros spielen sich die Kontakte zwischen Verkäufer und Käufer anders ab. Da werden die Käufer von den Verkäufern aufgesucht. Durch Vertreter, Telefonanruf, durch briefliche Angebote werden die möglichen Käufer von allen Produzenten oder Händlern der betreffenden Wirtschaftssparte unterrichtet von den Gütern, die es gibt. Bei größeren Objekten, z. B. dem Kauf von Maschinenanlagen läßt sich der Käufer verschiedene Angebote ausarbeiten und vorlegen, er nimmt Besichtigungen vor, er prüft so genau wie möglich, um die für ihn günstigste Anlage zu ermitteln. Die Gesichtspunkte sind oft so zahlreich und vielschichtig, daß die Entscheidung nicht leicht fällt.

Eines tritt ganz deutlich hervor: Bei dieser Sachlage der großen Güterauswahl, der vielfachen Angebote liegt es ganz in der Macht des Käufers, Qualität und Preisklassen einer bestimmten Güterart auszuwählen. Was der Händler verkauft, bestellt er beim Hersteller nach. Auf diese Weise bestimmt der Käufer die Art der Produktion, jeder Kauf ist ein detaillierter Produktionsauftrag. Diejenigen neu entwickelten Güter, die sich schwer verkaufen lassen (Ladenhüter), bestellt der Händler nicht mehr nach, der Hersteller muß die Produktion einstellen. Der Anteil solcher Güter am gesamten Sozialprodukt ist also gering. Im wesentlichen werden bekannte Erzeugnisse verkauft, die benötigt und verlangt werden. Allerdings können auch völlig neue Erzeugnisse schnell populär werden, denn die Unternehmen überbieten sich gegenseitig in der Schaffung neuer, besserer, schönerer, preiswerterer Erzeugnisse. Das folgt aus dem Wesen des Wettbewerbs. Wieder ist es so, daß der einzelne Unternehmer keine direkten Vorschriften erhält, was er produzieren soll. Er kann alles beim alten lassen. Aber da alle anderen ständig verbessern, verbilligen, Neues schaffen, wird er in wenigen Jahren nicht mehr wettbewerbsfähig sein, seine Erzeugnisse werden nicht mehr vom Käufer genommen, weil sie zu altmodisch, teuer, unbequem, unschön im Vergleich zu ähnlichen anderen Erzeugnissen sind. Nun wird gelegentlich der Einwand gemacht, der Käufer sei in Wirklichkeit dennoch nicht der Herr seiner Entschlüsse, er werde vielmehr von den Produzenten mittels der Werbung unterbewußt gelenkt. Zweifellos kommt der Werbung eine solche Wirkung zu, so daß der Gesetzgeber ihren Rahmen bestimmen muß. Die Wirkung der lebenden Vorbilder des Bekanntenkreises, der Nachbarn, aber auch des Kinos und der Romanliteratur auf die Erstrebung eines gewissen „Lebensstiles" ist jedoch weit größer. Außerdem ist es bekannt, daß Erzeugnisse, die den Verbraucher nicht ansprechen, auch durch den größten Werbeaufwand nicht zu verkaufen sind. Und manche Erzeugnisse, die vormals viel gekauft wurden, lassen sich trotz Werbung nicht mehr verkaufen. Jeder Produzent führt daher genaue Statistiken über den Verkauf seiner Erzeugnisse, danach richtet er seine Fabrikation ein. Während der Umfang der gesamten volkswirtschaftlichen Produktion von den Unternehmern (unter Voraussetzung des Konjunkturgleichgewichts) bestimmt wird, wird die qualitative Zusammensetzung dieser Produktion durch die Käufer bestimmt, sofern Warenfülle und reiche Auswahl gegeben sind.

Anders verhält es sich, wenn allgemeiner Gütermangel herrscht. Wie die Erfahrung lehrt, kauft das Publikum auch minderwertige Güter, wenn keine besseren vorhanden sind. Ein schlechter Mantel ist besser als gar keiner. Bei stetiger Unterversorgung des Marktes mit Gütern lassen sich aber die Wünsche der Verbraucher nicht feststellen. In der Zeit nach dem Kriege haben sich viele Unternehmer falsche Vorstellungen vom zukünftigen Bedarf gemacht, weshalb manche Fehlinvestitionen vorgenommen worden sind. Es zeigt sich auch ein ganz anderes Bild in den Beziehungen der Marktpartner. Der Käufer muß sich bemühen, um die Güter zu bekommen, die er benötigt. Der Verkäufer wird bestürmt von Interessenten und hat keine Möglichkeit, den wirklichen Bedarf des einzelnen festzustellen. So muß er die knappen Güter gefühlsmäßig oder nach alten Unterlagen verteilen — immer gibt es dabei Ungerechtigkeiten, weil diejenigen am besten wegkommen, die am überzeugendsten einen höheren Bedarf vortäuschen können. Der Verkäufer vermag die Unehrlichen von den Ehrlichen nicht so leicht zu unterscheiden, dadurch wird er in eine Abwehrstellung gedrängt und mißtraut schließlich jeder Argumentation. Ganz eindeutig liegt die größere Macht beim Verkäufer, der normale Käufer wagt schon gar keine Wünsche mehr zu äußern, er ist froh, wenn er, vielleicht nach langer Wartezeit, überhaupt etwas von dem bekommen kann, was vorhanden ist. Damit liegt die Bestimmung der Art der Produktion bei den Produzenten oder derjenigen Stelle, die eventuell Produktionsvorschriften erläßt, z. B. beim Staat. Wenn aber der Käufer, d. h. der Verbraucher, die Macht haben soll, selbst zu bestimmen, welche Güter er kaufen will, so müssen folgende Voraussetzungen erfüllt sein:

Viele voneinander unabhängige Unternehmer in jedem Wirtschaftszweig.

Freie Güterproduktion, die nur einer Beschränkung unterliegt: der Wahl der Käufer (neben allgemeinen gesetzlichen Rahmenvorschriften).

Jede Form der Marktbeherrschung widerspricht aber dem Wesen des Marktes. Auch eine Organisation von Gegenmacht kann dem nicht abhelfen. Markt ist vielmehr nur dort verwirklicht, wo eine Begegnung von vielen autonomen Käufern und Verkäufern sich abspielt, wo eine wirklich freie Wahl zwischen vielen Möglichkeiten des Kaufens und Verkaufens besteht. Nur dadurch kann der Verbraucher im vollen Sinne bestimmen, welche Güter er haben will. Auf diese Weise bestimmt die Gesamtheit der Käufer die Art der Produktion. Über die Verteilung der Verfügungsmacht in der Wirtschaft sind nun allerdings die Auffassungen sehr verschieden. Sie finden ihren Ausdruck in den verschiedenen Wirtschaftsordnungen.

Die verschiedenen Wirtschaftsordnungen

Die hauptsächlich an der Wirtschaft beteiligten Personenkreise sind die Unternehmer und Selbständigen, die Arbeiter und Angestellten und die Verbraucher. Sie produzieren die Güter füreinander, tauschen und verbrauchen sie. Die Untersuchung der Funktionsbedingungen dieser drei Arten von Wirtschaftsteilnehmern ergab folgendes Resultat:

Die Unternehmer benötigen volle Verfügungsmacht über das Unternehmen und freie Entfaltung der Produktion (innerhalb allgemein gesetzlicher Vorschriften).

Die Arbeiter brauchen den Zustand der Vollbeschäftigung (s./Konjunktur) und viele voneinander unabhängige Unternehmer.

Die Verbraucher müssen freie Kaufwahl haben, das bedeutet viele voneinander unabhängige Unternehmer für jedes Erzeugnis und freie Entfaltung der Produktion (Wettbewerb).

Es ist bemerkenswert, daß die verschiedenen Wirtschaftsteilnehmer eigentlich dieselben Bedingungen benötigen. Die Erhaltung der Vollbeschäftigung ist ein Konjunkturproblem und wurde bereits behandelt. So bleiben als Hauptforderungen bestehen:

Viele voneinander unabhängige Unternehmer in jeder Branche und freie Entfaltung der Produktion, oder kurz gesagt:

ein breiter Wettbewerb.

Wenn man also den drei Arten von Wirtschaftsteilnehmern, den Unternehmern, Arbeitern und Verbrauchern die ihrer Funktion angemessene, sachgerechte Verfügungsmacht zuerkennen will, so muß der Wettbewerb realisiert werden. Dann ist die Macht über Güter bzw. Leistungen so verteilt, daß freie Entfaltung für alle gewährleistet ist und keine Macht über Menschen entstehen kann. Die direkte Befehlsgewalt und Abhängigkeit ist ausgeschlossen, und die Verbraucher erhalten die Güter, die sie wünschen.

Eine Wirtschaftsordnung wird nun allerdings nicht nur aus sachgerechten Tatsachen und Zusammenhängen heraus aufgebaut, sondern es wirken Kräfte und Impulse herein, die vor Jahrhunderten aus damaligen Zuständen entstanden und als theoretische Grundforderungen durch die Zeit weiter wirken. Und es gibt Meinungen, die einem politischen Prinzip oder einem positivistischen Rechtssatz das Übergewicht über wirtschaftliche Realitäten einräumen. (Daß außerpolitische Spannungen oder Kriege sowie Naturkatastrophen die Regierung eines Landes veranlassen können, mit direkten Vorschriften in den Gang der Wirtschaft einzugreifen, ist selbstverständlich, aber diese Tatsache trägt nicht dazu bei, die Gesetzmäßigkeiten des Wirtschaftens zu erkennen.) Welche Kräfte und Ideen sind es nun, die im Ringen um eine Wirtschaftsordnung wirksam vorhanden sind? Der Strömung des Liberalismus, die einst die Wirtschaft aus den Fesseln des Staates und der Zünfte befreite, schwebte von Anbeginn eine ideale Marktwirtschaft vor, in welcher Angebot und Nachfrage sich im Gleichgewicht befinden sollten. Jeder sollte frei wirtschaften können und der dadurch entstehende Wettbewerb sollte die vielen einzelnen zur Höchstleistung anspornen und gleichzeitig sie so beschränken, daß die ganze Volkswirtschaft den größten Nutzen davon habe. Die beiden Prinzipien: Freie wirtschaftliche Betätigung des einzelnen und Wettbewerb, haben zweifellos die gewaltige industrielle Entwicklung der westlichen Länder ermöglicht. Das erste Prinzip der freien wirtschaftlichen Betätigung bedeutet nichts anderes, als daß der einzelne volle Verfügungsmacht über die Güter hat, die er herstellt. Es hat hauptsächlich Gültigkeit für den Selbständigen und Unternehmer, die Freiheit der Arbeiter durch die Sicherung der Vollbeschäftigung ist darin nicht eingeschlossen. Überhaupt ist der Liberalismus alter Prägung mehr betriebswirtschaftlich orientiert, der einzelne soll frei von Beschränkungen wirtschaften können.

Im Laufe der Zeit hat sich aber herausgestellt, daß dadurch das zweite Hauptprinzip, der Wettbewerb, zerstört wird, weil z. B. in einer eng begrenzten Sparte ein besonders aktiver oder befähigter Unternehmer seine Konkurrenten aus dem Sattel hob oder aufkaufte und so Sieger im Wettbewerb wurde. Er gewann eine marktbeherrschende Position oder ein Monopol. Oder aber die im Wettbewerb stehenden Unternehmer schlossen sich zusammen zu einem Kartell und setzten einheitliche Preise fest. Aus diesen Erscheinungen wurde das Bonmot geprägt, daß „der Wettbewerb den Wettbewerb zerstöre". Ein ähnliches Problem liegt ja vor bei der politischen Freiheit. Gewährt man sie den Feinden der Freiheit, die sie alsbald abschaffen wollen, so führt auch in diesem Fall „die Freiheit zur Vernichtung der Freiheit". Das bloße Registrieren solcher Mißstände ist indessen unbefriedigend, es rühren sich immer mehr die Kräfte, die in der Volkswirtschaft die Zerstörung des Wettbewerbs durch gesetzliche Maßnahmen verhindern wollen. Das hat zur Folge, daß die „Koalitionsfreiheit" — ebenfalls ein wichtiges Postulat des Liberalismus — eingeschränkt wird, sofern sie sich gegen den Wettbewerb, d. h., die freie wirtschaftliche Entfaltung vieler einzelner richtet. Diejenige Abart des Wettbewerbs, welche die Vernichtung anderer Wettbewerber zum Ziel hat oder auch nur deren Leistungen herabsetzt, wird als unlauterer Wettbewerb gebrandmarkt. Trotzdem darf nicht verkannt werden, daß in Wirklichkeit die Kräfte sehr stark sind, welche die Beherrschung des Marktes in irgendeinem Wirtschaftszweig anstreben. Einzelwirtschaftlich gesehen, ist ein solches Ziel schlechthin ein Ideal, denn es erfüllt im höchsten Maße das Bedürfnis des Unternehmers nach einer Verminderung seiner Risiken. In volkswirtschaftlicher Hinsicht wird geltend gemacht, daß viele Entwicklungsaufgaben moderner Technik nur von Großunternehmen mit marktbeherrschender Stellung geleistet werden können. Es geht also aus dem Prinzip der freien wirtschaftlichen Betätigung nicht nur der Wettbewerb hervor, sondern auch die Tendenz zur Marktbeherrschung. Diese drei wesentlichen Impulse, die aus dem Liberalismus stammen, sind auch heute noch voll wirksam:

die freie wirtschaftliche Betätigung des einzelnen
(Verfügungsmacht über Güter)
der Wettbewerb als Regulationsprinzip
die Tendenz zur Marktbeherrschung.

Der mächtige Einspruch des Sozialismus gegen die Wirtschaftentwicklung des 19. und 20. Jahrhunderts richtete sich in erster Linie gegen die unmöglichen Arbeitsbedingungen, die zu langen Arbeitszeiten und gegen die ständig wiederkehrenden Wirtschaftskrisen, denen die Arbeiter schutzlos preisgegeben waren. Während die Arbeitsbedingungen durch gesetzliche Maßnahmen gebessert werden konnten, gelang es nicht, der Wirtschaftskrisen Herr zu werden. Die Ursache wurde in der zu großen Freiheit der Unternehmer gesehen, im Fehlen einer volkswirtschaftlichen Planmäßigkeit, weshalb die Beseitigung des privaten Eigentums an Produktionsmitteln und deren Übernahme durch den Staat gefordert wurde. Wo diese extreme Forderung durchgesetzt werden konnte, ist tatsächlich die Bedrohung durch Arbeitslosigkeit verschwunden, ebenso aber die Freiheit des Arbeiters, der sich dann einem einzigen Arbeitgeber gegenübergestellt sieht, dessen Lohn- und Preisdiktat er entgegennehmen muß. Auch von den Arbeitern wird die völlige Verstaatlichung der Wirtschaft heute mit Skepsis betrachtet, weil die Experimente mit verstaatlichten Unternehmen und Wirtschaftzweigen nicht die erwarteten Verbesserungen brachten. Das dürfte sich jedoch sofort ändern, wenn wieder eine schwere Depressionskrise mit Massenarbeitslosigkeit ausbrechen sollte. So lautet im Grunde genommen die Forderung der sozialistischen Strömung in der Gegenwart nicht auf Verstaatlichung der Wirtschaft, sondern auf Sicherung der Vollbeschäftigung. Weitere Forderungen beziehen sich auf die Stabilität der Preise und die größtmögliche Erhöhung der Lohnquote. Es ist sehr bemerkenswert, daß die hauptsächlichen Forderungen sich auf das Konjunkturgleichgewicht beziehen. So läßt sich auch leicht nachweisen, daß die Forderungen des Sozialismus immer an Gewicht gewinnen, wenn die betreffende Wirtschaft von einer Krise erfaßt wird. Ein weiterer wesentlicher Punkt ist die Beteiligung der Arbeiter an den Produktionsmitteln. Dies berührt aber nicht die funktionale Seite der Wirtschaft, sondern den passiven Vermögensbesitz, der volkswirtschaftlich gesehen nicht veräußert werden kann. Die Mitbestimmung greift dagegen in die funktionalen Zusammenhänge ein, findet jedoch eine Grenze an dem Gesetz der finanziellen Verantwortung, die für jedes Unternehmen gilt. Eine mächtige Tendenz des Sozialismus ist der Ausbau des Staates als Lenkungsinstrument der Volkswirtschaft. Das gilt nicht nur in bezug auf die Abwehr depressiver Konjunkturentwicklungen. Staatsorgane werden geschaffen für die Korrektur der Preise. Der Finanzhaushalt wird einerseits dazu verwendet, die Sozialleistungen laufend zu erhöhen, andererseits, die Last der Besteuerung den Beschäftigten abzunehmen und mehr auf die Unternehmen zu verlagern. Selbst in Ländern, in denen keine sozialistische Partei die Regierungsgewalt innehat, ist diese Kraft außerordentlich stark. So beträgt in der Bundesrepublik die Beteiligung der Beschäftigten am Gesamtsteueraufkommen nur ca. 12 vH, demgegenüber ihr Anteil am Gesamtnettoeinkommen ohne Steuern und Sozialbeiträge ca. 53 vH (Volkswirtschaftliche Gesamtrechnung des DIW).

Die aus dem Sozialismus stammenden Hauptkräfte, die in der Gegenwart wirken, sind etwa folgende:

Steigerung des Anteils der Beschäftigten am Gesamteinkommen zu Lasten der Gewinne.

Sicherung der Vollbeschäftigung.
Erleichterung der Arbeitsbedingungen (Verkürzung der Arbeitszeit).
Einflußnahme auf die Wirtschaft über den Staat.
Als latent vorhandene Kraft:
Verstaatlichung der Wirtschaft.
Umverteilung der industriellen Vermögen.

Die reine Staatswirtschaft hat den Wettbewerb als Mittel zur qualitativen Bestimmung der Produktion ganz abgeschafft. Was produziert wird, bestimmt allein der Unternehmer — die Staatsbürokratie. Nur zum Zwecke der mengenmäßigen Leistungssteigerung wurde das Wettbewerbsprinzip in der Lohnzahlung wieder eingeführt.

Vergleicht man die aus dem Liberalismus und Sozialismus kommenden Kräfte, so stellt sich heraus, daß sie sich nicht unbedingt ausschließen müssen, mit Ausnahme der Forderung nach Verstaatlichung. Infolgedessen entwickelt sich gegenwärtig eine neue Ordnungsform der Wirtschaft, die als Marktwirtschaft von links oder soziale Wirtschaft von rechts bezeichnet wird. Man spricht vom Wohlfahrtsstaat und der sozialen Marktwirtschaft, deren Unterschiede nicht mehr grundsätzlich, sondern nur noch graduell sind. Im großen gesehen könnte man sagen, daß die sozialistischen Kräfte bereit scheinen, die freie wirtschaftliche Entfaltung des einzelnen zu akzeptieren, wenn die Vollbeschäftigung und ein angemessener Lebensstandard für die Masse der Beschäftigten erreicht wird. Umgekehrt anerkennen die Liberalisten marktkonforme staatliche Interventionen zum Zwecke der Erhaltung des Konjunkturgleichgewichts, wenn die wirtschaftliche Betätigung des einzelnen nicht durch direkte Vorschriften eingeengt wird.

Unklar sind noch die Vorstellungen über die „Umverteilung der industriellen Vermögen“, die von der Auffassung ausgehen, daß die Produktionsmittel allen gehören müßten, weil sie von allen geschaffen seien. Diese Ansicht wurde schon als Irrtum nachgewiesen, das ergibt sich auch aus der Tatsache, daß in vielen, wirtschaftlich unterentwickelten Ländern wenig Produktionsmittel entstehen, trotzdem es dort gute Arbeiter gibt. Die Diskussionen werden außerdem oft so geführt, als ob es sich bei den industriellen Vermögen um Geldvermögen handle oder ob damit Eigentum über Produktionsmittel verknüpft wäre. Beides ist, genau besehen, nicht der Fall. Es handelt sich um reines Sachvermögen, das, volkswirtschaftlich gesehen, nie in Geld verwandelt werden kann. Es muß als Sachvermögen gehalten werden. Dazu scheint in breiten Kreisen bisher wenig Interesse vorhanden zu sein, zumal die propagierte Eigentumsfunktion sich lediglich in einer Teilnahme an der Jahresversammlung erschöpft, auf der für den kleinen Anteilseigner praktisch keine Einwirkung möglich ist. Im übrigen wäre es der Kaufkraft der großen Zahl der Arbeiter und Angestellten ein leichtes, in kurzer Zeit sich in den Besitz großer Teile der Produktionsmittel zu bringen — durch Aktienkäufe, wenn dafür ein Interesse vorhanden wäre. (Die Höhe des Wertes des gesamten industriellen Anlagevermögens wird meist weit überschätzt. Nach Schätzungen des DIW betrug es 1960 ca. 180 Mrd. DM, also pro Kopf der Bevölkerung ca. DM 3 600, das entspricht einer jährlichen Verzinsung von ca. DM 180,—). Für die Funktion der Wirtschaft ist die breite Streuung von Vermögensanteilen ohne Bedeutung, wenn dadurch nicht das ganz wesentliche Erfordernis der Wirtschaftsfunktion angestastet wird: *viele voneinander unabhängige Unternehmen in jedem Wirtschaftszweig.*

Zum Problem des Wettbewerbs und der Marktbeherrschung liegen von beiden Richtungen noch keine endgültigen Lösungen vor, deshalb steht es in der Gegenwart seit Jahrzehnten im Vordergrund der Überlegungen. Sollen gegen die marktbeherrschenden Unternehmen oder Zusammenschlüsse Maßnahmen ergriffen werden, um den Wettbewerb sicherzustellen? Die wissenschaftlich-liberalistische Richtung braucht ja den Wettbewerb als Regulativ in ihrem Wirtschaftssystem, und da sie erkennt, daß er nicht zu realisieren ist allein durch das Postulat der freien Entfaltung des einzelnen, sucht sie nach Wegen, um durch geeignete Maßnahmen einen funktionierenden Wettbewerb herbeizuführen. In diesem Bemühen wird sie gestört von der starken Strömung der juristisch-politischen Liberalismus, dem das Prinzip des Wettbewerbs fremd und abstrakt ist (es ist im Grundgesetz nicht enthalten), sondern dem die freie Entfaltung der Einzelperson als das höchste Prinzip gilt. Ob einer oder eine Gruppe von Personen oder der Staat als juristische Person diese Freiheit benutzen, um mit wirtschaftlichen Mitteln anderen die freie wirtschaftliche Entfaltung unmöglich zu machen, berührt sie nicht. Aus diesem Grunde finden Machtkonzentrationen ihren stärksten Rückhalt in dieser juristischen Strömung. Auch die sozialistische Strömung kann sich über den Wettbewerb nicht schlüssig werden. Einerseits lockt seine preissenkende Wirkung, andererseits erleichtern starke wirtschaftliche Konzentrationen die Eingriffsmöglichkeiten und gegebenenfalls die Verstaatlichung.

So zeigt sich der Wettbewerb tatsächlich als ein zentrales Problem der Wirtschaftsordnung (neben der Konjunktur) auch in der öffentlichen Diskussion der Gegenwart. Die Kräfte, die ihn bejahen, mehren sich, das beweisen die Gesetze zum Schutze des Wettbewerbs, die in manchen Ländern und auch für die Europäische Wirtschaftsgemeinschaft erlassen worden sind. Aber die Gegenkräfte sind immer noch so stark, daß die Gesetze nur schwach wirksam sein können. Die Bedeutung des Wettbewerbs für die Wirtschaft kann deshalb nicht stark genug hervorgehoben werden. Er beschränkt einerseits am wirksamsten die Macht der Produzenten, der Unternehmer zugunsten der Verbraucher und Arbeiter, andererseits garantiert er auch erst deren freie Entfaltung. Durch die Auswahl am Markt bestimmt der Verbraucher die qualitative Zusammensetzung der Produktion und durch die Auswahl an Arbeitsplätzen hat der Arbeiter einen wesentlichen Einfluß auf die Arbeitsbedingungen. Die Beherrschung des Marktes mag zwar betriebswirtschaftlich gesehen ein sehr erstrebenswertes Ziel sein, jedoch vom Gesichtspunkt des ganzen volkswirtschaftlichen Prozesses, bzw. der anderen Wirtschaftsteilnehmer gesehen, ist sie unerwünscht und mit der These einer freien wirtschaftlichen Entfaltung *für alle* unvereinbar. Zwar kennt das Grundgesetz der Bundesrepublik Deutschland die „Verpflichtung" des Eigentums und seinen Dienst am „Wohle der Allgemeinheit", jedoch sind diese Bestimmungen nicht näher konkretisiert. Der Wettbewerb als Ordnungsprinzip wäre eine solche Konkretisierung, denn er verpflichtet den Unternehmer, und er allein verleiht den drei Arten von Wirtschaftsteilnehmern, den Unternehmern, Arbeitern und Verbrauchern die ihrer Funktion angemessene sachgerechte Verfügungsmacht über Güter, ihre Unabhängigkeit.

Im praktischen Verlauf des Wettbewerbs zeigen sich allerdings in manchen Wirtschaftszweigen oft erhebliche Komplikationen, und viele Arten von Störungen sind möglich. Deshalb ist ein tieferer Blick in diese Verhältnisse notwendig.

Der Wettbewerb und seine Störungen
Die volkswirtschaftliche Wettbewerbs-Struktur

Wettbewerb ist ein Wort, das in der Publizistik für verschiedene Begriffe verwendet wird, die hier nicht gemeint sind, so z. B. für Vernichtungskonkurrenz, oder für jede Art von Preisdruck oder andere. Wie der Gang der Untersuchung schon ergeben hat, bedeutet Wettbewerb hier eine möglichst große Zahl von unabhängigen Unternehmern in jedem Wirtschaftszweig, die sich mit ihren Erzeugnissen um die Gunst der Käufer bemühen, ohne sich direkt zu bekämpfen (etwa analog dem Wettkampf der Schnelläufer).

Eine Voraussetzung des Wettbewerbs, die nicht in jedem Lande gegeben ist, ist eine genügend große Anzahl von Unternehmerpersönlichkeiten. Hinzu kommt als weitere Voraussetzung die Möglichkeit der unbehinderten wirtschaftlichen Betätigung. Je nach Art der Güter können verschiedene Arten des Wettbewerbs unterschieden werden:

Der reine Preiswettbewerb bei qualitätsgleichen Gütern wie z. B. bei Stahl oder genormten Schrauben, bei Backsteinen, Bauholz, Zucker, Mehl usw.

Der Qualitäts-(Leistungs-)Wettbewerb bei gleichartigen Gütern, die in der Qualität und Formgebung verschieden sind, z. B. Autos, Textilien, Maschinen usw.

Naturgemäß ist der reine Preiswettbewerb zwischen qualitativ gleichen Gütern sehr viel schärfer, weil die geringste Preisdifferenz nach oben die betreffenden Güter unverkäuflich macht. Sind dagegen die Güter in Form, Farbe und anderen Qualitätsmerkmalen verschieden, so wenden sie sich damit an den individuellen Geschmack, der verschieden ist und oft ein größeres Gewicht beim Kaufentscheid hat als der Preis. Die Tendenz zur Bevorzugung besserer Qualitäten ist in der Konsumgüterindustrie, aber auch der Investitionsgüterindustrie ein bekanntes Phänomen. Aus diesen Zusammenhängen darf der Schluß gezogen werden, daß mit der wachsenden Zahl der Qualitätsmerkmale eines Gutes die Schärfe des Preiswettbewerbs abnimmt. Desto geringer werden in einem solchen Wirtschaftszweig die Störungen des Wettbewerbs sein, auch ein weniger rationall arbeitendes Unternehmen kann sich am Markt halten mit guten, geschmackvollen Qualitäten. Schon ein oberflächlicher Blick auf die Wirtschaftszweige bestätigt diesen Sachverhalt. Die Tendenz zur Ausschaltung des Wettbewerbs ist am stärksten ausgeprägt in den Grundstoff- und Produktionsgüterindustrien.

Die hauptsächlichsten Störungen des Wettbewerbs sind die verschiedenen Formen der Marktbeherrschung. Man unterscheidet einerseits die Absprachen unter selbständigen Unternehmern, die Kartelle, Syndikate, die Ballung von Nachfragemacht im Handel und auch staatliche Preisfixierungen, andererseits die Konzentrationsbewegung in den Wirtschaftszweigen durch die Bildung von Oligopolen, regionalen Monopolen, Branchenmonopolen. Der Gipfel der Marktbeherrschung wird im Staatsmonopol erreicht. Ungefähre statistische Unterlagen über den Zustand der Marktbeherrschung in den einzelnen Wirtschaftszweigen sind zwar vorhanden, werden aber aus Geheimhaltungsgründen nicht veröffentlicht. Nachdem es sich um ein zentrales volkswirtschaftliches Problem handelt, ist die Veröffentlichung ein vordringliches Anliegen. Da in weiten Kreisen völlig unzutreffende Vorstellungen existieren, sei für den Bereich der Bundesrepublik Deutschland eine ganz grobe Schätzung versucht auf Grund der Gliederung des Bruttosozialprodukts gem. DIW:

Wirtschaftszweig	Anteil am Sozialprod.	ungefähre Stärke des Wett-bewerbs	Begründung
Land- und Forstwirtschaft	6,4	mäßig	teilweise Preis-bindung
Bergbau	5,0	gering	Kon-zentration
Energiewirtschaft		sehr gering	Regional-monopole
Grundstoff- und Produktionsgüter-industrie	38	gering	Kon-zentration
Investitionsgüterindustrie		kräftig	
Verbrauchsgüterindustrie		stark	
Nahrungs- und Genußmittelindustrie		stark	
Handwerk	3,8	stark	
Baugewerbe	6,7	stark	
Einzelhandel	5,8	stark	
Großhandel	7,9	stark	
Verkehrs- und Nachrichtenwesen ...	6,7	sehr gering	Staatliche Monopole Preis-bindung
Banken und Priv. Versicherung	3,4	gering	Preis-bindung
Wohnungswesen	2,6	gering	Preis-bindung
Staat	7,2	null	Monopol
Sonstige Dienstleistungen	6,5	stark	
	100,0		

Aus der Aufstellung ergibt sich, daß für ca. 65 vH des Sozialprodukts der Wettbewerb verwirklicht ist. In Westdeutschland tritt die Störung des Wettbewerbs hauptsächlich in der Form der Konzentration auf, weil die finanziellen Vorteile des mehrstufigen Unternehmens besonders groß sind und weil die Bildung von Kartellen verboten ist. Das ist überwiegend in den Grundstoff- und Produktionsgüterindustrien der Fall, in denen der reine Preiswettbewerb herrscht.

Interessant in diesem Zusammenhang ist eine Veröffentlichung des „Wirtschaftswissenschaftlichen Instituts der Gewerkschaften“ (aus dem Wirtschafts-Digest vom Oktober 1960) über den Stand der Konzentration im Jahre 1957 in verschiedenen Wirtschaftszweigen:

Industriegruppe	Unternehmen	%-Anteil am Gesamtumsatz
Mineralölverarbeitung und Kohlenwertstoffindustrie	6	85
Sonstiger Bergbau	9	78
Tabakverarbeitende Industrie	4	66
Fahrzeugbau	6	65
Eisen- und Stahlindustrie	24	63
Schiffbau	7	59
Kohlenbergbau	16	57
Kautschuk- und asbestverarbeitende Industrie	4	45
Chemische Industrie	8	42
Elektrotechnik	6	39
Papiererzeugende Industrie	6	31

Da der Wettbewerb in den Wirtschaftszweigen, welche Verbrauchsgüter und Dienstleistungen anbieten, noch weitestgehend intakt ist, so ist der Einfluß des Verbrauchers auf die Gestaltung der Produktion unbeeinträchtigt. Allerdings ist in manchen Bereichen die Konzentration so groß, daß Preissenkungen vermieden und die erzielten Gewinne zum weiteren Ausbau der Konzentration eingesetzt werden können. Indessen genügt es nicht, die vorhandenen Wettbewerbsstörungen nur zu registrieren, es ist erforderlich, ihren Entstehungsursachen nachzugehen, um so zu einem tieferen Verständnis dieser Störungen zu gelangen.

Der Mangel an Unternehmern verhindert in vielen Ländern das Zustandekommen eines Wettbewerbs. Nachdem auch im Bereich der vom Staat unbehinderten Wirtschaft des Westens der Mangel an Unternehmern stärker fühlbar wird, beginnt man Lehrstühle an Universitäten oder Seminare einzurichten für Unternehmerschulung.

Außergewöhnliche Leistungen sind nicht selten die Ursache zur Erreichung einer marktbeherrschenden Stellung. Das mag durch die Erfindung eines neuartigen Erzeugnisses geschehen, das ein latent vorhanden gewesenes Bedürfnis befriedigt, z. B. Küchenmaschinen, Motorroller, elektr. Rasierapparate, oder z. B. spezielle Maschinenanlagen, Rechenautomaten usw. Die außergewöhnlichen Leistungen können auch auf dem Gebiet der Rationalisierung liegen. Eigene Erfindungen für die Mechanisierung des Produktionsprozesses können einem Unternehmen einen großen Vorteil gegenüber den Wettbewerbern verschaffen. Auch die auf die Dauer gehaltene besondere Güte der Erzeugnisse verbunden mit außergewöhnlicher Formschönheit, oder neue Ideen im Verkaufswesen, besonders eindrucksvolle Werbung in Verbindung mit erstklassiger Qualität der Güter, oder auch eine ausgezeichnete Organisation und Stellenbesetzung im Unternehmen durch Jahrzehnte hindurch können Ursache sein, eine marktbeherrschende Position in einer Branche zu gewinnen.

Solchen Leistungen kommt von einem bestimmten Zeitpunkt ab ein gewaltiger psychologischer Verstärker zu Hilfe, den die Werbefachleute gut kennen und anstreben — die Massenwirkung. Man weiß, daß vereinzelte Werbung nutzlos ist, daß sie erst bei einem bestimmten Umfang den gewünschten Effekt erzielt. So ist es auch mit dem Auftreten bestimmter Güter auf dem Markt. Haben sie eine gewisse Dichte erreicht, die je nach den Wettbewerbsverhältnissen um ca. 10 vH liegt, so ist die weitere Steigerung des Marktanteils sehr viel leichter als bisher und wird erst wieder schwerer bei höherer Konzentration (ca. 50 vH). Es wird dies in Verbindung gebracht mit dem Nachahmungstrieb der Händler und Verbraucher, dasselbe zu haben, was der Nachbar hat, oder auch mit dem Überschreiten des Zugangs zum Bewußtsein der Mehrzahl der Verbraucher, das bei der Fülle der angebotenen Güter naturgemäß nur wenigen gelingt. Gleichwohl gibt die Suggestiv-Werbung, die mit ihren Werbe„feldzügen" unzweifelhaft Erfolge aufzuweisen hat, Anlaß zu schweren Bedenken, weil sie auf Menschen gerichtet ist, die ihr bewußtseinsmäßig nicht gewachsen sind.

Eine weitere Art von Ursachen, die das Entstehen von marktbeherrschenden Stellungen begünstigt, sind ungleiche äußere Bedingungen. Im Bergbau, in der Industrie der Steine und Erden und der Landwirtschaft kommt dies in der Naturgrundlage zum Ausdruck (z. B. einmalige Erzvorkommen, Solenhofer Platten, usw.). Allerdings ist auf dem Gebiet der Märkte für Stahl und andere Metalle und Rohstoffe ein internationaler Wettbewerb wirksam, der eine nationale marktbeherrschende Stellung wieder einengt. In vielen Fällen wird sie dann wieder befestigt durch Zölle und Subventionen. Andererseits kann gerade die Konzentrationsbildung in einem anderen Lande und ein daraus resultierender scharfer internationaler Preiswettbewerb die Ursache sein für Unternehmenszusammenschlüsse, die dann in dem betreffenden Land zu marktbeherrschenden Unternehmen führen, wie es in Westdeutschland z. B. der Fall ist in der Stahlerzeugung, deren Zwang zur Konzentration begründet wird mit dem Hinweis auf die Unternehmensgrößen in den USA.

Auch das Steuersystem kann die Erringung marktbeherrschender Positionen begünstigen, wenn es den wirtschaftlichen Realitäten nicht genug Rechnung trägt. Speziell in Deutschland hat das mehrstufige Unternehmen ungeheure Vorteile dadurch, daß die Umsatzsteuer auf jeder Stufe mit 4 vH erhoben wird, außer der Großhandelsstufe mit 1 vH. Es kann unter Umständen bis zu 4 vH des Umsatzes an Steuern einsparen.

Die Kreditversorgung ist ein weiterer Quell der Ungleichheit. Großunternehmen haben infolge ihrer Vermögensmasse, durch welche die entsprechende Sicherheit gewährleistet ist, einen weit besseren Zugang zum Bankkredit. Unternehmen, welche direkt an den Kapitalmarkt herantreten durch Ausgabe von Aktien oder Obligationen, können sich selbst während einer allgemeinen Kreditbeschränkung die nötigen Mittel beschaffen.

Von nicht geringer Bedeutung ist ferner die ungleiche Kapitalausstattung, hauptsächlich in Zeiten hoher Zinssätze.

Zu den äußeren ungleichen Bedingungen für den Handel und alle Produktionszwischenstufen zählen auch die Mengenrabatte bzw. Umsatzrückvergütungen, die auf den einheitlich geforderten Preis dem Käufer größerer Mengen infolge seiner starken Marktstellung vom Lieferanten eingeräumt werden. In diese Richtung zielen auch die Bemühungen der Einkaufsgemeinschaften — durch Erhöhung der Bezugsmengen einen billigeren Einkaufspreis zu erzielen als ihre Wettbewerber. Solche Zusammenschlüsse haben einzelnen Herstellern gegenüber eine sehr starke Machtposition, sie haben eine ausschließende, monopolartige Stellung.

Alle genannten ungleichen Bedingungen bieten einen starken Anreiz für die Bildung von Konzernen oder Unternehmenszusammenschlüssen. Eine weitere Ursache zu dieser Entwicklung sind die Vererbungsgesetze, die ein selbständiges Unternehmen in gleicher Weise wie willkürlich aufgehäuftes Vermögen der Teilung unterwerfen, wodurch oft genug das Verkaufsangebot an Konzerne die Folge ist. Auch ganz subjektive Gründe können die Ursache für Konzernbildungen sein, z. B. der Mangel eines sorgfältig ausgearbeiteten Testaments, Fehlen eines brauchbaren Nachfolgers, Furcht oder Bequemlichkeit des Nachfolgers, oder auch das Machtstreben ehrgeiziger Unternehmer, die in der Anhäufung von Produktionsstätten die Erhöhung ihrer Ehre sehen und genießen. Aber das Streben nach einer marktbeherrschenden Stellung liegt unabhängig davon ganz allgemein im Wesen des Unternehmers. Es ist besser gesagt ein starker Trieb, der ihn in diese Richtung treibt. Er geht mit seinen Investitionen große Risiken ein, die sehr oft nicht exakt vorausberechnet werden können. Und diese Tatsache treibt ihn dazu, Produktionen zu finden, in denen er wenig Wettbewerb hat, oder den vorhandenen Wettbewerb zu vermindern, wenn er dazu beitragen kann. Das ist vielleicht weniger der Wunsch nach Sicherheit als der Wunsch nach einer Verminderung des Risikos, das trotzdem noch vorhanden ist.

Eine andere Art von Wettbewerbsstörungen ist der unlautere Wettbewerb. In dem Gesetz gegen den unlauteren Wettbewerb sind die Regeln zu sehen, welche die Wettbewerber nicht verletzen dürfen. Die Täuschung der Käufer durch irreführende Angebote von Gütern ist verboten, ebenfalls irreführende Angaben über das eigene Unternehmen in der Werbung, oder die Herabsetzung von Waren, oder die Verleumdung der Person eines Wettbewerbers. Damit ist deutlich zum Ausdruck gebracht, daß Wettbewerb kein Kampf der Wettbewerber gegeneinander sein darf, sondern ausschließlich eine bestmögliche Leistung sein soll, über welche der Käufer zu entscheiden hat. Im ersten Paragraphen ist auf die guten Sitten hingewiesen, Verstöße dagegen sollen geahndet werden. Aber dieser Begriff ist sehr vage. So sind z. B. Preisunterbietungen ein Bestandteil des Wettbewerbs und daher kein Verstoß gegen die guten Sitten. Wie aber ist es, wenn ein Unternehmer ein Erzeugnis bewußt mit Verlust herstellt — weil er diesen Verlust mit Gewinn aus anderen Produktionen ausgleichen kann — und seine Konkurrenten mit der Absicht unterbietet, sie aus dem Markt zu verdrängen und auf diese Weise eine marktbeherrschende Stellung zu erlangen? Ein solcher Preiskampf ist zweifellos ein Verstoß gegen die guten Sitten und gegen das Wesen des Wettbewerbs, weil er ihn schließlich zerstört. Wie aber könnte eine solche Absicht nachgewiesen werden? Und wie verhält es sich, wenn dieser Vorgang sich unbewußt vollzieht, weil ein Unternehmen seine verschiedenen Erzeugnisse nicht kalkulatorisch aufgegliedert hat?

Alle diese Beispiele zeigen, wie vielfältig die Ursachen der Wettbewerbsstörungen sind und wie tief sie oft verborgen liegen. Auch sind es oft sehr positive Kräfte, wie im Falle der außergewöhnlichen Leistungen, oder von einzelnen nicht zu vertretende Dinge, wie z. B. die ungleichen Bedingungen. Jedenfalls hat sich gezeigt, daß die Tendenz zur Marktbeherrschung, zur Störung des Wettbewerbs beachtlich ist.

Es liegt auf der Hand, daß die Beseitigung sämtlicher Ursachen, die zu einer Wettbewerbsstörung führen und die ja teilweise sehr positive Kräfte sind, nicht nur ein unmögliches, sondern auch ein falsches Unterfangen wäre. Welche Möglichkeiten gibt es, einen gesunden Leistungswettbewerb in der Volkswirtschaft aufrechtzuerhalten?

Erhaltung des Leistungswettbewerbs

Alle Bemühungen, einen gesunden Leistungswettbewerb in einer Volkswirtschaft herbeizuführen, werden keinen durchschlagenden Erfolg haben, wenn seine Notwendigkeit nicht so klar begründet wird, daß sie allgemein anerkannt werden kann. Es sei deshalb wiederholt, was schon gesagt wurde, daß der Leistungswettbewerb allein allen Teilnehmern der Wirtschaft, den Unternehmern, Arbeitern und Verbrauchern die ihrer Tätigkeit angemessene, sachgerechte Verfügungsmacht verleiht, ebenso wie er ihre freie Entfaltung erst gewährleistet. Die Unternehmer haben ihre Selbständigkeit in der Führung ihrer Unternehmen in der Entwicklung neuer Güter, die Verbraucher bringen durch die Kaufwahl ihre eigenen Wünsche zum Ausdruck, die Arbeiter desgleichen durch die freie Wahl des Arbeitsplatzes. Kann eine noch so weitgespannte Staatsbürokratie oder eine irgendwie geartete Organisation diese Wünsche besser wissen? Die Frage stellen heißt sie verneinen. Selbst der in der Wirtschaftspraxis stehende Unternehmer kann trotz weitreichender Fachkenntnisse keine brauchbare Entscheidung über den Bedarf der Verbraucher treffen, deshalb ist auch die Marktbeherrschung ein schlechtes Prinzip. Wer sich zu dem Gesichtspunkt des Ganzen zu erheben vermag, muß anerkennen, daß der Leistungswettbewerb infolge der sachgerechten Verteilung der Verfügungsmacht an Verbraucher, Unternehmer und Arbeiter ein erstrangiger Ordnungsfaktor ist und dem „Wohle der Allgemeinheit“ im volkswirtschaftlichen Bereich dient. Wird dieser grundsätzliche Sachverhalt von allen Beteiligten akzeptiert, so ist es nicht mehr schwierig, Mittel und Wege zu finden, um den Leistungswettbewerb zu garantieren oder Wettbewerbsstörungen zu beseitigen.

Eines dieser Mittel, das in der wirtschaftspolitischen Diskussion oft genannt wird, ist die Gleichheit der äußeren Bedingungen für alle Unternehmensformen und Größen, die sogenannte „Startgleichheit“. Die weitestgehende Verwirklichung einer solchen Gleichheit der äußeren Bedingungen ist zwar sehr erstrebenswert, kann aber niemals ausreichend sein, sofern man nicht eine Wirtschaft vor sich hat, die ganz ohne Wettbewerbsstörungen ist. Und selbst in diesem Falle sind im Laufe der Zeit Störungen nicht zu vermeiden, weil immer noch genug Ungleichheiten vorhanden sind, die nicht beseitigt werden können. Liegen indessen schon Wettbewerbsstörungen vor, so wäre es merkwürdig, wenn sie allein durch gleiche Bedingungen aus der Welt zu schaffen wären.

Ein anderes Mittel ist die „Förderung des Mittelstandes“. Diese Idee will den im Wettbewerb Schwächeren stützen, steht aber vor der unlösbaren Frage, wer von den vielen förderungswürdig ist, und wer über diese Frage urteilen soll. Zudem scheint eine solche Förderung eine Vergeudung von Mitteln zu sein für den Versuch, etwas zu halten, was zum Untergang verurteilt ist.

Wenn aber die Förderung der Schwachen unmöglich ist, so bleibt als einzige Möglichkeit, Wettbewerbsstörungen zu bekämpfen; die Beschränkung marktbeherrschender Machtstellungen. Dann fließt den übrigen Wettbewerbern nach ihrer Fähigkeit derjenige Produktionsanteil zu, den das marktbeherrschende Unternehmen abgeben muß. Oder es wird dadurch von vornherein die Bildung marktbeherrschender Machtstellungen verhindert. Es müßte verhältnismäßig leicht sein, solche Machtstellungen zu kennen und sie zu beschränken. Aber die juristische Praxis läßt das bisher nicht zu, weil sie nur die natürliche und juristische Einzelperson betrachtet und ihre freie Entfaltung garantiert, auch wenn eine solche Person riesenhafte Dimensionen annimmt und durch ihre wirtschaftliche Macht anderen die freie Entfaltung unmöglich macht. Erst wenn ein breiter Leistungswettbewerb als Grundlage einer gesunden Wirtschaftsordnung anerkannt ist und mit dem im Grundgesetz genannten „Wohle der Allgemeinheit“ identifiziert wird, besteht Aussicht, der Tendenz zur Marktbeherrschung entgegenzuwirken.

Das Gesetz gegen Wettbewerbsbeschränkungen wendet sich einseitig nur gegen Verträge, die auf die Beschränkung des Wettbewerbs gerichtet sind, also speziell gegen Preisabsprachen zwischen Wettbewerbern. Es wendet sich nicht gegen das Vorhandensein oder die Entstehung marktbeherrschender Unternehmen, nur wieder gegen Verträge solcher Unternehmen, die eine mißbräuchliche Ausnutzung ihrer Marktstellung bedeuten, hinsichtlich des Forderns oder Anbietens von Preisen, der Gestaltung von Geschäftsbedingungen oder Kopplungsverkäufen. Eine mißbräuchliche Preisstellung ist aber einem marktbeherrschenden Unternehmen nur in ganz krassen Ausnahmefällen nachzuweisen. Normalerweise hat das größere Unternehmen Kostenvorteile, durch die es immer noch Gewinne erzielt, wenn die kleineren Wettbewerber schon an der Verlustgrenze sind. In Wirtschaftszweigen, in denen die Erzeugnisse qualitativ nicht differenziert werden können, in denen also der reine Preiswettbewerb herrscht, setzt unweigerlich ein starker Zug zur Konzentration ein, weil kein Unternehmer auf die Dauer überleben wird, der aus irgendeinem der vielen Gründe eine stärkere prozentuale Kostenbelastung als seine Konkurrenten aufweist. Sieht er keine Möglichkeit der Verbesserung seiner Kostensituation, so wird er geneigt sein, rechtzeitig seine Selbständigkeit aufzugeben, bevor der Wert seines Unternehmens dahinschwindet. Das Großunternehmen bzw. der Konzern hat andererseits Interesse daran, sich weitere Unternehmen einzugliedern, um seine Marktstellung weiter zu verstärken. Unverkennbar ist in den Industriezweigen qualitätsgleicher Erzeugnisse eine zunehmende Konzentration im Gange. Das würde auch in der Landwirtschaft eintreten, wenn das System der Festpreise bzw. der Verkauf über Genossenschaften verlassen werden müßte.

Man sieht an diesen Beispielen, daß der reine Preiswettbewerb qualitätsgleicher Güter infolge der unvermeidbaren Ungleichheiten zur Konzentration bzw. zur Bildung marktbeherrschender Unternehmen führen muß. Das Kartell-Gesetz erreicht das Gegenteil dessen, was es anstrebt. Solange eine Kartell- oder staatliche Preisbindung zulässig ist, gibt es eine größere Zahl von Unternehmen, die sich wenigstens noch in ihren Nebenleistungen, Kundendienst usw. im Wettbewerb befinden. Der Konzentrationsprozeß dagegen dezimiert unwiederbringlich die Zahl der Unternehmer einer Branche und zerstört so gerade die allerwichtigste Voraussetzung für einen Wettbewerb. Der reine Preiswettbewerb (Konkurrenzkampf) qualitätsgleicher Güter ist tatsächlich derjenige Wettbewerb, der den wichtigeren Leistungswettbewerb zerstört, und er beruht nicht auf Verträgen, sondern auf dem Bau von Großunternehmen oder Konzernen. Deshalb muß logischerweise — wenn der Wettbewerb erhalten bleiben soll — die Entstehung oder der weitere Ausbau dieser Riesengebilde verhindert werden.

Dagegen wird eingewendet, daß man gegen die Freiheit verstoße. Dieser Einwand verwechselt aber die Freiheit mit Verfügungsmacht bzw. Eigentum, das doch schon im jetzigen Grundgesetz einer Verpflichtung der Allgemeinheit gegenüber unterworfen ist. Ein marktbeherrschendes Unternehmen ist in einer Marktwirtschaft systemwidrig, ebenso ist es die Bildung von Gegenmacht. Der Markt besteht nicht aus Anbieter und Käufer, sondern aus einer möglichsten Vielfalt von Anbietern und Käufern, so daß eine freie Auswahl möglich ist. Das ergab die bisherige Untersuchung eindeutig. Es kann daher gesagt werden, daß derjenige, der Marktbeherrschung anstrebt, eigentlich das Marktsystem beseitigen will, in dem seine eigene Existenz begründet ist. Wenn die freie Wahl des Verbrauchers und damit seine kontrollierende, produktionsbestimmende Funktion ausgeschaltet ist, so steht dem Ruf nach Verstaatlichung kein Argument mehr entgegen.

Um das funktionsnotwendige Prinzip des Leistungswettbewerbs zu erhalten, ist es daher notwendig, es verfassungsrechtlich über das Eigentum und das Recht der wirtschaftlichen Vereinigung zu stellen für den Fall, daß in einem Wirtschaftszweig ein Unternehmen einen Marktanteil gewinnt, der als marktbeherrschend angesehen werden muß. Dazu muß auch die Geheimhaltungspflicht für statistische Unterlagen beseitigt werden. Mit dieser verfassungsrechtlichen Überordnung — die schon in der „Verpflichtung des Eigentums" zum Ausdruck kommt, ist Eigentum und Vereinigungsrecht sowie die freie Entfaltung für alle eigentlich erst richtig gewährleistet. Nur demjenigen kann sie nicht mehr uneingeschränkt zugestanden werden, der sie — mit wirtschaftlichen Mitteln — den anderen Wirtschaftsteilnehmern nehmen will.

Die Frage nach der Bestimmung eines marktbeherrschenden Unternehmens dürfte nicht schematisch zu beantworten sein, sondern man wird in verschiedenen Wirtschaftszweigen zu verschiedenen Auffassungen kommen. Von Bedeutung ist dabei die Mindestgröße vom Standpunkt der technischen Entwicklung und des Gesamtumsatzes des betreffenden Wirtschaftszweiges, wie auch die Höchstgröße vom Standpunkt örtlicher Monopolbildungen bezüglich der Arbeitsplatzbereitstellung. In einem Wirtschaftszweig, der mehrere hundert Hersteller umfaßt, dürfte ein Unternehmen, das 10 vH der Gesamtproduktion herstellt, schon als marktbeherrschendes Unternehmen gelten. Zweckmäßigerweise wäre von einem Wettbewerbsamt ein Register der marktbeherrschenden Unternehmen jedes Wirtschaftszweiges zu führen. Um diese Organisation in Grenzen zu halten, würde es genügen, die größeren Unternehmen, vielleicht ab 1000 Beschäftigten, zu erfassen.

Die Beschränkungen selbst müssen so gewählt werden, daß der Aufbau marktbeherrschender Unternehmen uninteressant wird, ohne daß die Initiative und die Verfügungsmacht des Unternehmers beeinträchtigt werden. Als erstes wären diejenigen Bedingungen abzubauen, die erfaßbar sind. Es sind gegenwärtig schon starke Bemühungen im Gange, die auf dem juristischen Unternehmensbegriff aufgebaute Umsatzsteuer abzulösen durch eine Wertschöpfungssteuer, die den wirtschaftlichen Tatbestand berücksichtigt. Auf diese Weise werden Güter gleichmäßig besteuert, gleichgültig, ob sie in mehreren einstufigen oder in einem mehrstufigen Unternehmen hergestellt werden. Die bisherigen ungerechtfertigten Vorteile der mehrstufigen Unternehmen wären beseitigt.

Das Organschaftsprivileg zu beseitigen wird einen geringeren Effekt haben, weil ein Konzern ohne Schwierigkeit seine bisher rechtlich selbständigen Glieder in unselbständige verwandeln kann. Immerhin wäre mit der Änderung der Firmierung eine größere Klarheit über die Besitzverhältnisse geschaffen, die nicht selten gescheut wird.

Eine weitere wesentliche Ungleichheit ist der Mengenrabatt oder die -rückvergütung für Massengüter. Wirtschaftlich gerechtfertigte Mengenrabatte kann es nur in der Einzelanfertigung geben. Mengenrabatte für Massengüter verfälschen den Wettbewerb auf der nachfolgenden Stufe. Für jeden Lieferanten von Massengütern müßte es daher zur Pflicht gemacht werden, allen seinen Abnehmern der gleichen Stufe den gleichen Preis ohne Sondervergütungen zu gewähren. Eine solche Bestimmung wäre wohl im „Gesetz gegen unlauteren Wettbewerb" am richtigen Platze.

Ob die Ungleichheiten in der Kreditversorgung zu beseitigen sind, ist sehr zweifelhaft. Aber vielleicht wäre es auch hier möglich, brauchbare Bestimmungen zu treffen.

Die Schaffung ungleicher Bedingungen, um die marktbeherrschenden Unternehmen zu beschränken bzw. um deren Entstehung zu verhindern, ist ohne direkte Eingriffe und Vorschriften am einfachsten über die Besteuerung zu erreichen. In Ansätzen sind sie längst vorhanden im progressiven Tarif der Körperschafts- und Einkommensteuer, wie auch der Vermögenssteuer. Allerdings ist die Staffelung nicht in der Absicht geschaffen worden, Machtpositionen zu beschränken, sondern die kleinen Einkommen zu entlasten. Nach oben gibt es keine weitere Staffel. Ein Unternehmen mit einem Gewinn von DM 50 000,— zahlt den gleichen Körperschafts-Steuersatz wie ein Großunternehmen oder Konzern mit einem Gewinn von 50 Millionen DM. Das Festhalten am (längst durchbrochenen) Prinzip der Wettbewerbsneutralität in der Besteuerung der höheren Einkommen bzw. Gewinne bedeutet die zunehmende Verschärfung des schon gestörten Wettbewerbs und ist daher letzten Endes kein brauchbares Mittel für die Erhaltung des Wettbewerbs. Das Großunternehmen, dessen weiteres Wachstum vom volkswirtschaftlichen Gesichtspunkt der Marktbeherrschung Bedenken erregt, sollte seinen Gewinn fast ganz abführen müssen (ca. 90 vH), wenn es nicht vorzieht, ihn z. B. für kulturelle Zwecke oder für die Hilfeleistung an unterentwickelte Länder zu verwenden. Die bis zu 90 vH führende Progression des

Körperschafts- und Einkommenstarifes erscheint als Beschränkung gegen die Marktbeherrschung brauchbar. Die kleineren Unternehmen desselben Wirtschaftszweiges können dann an Boden gewinnen, ohne daß die Spitzenposition des bisherigen Marktbeherrschers angetastet wird. Die Vermögenssteuer fällt in ihrer jetzigen Höhe nicht stark ins Gewicht, sie dürfte wohl auch kein geeignetes Instrument sein für die Bekämpfung der Konzentration.

Um gezielte Wirkungen zu erreichen, ist es aber vielleicht besser, eine Machtsteuer einzuführen und bei marktbeherrschenden Unternehmen zu erheben, die, je nach dem Grad des Marktanteils, der Machtstellung gestaffelt, z. B. ab 5 vH rasch ansteigend, auf den Gewinn bezogen ist. Eine Machtstellung hat für ihren Inhaber so viele Vorzüge, daß ihre Besteuerung nicht als unbillig erscheint. Der Grad der Marktbeherrschung wäre zu entnehmen dem zu führenden Register solcher Unternehmen beim Wettbewerbsamt. Ein einfacher Maßstab könnte z. B. die Zahl der Beschäftigten sein. Aber auch das Statistische Bundesamt müßte in dieser Hinsicht von den bisherigen Geheimhaltungsvorschriften entbunden werden.

Werden solche Beschränkungen den Leistungswillen, die Initiative lähmen? Der so begabte Unternehmer könnte ja nach der Erreichung einer guten Position in der Wirtschaft seine Begabung an der Lösung überbetrieblicher Probleme in Wirtschaft, Politik, Wissenschaft oder Kultur verwenden. Er würde damit seinen Mitmenschen und vielleicht sich selbst einen besseren Dienst erweisen als mit dem Aufbau eines immer noch größeren Einzelunternehmens oder Konzerns. So läge die Aufgabe der Beschränkung marktbeherrschender Machtstellungen beim Staate — eine Art Metamorphose des Scherbengerichts in der griechischen Demokratie, das Männer mit zu großer politischer Macht in die Verbannung schickte.

Sehr viel schöner wäre die Lösung des Problems der Machtbeschränkung, wenn sie von den betreffenden Unternehmern selbst herbeigeführt würde, wenn diese eine Marktbeherrschung gar nicht mehr anstrebten, sondern dem Wettbewerb als notwendige Folge der freien Entfaltung anerkennen würden. Dafür gäbe es unzählige Lösungen von weitestgehenden Preissenkungen bis zur großzügigen Unterstützung kultureller Bestrebungen oder der privaten Hilfeleistung für wirtschaftlich unterentwickelte Länder. Gerade bei marktbeherrschenden Unternehmen wird man in Zukunft ein weit größeres Verständnis für die volks- und weltwirtschaftlichen Belange erwarten müssen. Der rein betriebswirtschaftlichegoistische Standpunkt ist in solchem Falle nicht mehr angemessen, er kann eigentlich nur dem kleinen Wettbewerber zugestanden werden. Bis aber die Einsicht und die Handlungsweise des einzelnen so weit gediehen ist, muß unzweifelhaft auf möglichst neutralem Wege, z. B. ungleicher steuerlicher Belastung, der starke Zug zur Konzentration, zur Marktbeherrschung eingeschränkt und zurückgedämmt werden. In der Natur ist „dafür gesorgt, daß die Bäume nicht in den Himmel wachsen". In der Wirtschaft, die eine menschliche Schöpfung ist, ist dafür noch nicht gesorgt.

Der stärkste Einwand gegen die Beschränkung marktbeherrschender Unternehmen wird der Hinweis auf die internationale Wettbewerbsfähigkeit sein. Das zeigt, daß diese Aufgabe auf internationaler Ebene angepackt werden muß und daß individuelle Behandlung jedes Wirtschaftszweiges notwendig ist.

Die Eindämmung des Strebens nach Marktbeherrschung ist zwar eine sehr wichtige Aufgabe, aber sie muß durch eine weitere Maßnahme ergänzt werden: die systematische Ausbildung des Unternehmer-Nachwuchses. Es ist durchaus möglich, daß der Mangel an befähigtem Unternehmer-Nachwuchs die gewichtigste Ursache der zunehmenden Marktbeherrschung ist. Es gibt ein ständiges Verkaufsangebot selbständiger Unternehmen an Konzerne. Nun wird sehr leicht der Einwand erhoben, daß Unternehmerfähigkeiten nicht erlernbar seien. Darauf ist zu erwidern, daß bisher kaum der Versuch gemacht worden ist, sie zu lehren bzw. auszubilden. Vielleicht sogar werden sie durch unser Bildungssystem, das sich einseitig um die Ausbildung der Gedächtniskraft bemüht, so vernachlässigt, daß z. B. die Anlagen zu Phantasie, schöpferischer Gestaltung, selbständigem Denken, Unterscheidungskraft zwischen wesentlich und unwesentlich, Voraussicht, Mut zur Verantwortung, Mut zum Wagnis, Treue, soziales Verständnis usw. schon im Verlauf der Schulzeit so verkümmern, daß sie später nicht mehr erweckt werden können. Da es sich im wesentlichen um allgemeinmenschliche Fähigkeiten handelt, ist eine grundsätzliche Reform des Schulwesens nach dieser Richtung unerläßlich. Trotzdem bleibt die Aufgabe darüber hinaus, Unternehmerschulen einzurichten und den Nachfolger rechtzeitig zu bestimmen und einzuarbeiten. Aber auch die Erbgesetze und die Technik der Vererbung gehören so ausgebaut und verändert, daß fähige Nachfolger Leitung und Eigentum des Unternehmens erhalten und Unfähige davon ausgeschlossen werden können. Dies alles sind wesentliche Voraussetzungen für die Erhaltung des Leistungswettbewerbs.

Struktur der Weltwirtschaft

Vergleiche der verschiedenen Volkswirtschaften zeigen die ungeheuren Unterschiede in der Produktivität und im Lebensstandard der einzelnen Länder. Solche Vergleiche werden mehr und mehr angestellt und dienen als Unterlage einer wachsenden Kritik der armen an den reichen Ländern. Trotzdem man sich heute darüber einig ist, daß der Reichtum eines Landes fast ausschließlich auf dem Grad der Industrialisierung der Arbeitsvorgänge, auf der Höhe der Produktion per Einwohner beruht, so sind immer noch viele irrige Vorstellungen im Umlauf, so z. B.: ein stark ausgebreiteter Handel oder eine aktive Handelsbilanz u. dgl. seien Quellen des Wohlstands. Selbst Rohstoffvorkommen sind nicht entscheidend, wie viele Beispiele (Schweiz, Holland, Dänemark) beweisen.

Nun sind aber die verschiedenen Produktionszweige sehr verschieden mechanisierbar. Vor allen Dingen sind der Agrarwirtschaft in dieser Beziehung Grenzen gesetzt. Es ist ein bekanntes Phänomen, daß in allen Industrieländern die Landwirtschaft Subventionen erhält, weil sie sonst gegenüber den billiger produzierenden Agrarländern nicht existenzfähig wäre, ein Vorgang, der den Unwillen dieser Länder hervorruft. Andererseits können die Industrieländer auf eine eigene Nahrungsmittelerzeugung nicht verzichten, solange die politische Unsicherheit andauert und durch einen Krieg die Zufuhr abgeschnitten werden kann. Die Idee einer freien Weltwirtschaft, die sich nach ökonomischen Gesetzen arbeitsteilig aufgliedert und deren Teilnehmer harmonisch zusammenwirken und sich befriedigt fühlen, ist zwar sehr schön, scheint aber in immer weitere Ferne zu rücken. Die Entwicklung bewegt sich vielmehr in gegenteiliger Richtung[5], die Unterschiede zwischen den armen und reichen Ländern werden größer, und die Unzufriedenheit wächst und äußert sich in politischen Aktionen. Die wirtschaftliche Blockbildung einiger europäischer Industrieländer tut ein übriges, um die Unruhe zu verstärken. Betrachtet man die Welt, so zeigen sich eine große Zahl autonomer Volkswirtschaften, die jeweils abgeschlossene Gebilde für sich sind und in der Größe und Produktivität außerordentlich variieren, einige davon sind zu einer größeren Einheit verschmolzen. Auch hier finden wir die Tendenz zur Größe und zur Konzentration. Die Parallele zur Unternehmensstruktur innerhalb einer Volkswirtschaft ist unverkennbar. Während aber die Unterschiede zwischen den Unternehmen mehr das Schicksal einzelner Unternehmer und vielleicht das Wettbewerbsprinzip betreffen, bedeuten die Unterschiede zwischen den Volkswirtschaften eine konkret meßbare unterschiedliche Lebenshaltung der Masse der Bevölkerung. Es

[5] s. Gunnar *Myrdal:* Ökonomische Theorie und unterentwickelte Regionen.

bedeutet beispielswiese, daß ein amerikanischer Hilfsarbeiter, der dieselbe Arbeit verrichtet wie seine Kollege in Indien, einen so viel höheren Lohn bekommt, daß er sich mindestens zehnmal soviel dafür kaufen kann. Zwar wäre es sicher falsch, in abstrakter Weise eine Gleichheit des Lebensstandards fordern zu wollen. Aber es darf nicht übersehen werden, daß die wirtschaftlich armen Länder aus dieser Armut herauskommen wollen und daß sie teilweise den Vorwurf der Ausbeutung gegen die reichen Länder erheben, sei dieser berechtigt oder nicht. Die Realität ist jedenfalls der Wille zur Beseitigung der krassen Unterschiede in der Lebenshaltung. Und es muß zugegeben werden, daß diese Unterschiede vom Gesichtspunkt des einfachen Arbeiters gar nicht zu begreifen sind. Es ist eine ausgesprochene Forderung der Arbeiterbewegung in allen Ländern, daß gleicher Lohn für gleiche Leistung bezahlt werden soll. Warum hat das international keine Geltung? Der Hauptgrund liegt natürlich in der Existenz der vielen selbständigen nationalen Volkswirtschaften, die sich so außerordentlich verschieden entwickelt haben. Sind es nur nationale Gründe, die diese Verschiedenheiten verursachen? Zweifellos spielt das Klima eine ganz entscheidende Rolle, es ist kein Zufall, daß die Länder mit hohem Lebensstandard fast alle in der gemäßigten Zone liegen. Der Mensch kann eben bei einer Hitze von 40—50° C nicht den ganzen Tag angestrengt arbeiten. In den Ländern der gemäßigten Zone erhält ein Arbeiter, der in einem besonders heißen Raum arbeiten muß, eine Erschwerniszulage. In der Weltwirtschaft sind derartige Rücksichtnahmen bisher nicht üblich. Das Klima ist aber nur ein Faktor, es gibt genug Länder, die in der gemäßigten Zone liegen und dennoch einen niedrigen Lebensstandard haben, wie z. B. Portugal, Spanien, Griechenland, Argentinien, Chile, China und Länder des nahen Ostens. In diesen wie auch anderen Ländern ist der Mangel an Unternehmern ein großes Hindernis in der Entfaltung der Produktivität, an Unternehmern in Wirtschaft und Bankwesen, die größere Risiken einzugehen gewillt sind. Woher kommen diese? Ausbildungsstätten für Unternehmer gibt es bisher nicht, sie sind erst im Entstehen begriffen. Historisch betrachtet, ist England und im größeren Rahmen Europa die Wiege des industriellen Unternehmertums, das sich dann in Nordamerika stark entwickelte. Seither pflanzt es sich in diesen Ländern ziemlich systemlos fort, man kann sogar den Eindruck haben, als ob es auch in diesen Ländern einen Rückgang erleidet. Es könnte die Frage gestellt werden: Ist es berechtigt, daß die Leistungen der Unternehmer hauptsächlich der Bevölkerung der Industrieländer zugute kommen?

Ein weiterer Grund für eine ungenügende wirtschaftliche Entwicklung mag in gewissen nationalen Eigenschaften der Bevölkerung liegen, da ja die Bewußtseinsentwicklung der Völker nicht gleich verläuft. Auch hatte und hat immer noch die Weltanschauung bzw. die Religion des betreffenden Volkes eine deutliche Wirkung auf die wirtschaftliche Aktivität. Diejenigen Menschen, die überzeugt sind, daß dem materiellen Dasein eigentlich keine Realität zukommt, daß das Leben auf der Erde dazu da ist, um Schmerzen und Leiden zu erdulden, die es als Erlösung ansehen, bald sterben zu dürfen, weil sie dann in ihre himmlische Heimat zurückkehren, haben keinen starken Antrieb zu harter Arbeit. Hinzu kommt, daß in diesen alten Religionen Naturgeister eine große Rolle spielen, die durch die Veränderungen, welche die Technik mit sich bringt, gestört und beleidigt werden. Allerdings ist auch in den asiatischen Ländern das religiöse Leben schwächer geworden, deshalb wohl wird der Ruf nach wirtschaftlichem Aufbau dort stärker.

Als ein wesentlicher Grund der wirtschaftlichen Unterentwicklung der Rohstoffländer wird von diesen die Mechanik der Weltmarktpreise angesehen. Das Verhältnis von Angebot und Nachfrage bestimmt den Preis, er sinkt, wenn zuviel Güter auf den Markt kommen oder zuwenig Nachfrage vorhanden ist, er steigt, wenn zu wenige Güter auf dem Markt sind oder die Nachfrage wesentlich gestiegen ist. Auf diese Weise, so argumentiert der Liberalismus, reguliert der Preis aufs beste die Produktion, er hemmt oder fördert sie je nach Lage der Dinge. Gerade die westlichen Industrieländer, die so argumentieren, nehmen sich aber aus diesem Automatismus aus. Nicht nur basieren die Preise ihrer industriellen Erzeugnisse auf dem kalkulierten Aufwand, sondern sie zahlen auch ihren Bauern so hohe Subventionen aus Steuermitteln oder legen Preise fest und schirmen die Landwirtschaft durch Zölle ab, damit der Lebensstandard der Bauern nicht unter den des Arbeiters fällt, bzw. damit die Löhne für Hilfskräfte — die sich nach dem jeweiligen inländischen Lohnniveau richten — überhaupt bezahlt werden können. Auf diese Weise hat es z. B. die dichtbevölkerte Bundesrepublik erreicht, daß sie ihren gesamten Zuckerbedarf jetzt selbst erzeugt (obwohl sie nach dem Krieg die Hälfte davon importieren mußte). Der deutsche Zuckerpreis liegt bei DM 90,— (ohne Zuckersteuer), der Zuckerweltmarktpreis bei DM 45,— bis 55,—. Die Rohstoffländer, die sich vielfach auf die Erzeugung eines oder weniger Rohstoffe konzentriert haben, sehen natürlicherweise in dieser Weltmarktpreisthorie nurmehr einen Trick der reichen Industrieländer, der sie benachteiligt. In der Terminologie einer fairen Marktwirtschaft müßten diese Praktiken als unlauterer Wettbewerb bezeichnet werden. Freilich muß andererseits auch berücksichtigt werden, daß jene Industrieländer nicht ganz und gar auf Landwirtschaft verzichten können, solange die Gefahr besteht, in kriegerische Verwicklungen zu geraten.

Ein Grund für den langsamen Fortgang der Industrialisierung der Rohstoffländer dürfte auch in der Handhabung der Zölle zu suchen sein. Die Anwendung des Gleichheitsprinzips in dem allgemeinen Bestreben der Zollsenkungen sowohl für das höchstindustrialisierte als auch für das unindustrialisierte Land wird in vielen Fällen den Aufbau einer eigenen Industrie unmöglich machen.

Es gibt noch eine weitere wesentliche Ursache für die wirtschaftliche Auseinanderentwicklung der Länder — die mangelnde Bewegungsfreiheit der Arbeiter. Könnten diese, wie es innerhalb einer Volkswirtschaft möglich ist, sich auch innerhalb der Weltwirtschaft ihren Arbeitsplatz frei wählen, also in jedes beliebige Land kommen, um dort zu arbeiten, so würden sich Lohnniveau bzw. Lebensstandard in den verschiedenen Ländern bei weitem nicht so weit voneinander getrennt haben als es der Fall ist. Ein starker Strom von Arbeitern würde sich in die wirtschaftlich aktivsten Ländern bewegen und würde somit diejenigen Länder entlasten, die zu wenig Industrie haben, um allen Einwohnern einen Arbeitsplatz zu verschaffen. Freilich würde diese Einrichtung unübersehbare Probleme zur Folge haben, die vielleicht unlösbar sind.

Es geht aus diesen wenigen Beispielen hervor, daß die Konzeption des Liberalismus für die Organisation der Weltwirtschaft gar nicht anwendbar ist, denn er muß seine eigenen Prinzipien verleugnen. Wer den Einwand erhebt, daß man nicht so viel organisieren, sondern frei entwickeln lassen sollte, muß heute zugeben, daß damit die Unterschiede und die sozialen und politischen Spannungen in der Welt immer größer werden. Und er muß ferner zugeben, daß in Wirklichkeit die Weltwirtschaft doch ein Organismus ist, denn jede Volkswirtschaft ist durch Export und Import in die Weltwirtschaft verflochten. Nur ist dieser Organismus krank, er funktioniert nicht richtig, einzelne Glieder sind überdimensional gewachsen, andere fast gar nicht. Ein Gefühl dafür ist heute schon vorhanden, wenn es auch noch schwach entwickelt ist. Es wurden verschiedene internationale Institutionen ins Leben gerufen, welche hauptsächlich als Instrumente für die Förderung wirtschaftlich unterentwickelter Länder dienen. Daneben gibt es die privaten Investitionen, die ebenfalls den Entwicklungsländern zugute kommen, wenn nicht übermäßige Gewinne wieder von dort zurückgeholt werden. Die Gesamthöhe dieser Leistungen, wie sie von Karl L. Herczeg in „Die Zukunft der Weltwirtschaft" zusammengestellt wurde, beträgt im Durchschnitt der Jahre 1952—56 3 Mrd. Dollars jährlich. Das erscheint wenig, wenn man das gesamte Sozialprodukt der Länder mit hohem Lebensstandard für diesen Zeitraum mit ca. 500 Mrd. Dollars jährlich annimmt. Auch die längerfristigen Finanzierungen von Großaufträgen durch die Industrieländer sind eine zusätzliche Hilfe. Immer handelt es sich aber um Kredite, die bezahlt und — wenn auch niedrig — verzinst werden müssen. Es gibt noch einen Weg der wirtschaftlichen Impulsierung der Entwicklungsländer, der offenbar auch mit Erfolg beschritten wird und am wenigsten nach „Hilfeleistung" aussieht: die Tätigkeit von seriösen Unternehmensberatungsfirmen, welche große Erfahrungen in den Industrieländern gesammelt haben und die Kunst der Unternehmensführung weiter vermitteln können. Sie vermögen manche Starthilfen für das Entstehen neuer Unternehmen in den betreffenden Ländern zu geben.

Überblickt man an Hand der gefundenen Tatsachen den Zustand der Weltwirtschaft, so zeigen sich solch ungeheure Unterschiede der Produktivität und der Lebenshaltung in den verschiedenen Volkswirtschaften, daß diese sich zunehmend in politischen Spannungen äußern. Diese Spannungen müssen in dem Maße größer werden, als die Verachtung des materiellen Lebensstandards aus weltanschaulichen Gründen schwindet. Hinzu kommt, daß die industriellen Länder in mancher Hinsicht eine Machtposition haben, die sie einseitig begünstigt, wie z. B. in der Unternehmerschaft, in der Preisbildung usw. Die Situation kann ganz gut verglichen werden mit dem Phänomen der Konzentration innerhalb einer Volkswirtschaft. Nur ist hier die Struktur bzw. der Wettbewerb gestört, in der Weltwirtschaft wird die Störung durch die Verschiedenheit der Lebenshaltung ausgedrückt. Es ist doch ganz deutlich geworden, daß die wirtschaftliche Konzentration und die damit verbundene Machtstellung bei den Industrieländern liegt. Wenn jetzt die europäischen Industrieländer sich wirtschaftlich zusammenschließen, so ist das vergleichbar der Bildung eines Konzerns durch den Zusammenschluß mehrerer Großunternehmen, der zu dem Zwecke gemacht wird, um das bestehende Mammutunternehmen, die USA, möglichst noch zu übertrumpfen. So, wie aber ganz allgemein die Einsicht wächst, die weitere Konzentration wirtschaftlicher Macht einzudämmen und die kleineren Unternehmen zu fördern, so mehren sich auch die Stimmen in den Industrieländern, die verstärkte Hilfsmaßnahmen gegenüber den wirtschaftlich unterentwickelten Ländern fordern. Nur liegen selbst diese Forderungen in der Größenordnung noch beträchtlich unterhalb dem, was getan werden muß, um eine wesentliche Besserung zu erreichen.

Was kann oder sollte getan werden? Macht man sich die Vorstellung von einer geschlossenen Weltwirtschaft mit einheitlicher Währung, also von einer vergrößerten Volkswirtschaft, so würden sich wie in dieser die Einkommensunterschiede für die gleiche Leistung stark verringern. Das wäre in gleichem Maße ein Anliegen der Arbeiter als auch der Unternehmer. Die Finanzhilfe der wirtschaftlich starken gegenüber den schwachen Gebieten wäre selbstverständlich, wie etwa heute bei einem Bundesstaat, der ebenfalls politisch differenziert und wirtschaftlich eine Einheit ist. In einem zentralistischen Staatswesen ist die Sache noch einfacher — allle Steuereinnahmen fließen in eine Kasse und die Mittel werden ohne Rücksicht auf ihre Herkunft z. B. für den Ausbau von Schulen, Erschließung von Verkehrswegen usw., dort eingesetzt, wo sie am dringendsten gebraucht werden. — Würde man in diesem Sinne die freien Länder der Welt bei aller politischen Differenzierung als höhere wirtschaftliche Einheit begreifen, die sie ja in Wirklichkeit sind, so ergäbe sich daraus das Ausmaß der Finanzhilfe, die die Industrieländer zu leisten hätten. Das Sozialprodukt der reichsten Länder — Belgien, Dänemark, Bundesrepublik Deutschland, Frankreich, Norwegen, Schweden, Schweiz, Großbritannien, Kanada, USA, Australien und Neuseeland — ergäbe zusammen etwa 700 Mrd. Dollars. Sind 3 vH daraus, also 20 vH Mrd. Dollars jährlich, ein zu großes Opfer der reichen Länder? Eine Finanzhilfe in diesem Rahmen dürfte in Zeitkürze die bestehenden Spannungen beseitigen und den Lebensstandard der wirtschaftlich unterentwickelten Länder anheben, sofern die Mittel zweckmäßig eingesetzt werden.

Es ist ferner den Rohstoffländern dieselbe Methode der Preisbildung zuzubilligen wie den Industrieländern, die ihre Preise durchweg nach dem Aufwand und einem angemessenen Gewinn berechnen. Dieser Gewinn ist bei überwiegender Nachfrage höher, bei stockender Nachfrage niedriger. Verlustverkäufe sind im ganzen gesehen seltene Ausnahmen. Bezahlen die Käufer den Aufwand nicht mehr, wird die Produktion eingestellt. Dieses Verfahren ist in der Landwirtschaft unmöglich wegen der Unvorhersehbarkeit der Ernteergebnisse. Weil nun bisher die Ernten größer sind als die Nachfrage, sehen sich die Rohstoffländer ständig einem ruinösen Wettbewerb gegenüber, der ihnen keinen ausreichenden Ertrag gewährt. Die Industrieländer bezahlen aber ihre eigene Landwirtschaft nach dem Aufwand — ohne Rücksicht auf Weltmarktpreise. Dieses zweierlei Maß muß fallen. Eine Regelung ist am ehesten möglich nach dem System der fixierten Mindestpreise, wie es in europäischen Ländern für die Bewertung von Gemüse und Obst und im internationalen Getreideabkommen gehandhabt wird. Ein in Berücksichtigung des Aufwands und der Ernteergebnisse angemessener Mindestpreis wird festgelegt, dann können immer noch nach Qualität oder regionalen Versorgungssituationen Erhöhungen stattfinden. Dieses Prinzip hat sich bewährt, es entspricht im übrigen der Preisbildungsmethode für industrielle Güter bzw. dem Abschluß eines Kartellpreises, der, wie wir sahen, für qualitätsgleiche Güter berechtigt ist. Das Prinzip des fixierten Mindestpreises sollte daher auf alle Rohstoffe ausgedehnt werden. Dies würde auch die unmäßigen Schwankungen der Weltmarktpreise beseitigen, die sowohl auf Käufer- als auch besonders auf individueller Verkäuferseite nicht aufgefangen werden können. Der Einwand gegen ein solches Mindestpreisprinzip lautet dahin, daß dann der Erzeugungssteigerung keinerlei Grenzen mehr gesetzt seien, nur der freie Preis könne die Erzeugung wirksam drosseln. Dieser Einwand beruht auf liberalistischen Theorien, die von den Industrieländern vertreten, aber nicht selbst praktiziert werden. In den Industrieländern wird die Produktion nicht durch den Preis, sondern durch die effektive Nachfrage (die Aufträge) bestimmt, auch die Produktion der Agrargüter. Deshalb muß das System der fixierten Mindestpreise ergänzt werden durch langfristige Liefer- bzw. Abnahmeverträge, damit die Rohstoffländer die Produktion dem Bedarf anpassen können.

Weil die Industrieländer in absehbarer Zeit auf eine eigene Agrarproduktion nicht verzichten können, ist die Industrialisierung der Rohstoffländer zur Steigerung des Lebensstandards zwangsläufig erforderlich. Wenn auch dadurch einige Massengüter nicht mehr wie bisher importiert werden, so hat sich doch erwiesen, daß das Außenhandelsvolumen der beteiligten Länder nicht weniger wird, sondern im Gegenteil wächst und sich auf bessere Qualitäten oder andere Güterarten verlagert. Nun hat zwar der Industrialisierungsprozeß in den Rohstoffländern begonnen, aber nicht mit der notwendigen Intensität. Die Bereitstellung finanzieller Mittel genügt in den meisten Fällen nicht, weil die Länder aus eigener Kraft mangels Unternehmerpersönlichkeiten die Industrialisierung nicht rasch genug vorwärtstreiben können. Die Gründung rein ausländischer Firmen ist ebenfalls stark gehemmt durch die verschiedentlich vorgenommenen Enteignungen, wie durch den begreiflichen Wunsch, die anfallenden Gewinne, besonders wenn sie überdimensional hoch sind, zum weiteren Aufbau der Industrie im eigenen Lande zu behalten. Ist also das Dilemma nicht zu überwinden? Muß man resignieren und als passiver Zuschauer dem Weltgeschehen seinen Lauf lassen? Sicherlich nicht. Wenn aber ein wirklicher Fortschritt erreicht werden soll, muß der liberalistische „Laissez-faire“-Standpunkt der Weltwirtschaft gegenüber verlassen werden. Sie muß als faktischer, lebendiger Organismus anerkannt werden, der er funktional betrachtet, auf Grund der weltweiten Handelsverflechtungen ja auch wirklich ist. Das heißt natürlich nicht, daß die vielen organisch gewachsenen Volkswirtschaften aufgelöst werden sollen, sondern es heißt nur, daß jede einzelne Volkswirtschaft ein Glied im höheren Ganzen der Weltwirtschaft ist und daher verpflichtet, sich um die gesunde Funktion derselben zu kümmern. Wer die Tatsachen ohne Voreingenommenheit betrachtet, der kann die den Volkswirtschaften übergeordnete Ganzheit der Weltwirtschaft nicht leugnen und ebenfalls nicht deren ungesunden Zustand. Aus dieser Sicht ergibt sich zwingend die Notwendigkeit einer Entzerrung der Produktivitätsstruktur. Dazu muß vor allen Dingen dem wirtschaftlich unterentwickelten Land die Möglichkeit gegeben werden, einseitig Zölle zu erhöhen für solche Güter, für deren Herstellung es Industrien aufbauen will.

Die Kreditgewährung für bankmäßig gesunde Projekte gegen Zins und langfristige Tilgung ist keine große Hilfeleistung gemessen am Sozialprodukt der Industrieländer. Reale Hilfeleistung wäre die Einrichtung eines internationalen Finanzausgleichs, der nicht rückzahlbar ist und z. B. die Erstellung von Fabriken mit der Anlernung von Fachkräften, ohne daß Majoritätsansprüche daran geknüpft werden. Weitere Hilfeleistungen könnten darin bestehen, daß die Unternehmer der Industrieländer großzügig ihre Pforten öffnen, um in Volontärstellen ausländischen Unternehmernachwuchs auszubilden. Es gibt zwar in der Weltwirtschaft keine Über-Organisationen, die den einzelnen Volkswirtschaften entsprechende Vorschriften machen können. Um so besser wäre es, wenn diese Volkswirtschaften von sich aus die Initiative ergreifen würden, ohne Befehle abzuwarten. Soll das Ganze sich gesund entwikkeln, dann müssen die Stärkeren den Schwächeren helfen, anstatt ihre Machtposition immer noch mehr auszubauen. Von dieser Sicht erscheint die Blockbildung der Europäischen Wirtschaftsgemeinschaft bedenklich, wenn sie nicht gleichzeitig die Entwicklungshilfe verstärkt. Dagegen war die selbstlose Hilfe der USA nach dem Kriege beispielhaft — alle Industrieländer der Welt müßten heute in dieser Weise den wirtschaftlich unterentwickelten Ländern helfen. Die fehlende Industrialisierung kann nur aufgeholt werden durch solche Hilfe, bei der die Freiheit der Menschen unangetastet bleibt — oder andernfalls durch staatliche Gewaltprogramme, die dem Menschen härteste Lasten auferlegen, ohne nach seinem Willen zu fragen. Mit aller Deutlichkeit stellt heute die Welt an uns die Frage, ob die freien Länder gewillt sind, einander freiwillig zu helfen und Machtpositionen und zu große Unterschiede abzubauen, oder ob es dazu einer zentralen Befehlsstelle bedarf. Mit der Idee des Freihandels, der weltwirtschaftlichen Freizügigkeit, der gleichen Bedingungen für die so ungeheuer verschiedenen Länder ist das Problem nicht zu lösen, dadurch wird vielmehr die Industrialisierung der wirtschaftlich unterentwickelten Länder verhindert. Sicherlich wird in Zukunft die Freiheit nur dann erhalten bleiben können, wenn freiwillig wirksame Hilfe geleistet wird.

Diese Betrachtungsweise der gegenwärtigen Situation darf nicht abgeschlossen werden, ohne die Verdienste der Industieländer hervorzuheben, die auch vielfach gering geschätzt oder sogar übersehen werden. Welche Arbeit, Mühsal, Entbehrungen, Gefährdungen der Menschen oder krisenhafte Entwicklungen der Volkswirtschaften, soziale Wirren erduldet werden mußten, damit heute den Entwicklungsländern hochentwickelte Maschinen, ja ganze Industrieanlagen sozusagen überreicht werden können, muß gesehen und anerkannt werden. Gerade die Gefahren der materiellen Zivilisation für Leib und Seele, die die Menschen der Industrieländer auf sich genommen haben, sind in ihren Auswirkungen noch gar nicht zu übersehen. Wer am steigenden materiellen Wohlstand teilhaben will, darf die Mühsal derer nicht vergessen, die die Voraussetzungen dafür geschaffen haben.

Zusammenfassung

Unsere Frage nach der aktiven Verfügungsmacht — dem eigentlichen Eigentum — in der Wirtschaft, erweist sich als ein Schlüssel zum Verständnis von Kernproblemen in der Betriebs-, Volks- und Weltwirtschaft, die bisher nicht entschieden werden konnten, infolge der einander ausschließenden Meinungen darüber. Die Ursache der Entstehung industrieller Unternehmen, und damit des volkswirtschaftlichen Wachstums, liegt hauptsächlich in dem Können und dem Wagnis der investierenden Unternehmensleiter und der kreditierenden Bankiers (und nicht in Sparleistungen). Erforderlich ist daher eine Wirtschaftsordnung, welche deren Wirksamkeit ermöglicht.

Im Bereiche des Unternehmens ist die volle Verfügungsmacht für den Unternehmensleiter unerläßlich, weil letztlich nur eine Person für die Gewinn- und Verlustrechnung verantwortlich sein kann. Das ist in allen Unternehmensformen gleich. Verwirrung wurde nur hereingetragen durch die Frage nach der Stellung des Aktionärs. Der Mehrheitsaktionär ist verantwortlicher Unternehmensleiter, der Minderheitsaktionär ist es nicht, er hat den Charakter eines Geldanlegers und Risikoträgers. Selbstverständlich delegiert der Unternehmer Verfügungsmacht an seine Mitarbeiter, aber er kann es nur widerruflich und in dem Maße, als diese seinen Intentionen folgen.

Das Gemeineigentum bzw. Miteigentum, überhaupt alle Formen gemeinsamen Eigentums wurden als heillose Begriffsverwirrung entlarvt. Nur in den seltenen Fällen, in denen zwei oder mehrere Personen über dieselbe Sache jeweils selbständig verfügen können und sich dabei in völliger Übereinstimmung befinden, kann es gemeinsames Eigentum geben. Wesentlich ist also nicht der Besitz von Produktionsmitteln, sondern deren Aufbau und Leitung.

Die Machtposition des Unternehmers wird nun in einer gesunden Volkswirtschaft beschränkt durch die Macht der Käufer, sofern sie genügende Auswahl an gleichartigen Gütern haben und die Macht der unselbständig Beschäftigten, sofern sie Auswahl an Arbeitsplätzen haben. Ein funktionierender Leistungswettbewerb ist die Grundlage einer gerechten Verteilung der Verfügungsmacht für alle Wirtschaftsteilnehmer. Er gewährleistet allein die bestmögliche Besetzung der Unternehmensleitungen. Die Verfügungsmacht leitet sich dann nicht vom Besitz, sondern von Fähigkeiten her. Die Realisierung eines solchen Wettbewerbs ist aber nicht leicht, weil starke Kräfte zur Beherrschung des Marktes drängen. Deshalb müssen diese Kräfte sich selbst beschränken oder beschränkt werden durch volkswirtschaftliche Instanzen. Für solche Massengüter, die in der Qualität undifferenziert sind (Agrargüter), ist der Wettbewerb ungeeignet, sofern es sich nur auf den Preis bezieht. Ein gesetzlich oder vertraglich fixierter Mindestpreis verhindert in diesen Fällen allein die Entfesselung eines „Wettbewerbs, der den Wettbewerb zerstört", bzw. die Machtkonzentration, die später die Qualität des Angebots und die Preise zu diktieren vermag.

In der Weltwirtschaft haben sich insofern Machtkonzentrationen gebildet, als die einzelnen Volkswirtschaften einen außerordentlich verschiedenen Reichtum — ausgedrückt im Lebensstandard der Bevölkerung — erreicht haben, aus Ursachen heraus, die großenteils nicht auf einem Verdienst oder Verschulden beruhen. Eine Beschränkung auf dieser Ebene ist durch freiwillige Hilfeleistungen der betreffenden Länder besonders vordringlich, um die Spannungen in der Welt zu vermindern.

So zeigt sich überall, daß zwar Verfügungsmacht für alles Wirtschaften unerläßlich ist, daß aber überall große Unzuträglichkeiten entstehen, wo diese Verfügungsmacht nicht in irgendeiner Weise beschränkt wird. Das zeigt sich am Monopol und an der zentralgeleiteten Wirtschaft, den beiden Irrwegen des Liberalismus und Sozialismus. Ein breiter Leistungswettbewerb ist die unerläßliche Voraussetzung einer gesunden Funktion der Wirtschaft. Seine Realisierung, die nur durch den Abbau marktbeherrschender Unternehmen oder Unternehmenszusammenschlüsse erreicht werden kann, ist die große Aufgabe, die zu lösen ist.

Die wirtschaftliche Wirklichkeit bestätigt also die Theorie auch in dieser Hinsicht.

C. Die Beziehungen zwischen Mensch und Mensch in der Wirtschaft Das Vertragswesen

Was in diesem Abschnitt zu besprechen ist, muß besonders sorgfältig gegen andere Bereiche abgegrenzt werden, weil irrtümlichen Meinungen nur durch Begriffsschärfe zu begegnen ist.

Sehr verbreitet ist die Meinung, die menschlichen Beziehungen in der Wirtschaft als Machtverhältnisse zu begreifen. Diese entstehen aber immer auf dem Umweg über Güterkonzentrationen, bzw. die Verfügungsmacht darüber — wie sich aus der Betrachtung der Wettbewerbsstörungen ergeben hat. Der Einfluß solcher Machtpositionen ist schon beschrieben, er ist ein Faktor, der störend in normale Vertragsverhältnisse eingreifen kann. Auch jene menschlichen Verhältnisse, welche die Ursache zu überdimensionalen Berufsleistungen oder zu einem ebensolchen Güterverbrauch sind, bleiben hier unberücksichtigt, sie haben mit den Eigenheiten des einzelnen Menschen zu tun. Jene Beziehungen sind vielmehr aufzusuchen, die sich im tatsächlichen wirtschaftlichen Geschehen abspielen, wo Güter bzw. Leistungen gegen Geld getauscht werden, also im Vertragswesen. Da ist es nun eigenartig zu sehen, wie die sonst so auseinanderstrebenden Richtungen des Liberalismus und Sozialismus in diesem Punkte einer Meinung sind, nämlich daß aller Tausch, alles Wirtschaften ein Kampfgeschehen ist (Tauschkampf). Die Einzelegoismen, die ja beim Tausch entgegengesetzte Interessen haben, befinden sich in dauerndem Kampf gegeneinander. Daraus resultiert wieder der Kampf des einzelnen um die Erhaltung seiner Existenz. Die Wirtschaft ist in diesem Sinne ein Kampf aller gegen alle, wobei die Schwächeren untergehen. Adam Smith war der Meinung, daß aus dem Streben nach größtmöglichem Wohl des einzelnen sich das größtmögliche Gesamtwohl des Volkes ergibt, weil diese einzelnen Bestrebungen auf einer höheren Ebene harmonisiert werden. Karl Marx zog den entgegengesetzten Schluß, er negierte die Harmonisierung und prophezeite die Konzentration in den Händen weniger Mächtiger und die Ausbeutung und Verelendung der Massen und den daraus resultierenden revolutionären Umsturz der Wirtschaftsordnung. Unser Jahrhundert steht inmitten des Kampfes dieser Theorien, es hat einiges an Krisen und Revolutionen hinter sich, aber auch eine beispiellose Entwicklung des Lebensstandards für die breite Masse der Bevölkerung, so daß allenthalben die Kulturkritiker auf die Gefahren der „zufriedenen Sattheit“ der nur ökonomisch Orientierten hinweisen. Zwar ist es sicher, daß in Zeiten schwerer wirtschaftlicher Krisen die Kampfstimmung eines Volkes so wächst, daß es schließlich revoltieren mag. Aber es handelt sich dann bereits um ausgesprochene Störungen des Wirtschaftsprozesses, während wir gerade diejenigen Kräfte kennenlernen wollen, die in einer gut funktionierenden, vollbeschäftigten, stetig wachsenden Wirtschaft wirksam sind.

Der Kaufvertrag

Ein jedem Menschen zugängliches Beobachtungs- und Erlebnisfeld auf dem Gebiete des Vertragswesens sind die Käufe im Ladengeschäft. Hierbei ist nicht zu befürchten, daß die Beobachtung durch Wettbewerbsstörungen verfälscht wird, denn es herrscht, zumal in der Großstadt, gegenwärtig ein sehr kräftiger Wettbewerb zwischen dem einstufigen Einzelhandel und den mehrstufigen Filialbetrieben, Warenhäusern oder Produktionsunternehmen mit eigenen Verkaufsstellen. Welche Verhältnisse entwickeln sich nun zwischen Käufer und Verkäufer? Befindet sich die Hausfrau in einer Kampfsituation gegenüber ihrem Lebensmittelhändler, bei dem sie jährlich an die tausend Einkäufe tätigt? Äußerlich zeigt sich das keinesfalls, von Ausnahmen abgesehen, und auch das innere Verhältnis ist nicht das des Kampfes. Von seiten des Händlers erfolgt vielmehr eine möglichst aufmerksame Bedienung, von seiten der Hausfrau kann normalerweise von einer Stimmung des Vertrauens gesprochen werden. Der Beweis dafür ist in der Tatsache begründet, daß jene Frau jahrelang beim gleichen Händler einkauft, obwohl sie es nicht schwer hätte, zu wechseln. Umgekehrt ist es eine statistisch ausgewiesene Tatsache, daß auch in der Stadt, in der es viele gleichartige Geschäfte in engster Nachbarschaft gibt, die Geschäfte ca. 70—90 vH Stammkundschaft haben. Selbstverständlich kommt es immer wieder vor, daß die Hausfrau das Geschäft wechselt — aber es ist die Ausnahme. Werden Reklamationen seitens des Käufers oder seitens des Händlers (wegen der Zahlung) jeweils prompt und zufriedenstellend erledigt, so wächst das Vertrauensverhältnis, denn der eine Partner sieht beim anderen den guten Willen, die eingegangenen Verpflichtungen einzuhalten.

Es wird vielfach darauf hingewiesen, daß die Hausfrau zu wenig prüfe und somit zu ungünstig einkaufe. Dieser Einwand bezieht sich in erster Linie auf den Preis der angebotenen Güter. Dieser ist aber nicht der einzige Faktor, auf den es dem Käufer ankommt. Von wesentlicher Bedeutung sind z. B. Qualität, Art des Sortiments (das bereits eine Vorauswahl ist), Bedienung, Standort, Ordnung, Sauberkeit, Kundendienst, Art der Behandlung von Reklamationen, Eingehen auf Sonderwünsche und vieles mehr. Die Hausfrau wird nicht zögern, auch einmal etwas mehr zu bezahlen, wenn ihre anderen Ansprüche erfüllt werden. Um den genannten Einwand der Trägheit und Dummheit des Verbrauchers zu erhärten, wird vielfach das berühmte Experiment zitiert, in welchem zwei identische Erzeugnisse (z. B. Stoffe) angeboten wurden, der eine zum normalen Preis, der andere wesentlich überhöht. Da der teurere Stoff gekauft wurde, zieht man daraus den Schluß, daß die überwiegende Mehrheit der Kunden leicht hereinzulegen ist. Dieser Schluß ist aber falsch. Er wäre erst dann richtig, wenn ein solches Ladengeschäft alle seine Erzeugnisse zu wesentlich überhöhten Preisen anbieten würde und die Verbraucher das auf die Dauer nicht merken würden. So aber kann aus einem solchen Einzelexperiment lediglich der Schluß gezogen werden, daß die Kunden dem Händler vertrauen, daß der teurere Stoff der bessere ist und daß sie die bessere Qualität vorziehen. Zwar können gerade Stoffe beim Kauf nicht leicht geprüft werden, aber beim Tragen zeigt sich, was sie wert sind. Und viele negative Erfahrungen in dieser Hinsicht verbreiten sich mit Windeseile, denn die Verbraucher sind ja nicht stumm, sie tauschen ihre Erfahrungen gerne und lebhaft aus. Die große Vielfalt des Angebots in jeder Hinsicht entspricht der großen Verschiedenheit der Menschen und deren Wünschen. Die Güterauswahl in den freien Ländern ist so groß, daß immer individuellere Bedürfnisse befriedigt werden können. Dies darf als ein Zeichen vielfältiger Initiative gewertet werden, der Händler scheut das Risiko nicht, auch neuartige Güter einzukaufen, über deren Verkaufsmöglichkeit er keine Erfahrung hat. Man wird umgekehrt auch sagen können, daß in den Ländern, in denen die Auswahl der Güter gering ist, es entweder an Initiative auf seiten der Produzenten und Händler fehlt, oder eine Wirtschaftordnung besteht, in der sich Initiative nicht entfalten kann.

Eine Kampfsituation zwischen Verbraucher und Einzelhandel ist praktisch nicht feststellbar. Wollte man die Konsumgenossenschaften als solches Kampforgan der Verbraucher gegen den selbständigen Einzelhandel begreifen wollen, so würde man übersehen, daß der Leiter des Konsumgeschäfts ja auch nichts anderes als ein Einzelhändler ist, nur eben kein selbständiger, sondern ein Angestellter. Der Verbraucher braucht und anerkennt also den Einzelhandel. Er kennt auch vielfach Geschäftsleute und hat ein gewisses Verständnis für einen Handelsbetrieb. Zwar beobachtet der Verbraucher immer kritisch die Höhe der Preise, allein er hat keinen objektiven Maßstab, er kann nur die relative Preishöhe seines Händlers durch Vergleich mit anderen überprüfen. Aber er weiß auch, daß Wettbewerb herrscht und daß er auf dem offenen Markt billiger kaufen kann. Es ist nicht zu bestreiten, daß im ganzen gesehen Einigkeit zwischen Verbrauchern und Handel herrscht. In einer Großstadt kommen im Laufe eines Tages Millionen von Käufen ohne alle Schwierigkeit zustande. Und wenn es in vielen Fällen nicht gleich zu einem Kauf kommt, so deshalb, weil der Käufer sich in mehreren Geschäften einen Überblick verschaffen will, bevor er kauft und nicht weil er sich im Kampf mit dem Händler befindet. Daß weitestgehend sogar ein Vertrauensverhältnis zwischen Verbraucher und Händler besteht, wurde an Hand der Tatsache festgestellt, daß 70—90 vH der Kunden eines Händlers Stammkunden sind.

Und wie sind die Verhältnisse zwischen Handels- und Produktionsunternehmen oder zwischen den verschiedenen Stufen von Produktionsunternehmen? Auch dort muß die Tatsache registriert werden, daß in der Regel der Kunde dem Lieferanten „die Treue hält", oder anders ausgedrückt, daß jedes Unternehmen zu 90 vH Dauerkunden hat. Die feste Geschäftsverbindung, das Vertrauensverhältnis, ist das normale, der Wechsel ist die Ausnahme. Das verdient ganz besondere Beachtung, denn der einkaufende Unternehmer pflegt scharf zu rechnen und ist über die Marktlage bestens informiert, weil er mit Angeboten überschüttet wird. Ein solches Vertrauensverhältnis schließt natürlich den Zustand der Einigkeit zwischen den Geschäftspartnern ein, bei allen Vorbehalten bezüglich der Preisgestaltung. Nur beim Preis besteht eine gegensätzliche Interessenlage. Über die Notwendigkeit eines ausreichenden Güterangebots und einer entsprechenden Nachfrage sind sich Produzenten, Händler und Verbraucher völlig einig, und deshalb auch über die grundsätzliche Berechtigung ihrer Existenz. Von einer Kampfsituation kann nicht die Rede sein, in bestem Einvernehmen werden täglich Millionen von Verträgen abgeschlossen. Muß dagegen ein Unternehmen um seine Existenz „kämpfen", so ist das nicht die Folge eines Kampfes seiner Lieferanten oder Kunden gegen ihn, sondern entweder mangelnde Leistung, unlauterer Wettbewerb oder irgendwelche andere Benachteiligung. Besteht ein Vertrauensverhältnis zwischen Lieferanten und Kunde, so schließt dieses normalerweise auch das Element der Initiative ein, weil sich ein Unternehmen auf die Dauer nicht halten könnte, wenn nicht sowohl auf der Einkaufs- als auch auf der Verkaufsseite kräftige Initiative entfaltet wird. Selbstverständlich gibt es im Abstieg begriffene Unternehmen, bei denen die Initiative fehlt und die trotzdem noch von Vertrauen getragene Geschäftsbeziehungen haben. Aber dies sind Ausnahmen und man kann sagen, daß in solchem Fall das auf Grund früherer Leistungen aufgebaute Vertrauen noch nicht völlig zerstört ist. Es wäre interessant, einmal festzustellen, welcher Anteil des gesamten Sozialprodukts auf der Basis der festen, vertrauensvollen Geschäftsverbindung verkauft wird. Einzelbeobachtungen lassen immerhin einen Anteil von ca. 80 vH oder mehr vermuten.

Einmalige Käufe oder Anschaffungen gibt es hauptsächlich in der Investitionsgüterindustrie, speziell in der Bauwirtschaft und Maschinenindustrie. Da die vertragschließenden Partner keine eigene Erfahrung haben, ob der andere vertrauenswürdig ist, hinsichtlich eingegangener Vertragsverpflichtungen, orientieren sie sich darüber bei Auskunfteien. Diese geben nicht nur über die finanzielle Lage des betreffenden Unternehmens Auskunft, sondern auch über Geschäftsgebaren und Charakter der verantwortlichen Leiter. Werden eingegangene Verpflichtungen nicht rasch und vertragsgemäß erfüllt, so wird dies registriert und mitgeteilt. Selbst Zahlungsschwierigkeiten, die Jahre zurückliegen oder ungute Familienverhältnisse werden erwähnt. Es werden einfach alle Erfahrungen gesammelt, die sich auf die Vertrauenswürdigkeit beziehen. So sind die Auskunfteien eine Art öffentlichen Registers über die Vertragstreue in der Wirtschaft. Aus ihren Unterlagen ergibt sich die immerhin erstaunliche Tatsache, daß 85—90 vH der Unternehmer als vertragstreu anzusehen sind, wobei sowohl ein Marktstand als auch ein Riesenunternehmen je als eine Person gerechnet werden, der Prozentsatz der erfüllten Verträge ist deshalb noch weit höher. Allerdings übt der Wettbewerb einen gewissen Zwang nach dieser Richtung aus. Die Inanspruchnahme von Auskunfteien ist aber nicht nur auf einmalige Aufträge beschränkt, sondern auch auf laufende Geschäftsverbindungen. Ein Inhaberwechsel, der zunächst keine Änderung des Geschäftsgebarens erkennen läßt, mag die Ursache dazu sein, daß das Geschäft langsam zurückfällt, um schließlich in die Gefahrenzone zu geraten. Ob dann noch die Charakterfestigkeit hinreicht, um gegebenenfalls eine Liquidation ohne Gläubigerverluste durchzuführen, ist zweifelhaft. Aus der Statistik ergibt sich denn auch, daß die Zahl der Konkurse beinahe so hoch ist, wie die der gewöhnlichen Liquidationen mit reeller Schuldentilgung.

So erweist sich auch in der Wirtschaftspraxis hinsichtlich des Schließens und Erfüllens von Verträgen die alles überragende Bedeutung des Vertrauens, bzw. der Vertragstreue. Daß die Elemente der Einigkeit und Initiative dagegen zurücktreten, ist darin begründet, daß diese Voraussetzungen für das tägliche Zustandekommen der Millionen von Verträgen so selbstverständlich vorhanden sind, daß sie wenig bemerkt werden. Bei den unzähligen Möglichkeiten, Kaufverträge abzuschließen, wendet sich der Käufer rasch einem anderen Verkäufer zu, wenn er mit dem ersten nicht einig wird. Wahrscheinlich beansprucht die Vertragstreue auch deshalb ein viel größeres Interesse, weil bei einem Vertragsbruch meist ein ideeller und materieller Schaden entsteht, was bei dem Nichtzustandekommen eines Vertrages nicht gesagt werden kann, solange keine Monopolisierung vorliegt. Im Falle eine Monopols, und ganz besonders eines staatlichen Monopols, kann sich Vertrauen nur sehr langsam in Jahrzehnten entwickeln und in Hinsicht auf den Preis überhaupt nicht, weil es keine Vergleichsmöglichkeiten gibt. Auch die Veröffentlichung von Verlustbilanzen verhilft nicht dazu, weil kein Maßstab für die Fähigkeiten der Geschäftsführung vorhanden ist. Die Schaffung eines echten Vertrauensverhältnisses zwischen Geschäftspartnern ist nicht schnell zu erringen, denn das Vertrauen ist eine sehr subtile Seelenkraft. Der Käufer gewinnt leicht das Vertrauen des Verkäufers, es genügt, wenn er nachweisen kann (über die Auskunftei), daß er jahrelang allen Verpflichtungen korrekt nachgekommen ist. Der Verkäufer dagegen muß nicht nur den Liefertermin exakt einhalten, er muß auch die Güter in der Qualität liefern, wie er sie angeboten hat. Je einfacher diese Güter sind (z. B. Rohstoffe, Produktionsgüter) und je leichter die Überprüfung ihrer Bemusterung ist, desto besser kann es dem Verkäufer gelingen, Vertragstreue zu beweisen. Je komplizierter die Güter sind (z. B. Maschinen, Autos) und ihre Güte in Zusammenhang steht mit ihrer Haltbarkeit — die wiederum durch falsche Behandlung leiden kann —, desto schwieriger ist der Aufbau von Vertrauen. Ganz schwierig wird es, wenn beim Dienst- oder Werkvertrag die Güter vorher weder gezeigt, noch exakt beschrieben werden können, (z. B. Anfertigung von Kleidern, Schmuck, Gutachten, Reparaturen usw.). Allzuleicht macht sich der Käufer eine schönere Vorstellung des entstehenden Gutes, und er empfindet, daß der Hersteller seine Versprechungen nicht erfüllt hat. Allerdings sind viele dieser handwerklichen Produktionen im Rückgang begriffen, die

Massenfertigung dringt vor, seitdem sie eine große Auswahl vorlegen kann und eben das fertige Gut zeigt, wodurch Mißverständnisse beim Kauf ausgeschaltet sind.

Betrachtet man ein in Jahren gewachsenes Vertrauensverhältnis zwischen Geschäftspartnern (Geschäftsfreunden), so kann ein solches am ehesten getrübt werden durch Qualitätsmängel der gelieferten Güter, oder unpünktliche Lieferungen einerseits und durch Zahlungsverzögerungen andererseits. Dies sind durchweg Verletzungen der vertraglich festgelegten Verpflichtungen und insofern ein Mangel an Vertragstreue, der beim Geschäftpartner als Vertrauensbruch empfunden wird. Ein altes Vertrauensverhältnis kann aber auch dadurch getrübt werden, daß die Preisforderungen des einen Partners bei den laufenden Angeboten oftmals höher liegen als dem marktgerechten Preis entspricht. Wenn er auch vor Auftragserteilung seinen Preis reduziert, so ist doch der Käufer in seiner Erwartung, bestens bedient zu werden, enttäuscht. Hier ist also nicht die Verletzung des gegenwärtigen Vertrages die Ursache der Störung der Vertrauensverhältnisses, sondern der ungenügende Vorschlag für einen nächsten Vertragsabschluß. Damit erweist sich eine solche Geschäftsverbindung, die in einer Folge von einzelnen Kaufverträgen besteht, als verwandt mit langfristigen oder zeitlich unbefristeten Leistungsverträgen, in denen dauernde Leistungen vereinbart werden, bis der Vertrag wieder gekündigt wird. Dazu gehören Kredit- und Sparverträge, Miet- und Pachtverträge, Lizenzverträge, und vor allem Arbeitsverträge.

Langfristige Leistungsverträge, Arbeitsverträge

Schon der einfache Dauerauftrag der Hausfrau an den Milchmann, täglich zwei Flaschen Milch zu liefern, ist ein unbefristeter Leistungsvertrag, der erst damit sein Ende findet, daß er ausdrücklich von einer Seite gekündigt wird. Ebenso ist es mit anderen Daueraufträgen, z. B. für Telefon, Elektrizität usw. — Auch Kredit- und Sparverträge sind sehr einfach, solange die sachlichen Leistungen nicht gefährdet sind. Immerhin ist die Tatsache interessant, daß im Ausnahmefall des ungesicherten Personalkredits das Vertrauen des Kreditgebers ganz allein auf der fachlichen Tüchtigkeit und dem Charakter des Kreditnehmers beruht. Etwas schwieriger sind schon Miet- und Pachtverträge, weil sie nicht so exakt zu fassen sind als die bisherige Art von Verträgen. Ob der Vermieter von Wohnungen diese so instandhält wie es der Mieter erwarten kann, und so umgekehrt der Mieter die nötige Sorgfalt walten läßt, können unerschöpfliche Quellen gegensätzlicher Meinungen, Vorwürfe, und Streitereien sein. Wohnen der Vermieter und Mieter im gleichen Hause, und wird von beiden Seiten nicht der ernstliche Wille zur Einigung aufgebracht, so erweist sich, daß in einem solchen Falle nicht nur die sachlichen Vereinbarungen eine Rolle spielen, sondern daß persönliches Verhalten viel entscheidender sein kann. Der erste Satz im Einheitsmietvertrag § 7 zeigt dies ebenfalls: „Vermieter und Mieter versprechen, im Haus sowohl untereinander wie mit den übrigen Mietern im Sinne einer vertrauensvollen Hausgemeinschaft zusammenzuleben und zu diesem Zweck jede gegenseitige Rücksicht zu üben." Das ist aber nur dann möglich, wenn man sich bei auftretenden Differenzen einigt. Beim Kreditvertrag oder anderen schon genannten Leistungsverträgen ist nur eine einmalige Einigung notwendig, im übrigen Erfüllung der Vertragsbestimmungen. Der Mietvertrag läßt sich so exakt nicht fassen, zukünftige Vorkommnisse sind unvorhersehbar, über die man sich deshalb immer wieder aufs neue einigen muß. Einigen sich die Partner leicht und halten sie sich an die Vereinbarungen, so erwächst daraus ein gegenseitiges Vertrauen. Einigen sie sich nicht, so wird der Vertrag meist bald gekündigt, es sei denn, ein Vertragspartner unterwirft sich den Forderungen des anderen, z. B. infolge gestörter Wettbewerbsverhältnisse (z. B. Wohnungsmangel, Mieterschutz usw.).

Noch komplizierter ist der unbefristete Arbeitsvertrag, weil Leistung und Gegenleistung noch weniger exakt festgehalten werden können, als in anderen Verträgen und weil das persönliche Element eine noch größere Rolle spielt als bisher. Die Hauptursache dafür ist der schwankende und wechselnde Anfall der Arbeit, die in einem Unternehmen zu leisten ist. Ein Ausdruck für diese Tatsache ist der sogenannte Hilfsarbeiter, bzw. die Hilfsarbeiterin, die bei der Einstellung bzw. dem Vertragsabschluß sich nicht auf eine spezielle Arbeitsart verpflichten können, weil sie nicht über Spezialkenntnisse verfügen, sondern die sich nur verpflichten, einfach manuelle Arbeit zu leisten, die vom Unternehmer bzw. seinen Vertretern, Meistern usw. angegeben wird. Ein ähnliches Verhältnis liegt beim Büroangestellten eines kleinen Unternehmens vor, der nicht auf eine bestimmte Spezialarbeit, sondern auf allgemeine Büroarbeiten verpflichtet wird. Nie ist aber die Arbeitskraft Gegenstand eines Arbeitsvertrages, sondern immer Arbeitsleistungen, die nur nicht im voraus spezifiziert werden können. Beim Facharbeiter oder Angestellten für ein Spezialgebiet ist wenigstens die Art der Arbeit festgelegt, z. B. Dreher, oder Stenotypistin, aber was im konkreten zu drehen oder zu schreiben ist, muß auch dort täglich angegeben werden. Bei den leitenden Angestellten, die mit organisatorischen Aufgaben betraut sind, kann im Arbeitsvertrag auch nur die Art der Tätigkeit genannt werden, z. B. Verkauf oder Betriebsleitung. Die konkreten Aufgaben ergeben sich auch erst von Tag zu Tag, oder von Monat zu Monat, da vielfältige Einflüsse, wie z. B. Saisonauswirkungen, Rationalisierung, Personalwechsel, Änderungen des Produktionsprogramms, neue Erfindungen usw. immer wieder die zu leistende Gesamtarbeit verändern, was ständig eine neue Verteilung der einzelnen Teilarbeiten nach sich zieht. Die Folge davon ist, daß man sich über Art und Durchführung der Arbeitsleistungen fast täglich neu einigen muß. Zwar ist die Ansicht im Schrifttum verbreitet, daß der Arbeitnehmer als der wirtschaftlich Schwächere alles tun muß, was ihm vorgeschrieben wird, daß er zum „Gehorsam" verpflichtet ist und daß das Arbeitsverhältnis viel mehr vom Befehl als von vertraglicher Einigung beherrscht wird. Wer aber in der Wirtschaft tätig ist, kann diese Meinung nicht bestätigt finden, jedenfalls dann nicht, wenn der Arbeitnehmer leicht einen anderen Arbeitsplatz finden kann. Außerdem sind Befehle zu irgendwelchen Leistungen wirkungslos, wenn sie aus qualitativen oder quantitativen Gründen nicht realisiert werden können. Der Unternehmer kann nur die Möglichkeiten mit dem Betriebsleiter, Verkaufsleiter usw. besprechen, ebenso muß der Meister bei der Arbeitseinteilung, oder der Kalkulator bei der Arbeitszeitberechnung bei Stücklohnsätzen die Einzelheiten der verschiedenen Leistungen mit den Arbeitern seines Bereichs besprechen. Selbstverständlich ergeben sich für bestimmte gleichbleibende Arbeiten bestimmte Erfahrungen, so daß der Aufwand dafür bekannt ist, oder ziemlich genau geschätzt werden kann. Immer aber treten wieder Änderungen ein, so daß solche Gespräche bzw. Anordnungen und Widersprüche oder Gegenvorschläge und schließliche Einigungen innerhalb eines Arbeitsvertrages sehr häufig vorkommen. Und wodurch kommt schließlich die Einigung zustande? Wird eine bestimmte Handarbeit infolge des Mechanisierungsprozesses überflüssig, so bespricht der Meister oder Abteilungsleiter mit dem betreffenden Arbeiter, welche Arbeit er in Zukunft übernehmen soll. Will der Arbeiter aus irgendwelchem Grunde die vorgesehene Arbeit nicht gerne tun, so wird ihm der Meister eine andere Arbeit anbieten, sofern das gerade möglich ist, oder er wird den Arbeiter zu überzeugen versuchen, daß er sich darüber falsche Vorstellungen machte. Das Verständnis des Arbeiters, daß eine Änderung notwendig ist, und das Verständnis des Meisters bezüglich der speziellen Situation des Arbeiters, ist erforderlich, damit schließlich in der einen oder anderen Weise eine Einigung erfolgt.

Wiederum ist es so, daß die Einigkeit und das gegenseitige Vertrauen der Vertragspartner wächst, wenn diese Einigungen leicht stattfinden und sie auch eingehalten werden. Trifft das für die meisten Arbeitsverträge in einem Unternehmen zu, so spricht man von einem guten „Betriebsklima". Es ist sehr interessant, daß dieser Begriff ein immer stärkeres Gewicht bekommen hat, ein Beweis dafür, daß auf ein vertrauensvolles Verhältnis ein steigender Wert gelegt wird. Verschiedene Befragungen demoskopischer Institute geben gerade über diese Frage Auskunft, so z. B. das Allensbacher Institut für Demoskopie in einer repräsentativen Bevölkerungsumfrage, (veröffentlicht in der Aussprache 6/61). Danach sind voll und ganz befriedigt mit ihrer jetzigen Arbeit 44 vH der Arbeiter, 50 vH der Angestellten und 59 vH der Beamten. Nur zum Teil befriedigt sind 48 vH der Arbeiter, 46 vH der Angestellten und 41 vH der Beamten. Überhaupt nicht befriedigt sind 8 vH der Arbeiter und 4 vH der Angestellten. Es ist immerhin erstaunlich, daß ein großer Teil der Befragten sich positiv äußert, denn wer die menschliche Natur kennt, weiß wie leicht persönliche Reibungen entstehen.

Dazu kommt, daß auch der andere wesentliche Teil des Arbeitsvertrages, der Lohn oder das Gehalt, nicht nur einmal bei der Einstellung vereinbart wird, sondern ebenfalls von Zeit zu Zeit eine Veränderung erfährt. Nicht die Erhöhung des Tarifvertrages der Sozialpartner ist damit gemeint, sondern die Erhöhung, die sich aus überdurchschnittlichen Leistungen, bzw. aus einem Aufstieg innerhalb des Unternehmens ergibt, also die relative Bewertung gegenüber anderen, die Einstufung in höhere Lohn- oder Gehaltsklassen. Ein vorwärts strebender Angestellter oder Arbeiter, der sich zusätzliche Fähigkeiten erworben hat, zögert nicht, seinen Arbeitsvertrag zu kündigen, wenn sein Vertragspartner, der Unternehmer, ihm keine Aufstiegsmöglichkeit zusammen mit der entsprechenden Entlohnung bieten kann. Daran zeigt sich wieder das Wirken der Initiative im Zustandekommen bzw. Änderung von Verträgen. Die Einigung über eine der Arbeitsleistung angemessene Gegenleistung ist immer ein delikates Problem, ebenso wie die Einigung über Art und Menge oder Zeitpunkt der Arbeitsleistung. Sie gelingt am besten, wenn jeder Partner Verständnis entwickelt für die Lage des anderen. Natürlich muß das, worüber man sich geeinigt hat, auch eingehalten werden. Hat der Angestellte oder Arbeiter mehr versprochen als er leisten kann, oder hält der Unternehmer nicht, was er an Lohn- oder Gehaltserhöhung in Aussicht gestellt hat, so kommt das einem Vertrauensbruch gleich und der Vertrag wird gekündigt, wenn sich die Partner nicht auf neuer Basis einigen können. Jahrelang geübte Vertragstreue führt jedoch zu einem festen Vertrauensverhältnis, das für beide Partner ein Quell der Befriedigung und Freude sein kann.

Eine Komplizierung des Vertragsverhältnisses zwischen Unternehmer und dem einzelnen Arbeiter ergibt sich daraus, daß eine Reihe von Vertretern des Unternehmers aus Gründen der organisatorischen Vereinfachung besonders in großen Betrieben dazwischengeschaltet sein müssen, z. B. der Meister, Abteilungsleiter, Betriebsleiter, Personalleiter. Sind zwischen diesen leitenden Personen Spannungen vorhanden, so werden beim Arbeiter zwiespältige Empfindungen auftreten.

Der Arbeitsvertrag kompliziert sich aber noch weiter, weil übergeordnete Verträge darauf eine Einwirkung haben. Die Vereinbarungen, die der Betriebsrat mit dem Unternehmer trifft, empfindet der einzelne Arbeiter mit Recht noch als zu seinem individuellen Arbeitsvertrag gehörig, wenn auch diese Vereinbarungen (z. B. über Zulagen, Arbeitsmethoden, Arbeitszeiten, gemeinsame Feiern, freiwillige Sozialleistungen, Betriebsordnung usw.) für alle Personen des Betriebes in gleicher Weise gelten. Der Betriebsrat ist im allgemeinen der von ihm gewählte Vertreter, der in laufenden Verhandlungen mit dem Unternehmer steht in bezug auf den Inhalt seines Arbeitsvertrages, soweit er nicht individuelle Leistungen oder solche Leistungen betrifft, die von anderen Verträgen geregelt werden. Da es sich dabei um Nebenleistungen handelt, hat das Verhältnis zwischen Betriebsrat und Unternehmer meist keinen wesentlichen Einfluß auf den individuellen Arbeitsvertrag. Einen sehr großen Einfluß hat dagegen erfahrungsgemäß das Verhältnis zwischen den Sozialpartnern. Diese reichen jedoch über den betrieblichen Bereich weit hinaus, es sind Gruppen mit volkswirtschaftlicher Bedeutung.

Sucht man nach der Bedeutung der Initiative im Arbeitsvertrag, so findet man sie z. B. in dem Bemühen des Unternehmers, den Gang und Ablauf der Teilarbeiten zu rationalisieren, oder in dem viel glossierten Gang zum Chef wegen Gehaltserhöhung. Das ist der normale Lauf der Dinge. Es gibt aber auch die Initiative des Angestellten oder Arbeiters, der seinerseits Vorschläge macht für die Verbesserung oder Vereinfachung von Arbeitsvorgängen oder die Initiative des Unternehmers, der unaufgefordert höhere Einstufungen vornimmt oder Zulagen gewährt, um einer persönlichen oder regionalen Situation Rechnung zu tragen. Zeigen die Partner des Arbeitsvertrages in dieser Richtung Initiative, so ist das die allerbeste Grundlage für ein gegenseitiges Vertrauensverhältnis.

Die eingehende Betrachtung des Arbeitsvertragsverhältnisses hat wiederum die umfassende Bedeutung der Initiative, der Einigkeit und des Vertrauens ergeben. Vielleicht könnte man sagen, daß beim Arbeitsvertrag das Kernstück bei der Einigkeit liege, weil die ständige Veränderung der Arbeitsleistungen und der relativen Höhe der Entlohnung immer aufs Neue die Einigung verlangt. Demgegenüber muten Erklärungsversuche, die den Arbeitsvertrag von dem altdeutschen Treudienstvertrag ableiten, und als dessen eigentlichen Inhalt die Fürsorgepflicht des Unternehmers und die Gehorsamspflicht des Arbeiters ansehen, als nicht mehr ganz zeitgemäß an. Der Arbeiter und Angestellte ist heute vielmehr freier und gleichberechtigter Vertragspartner dem Unternehmer gegenüber, vor allem in bezug auf die Vereinbarung von Arbeitsleistungen und relativer Höhe des Entgelts sowie Nebenleistungen. Die absolute Höhe des Entgelts ist Gegenstand des Vertragswesens der Sozialpartner.

Tarifverträge zwischen den Sozialpartnern

In den Gewerkschaften und Arbeitgeberverbänden sehen wir volkswirtschaftliche Gruppen, die Verträge miteinander abschließen, und zwar Gehalts- bzw. Lohntarifverträge und sogenannte Manteltarifverträge. Die Lohntarifverträge haben die Regelung der absoluten Lohnhöhe zum Inhalt, die jeweils in dem vereinbarten Lohn des Facharbeiters, dem sogenannten Ecklohn zum Ausdruck kommt. Für die Gehaltstarifverträge gilt Entsprechendes. Die Manteltarifverträge haben die Regelung der prozentualen Abstufungen bis zur Hilfsarbeiterin, die Länge der wöchentlichen Arbeitszeit, Urlaub, Überstunden- und Kurzarbeit-Regelung, die Modalitäten der Einstellung und Kündigung und anderes zum Inhalt. Das Hauptinteresse der Sozialpartner gilt den Lohntarifverträgen. Zwar rückt die Verkürzung der Arbeitszeit neuerdings ebenfalls in den Vordergrund des Interesses, da sie aber immer verbunden mit vollem Lohnausgleich auftritt, ist auch sie gleichzeitig eine Frage der Lohnerhöhung. Verhandlungspartner sind in Westdeutschland die in den Bundesländern gebildeten Gewerkschaften und Industrieverbände der einzelnen Wirtschaftszweige. Die Verträge werden für ein halbes oder ein volles Jahr geschlossen, werden dann meist von den Gewerkschaften gekündigt, die gleichzeitig die Forderung nach einer Lohnerhöhung erheben, welche als Grundlage für die weiteren Verhandlungen dient.

Wie sehen die Vertragsverhältnisse in der Praxis aus? Sie sind völlig verschieden von dem, was sich bisher ergab. Die zwei Partner empfinden sich in einer Kampfsituation gegenüberstehend, das Mißtrauen herrscht, sie beschuldigen sich gegenseitig der unwahren Darstellung der Sachverhalte. Die jeweilige Ermittlung des Lohnes wird von beiden Seiten oft als Machtfrage angesehen, weshalb z. B. in Zeiten einer Übernachfrage die Gewerkschaften die größere Macht haben und eine kräftige Lohnerhöhung durchsetzen können, während in Zeiten eines Konjunkturrückganges die Unternehmer die stärkere Position haben und Lohnforderungen leichter abwehren können. Lohnkämpfe mittels Streik finden daher auch vorwiegend bei guter Konjunktur statt. In Lohnkämpfen verweigern Zehntausende von Arbeitern und Angestellten die Arbeitsleistung durch Wochen oder Monate. Bei solchen Gelegenheiten schwillt die Flut der Beschuldigungen an und erreicht ihren Gipfel in der Forderung der Arbeiter nach Enteignung der Unternehmer und in der Forderung der Unternehmer nach einem Verbot der Gewerkschaften.

Es liegt also in dem Vertragsverhältnis zwischen Unternehmerverbänden und Gewerkschaften eine Situation vor, die unserer Theorie widerspricht, denn es müßte doch bei den immer wiederkehrenden Einigungen und der Einhaltung der Verträge, die nicht zu leugnen sind, ein gutes Vertrauensverhältnis sich entwickelt haben! Weshalb sind die Vertragsverhältnisse zwischen den Sozialpartnern so verschieden von denjenigen zwischen Einzelpersonen? Einmal handelt es sich bei den Organisationen der Gewerkschaften und Unternehmer jeweils um letzte Instanzen, es gibt kein Ausweichen zu einem anderen Vertragspartner, das liegt in der Natur des Vertragsgegenstandes. Infolgedessen gehen die Vertragsabschlüsse „unter Zwang“ vor sich, man *muß* zu einem Resultat kommen, auch wenn die Meinungen noch so weit auseinandergehen. Zum andern bestehen über den Prozeß der Lohnbildung tatsächlich die verschiedensten Meinungen. Diese reichen von der These, daß jede Lohnerhöhung vom Übel ist, und daß die Produktivitätsfortschritte in Preissenkungen weitergegeben werden sollen, bis zu der These der expansiven Lohnpolitik, die nur durch überdimensionale Lohnerhöhungen die Vollbeschäftigung und eine optimale Wachstumsrate erreichen zu können glaubt. Solange solch gegensätzliche Meinungen über die Bildung des Lohnes sich gegenüberstehen, kann sich natürlicherweise Einigkeit nicht entfalten. Jeder Vertragsabschluß wird von beiden Seiten als unbefriedigende Kompromißlösung betrachtet. Auf diese Situation paßt daher sehr gut die These vom Lohnkampf, in dem nur durch Macht etwas zu erreichen ist. Und diese These ist ganz in das Bewußtsein der Sozialpartner eingegangen, jede neue Lohnforderung wird von beiden Seiten daraufhin überprüft, ob sie durch einen Streik realisiert werden kann oder nicht.

Es sind also letzten Endes die radikal verschiedenen Meinungen über die Lohnbildung, welche die Kampfsituation herbeigeführt haben, in welche die Sozialpartner verstrickt sind. Legen wir unser theoretisches Instrumentarium an, so finden wir, daß in den Vertragsbeziehungen der Sozialpartner Initiative in großem Maße zu finden ist, und daß die Vertragstreue durchaus geübt wird. *Was völlig fehlt, ist die Einigkeit und diese beruht auf mangelndem Verständnis.*

Wie wir gesehen haben, wird die Höhe des Reallohns gar nicht durch die Verträge der Sozialpartner, sondern durch den gesamten volkswirtschaftlichen Prozeß bestimmt. Die Leistung eines Hilfsarbeiters wird in den USA mehr als zehnmal so hoch bezahlt als in Indien. An dieser Tatsache können Verträge der Sozialpartner in Indien nicht das geringste ändern. Würden die Gewerkschaften und Arbeitgeber zum grundsätzlichen Verständnis des volkswirtschaftlichen Prozesses kommen und würden sich dann über die Bestimmungsgründe für die Lohnhöhe einigen, so wäre das ein unermeßlich großer sozialer Fortschritt. Denn was durch Streit zwischen den Sozialpartnern an Schaden in der Vergangenheit angerichtet wurde, läßt sich in Zahlen gar nicht ausdrücken. Die verlorene Produktion infolge von Streiks, die auch astronomische Ziffern erreichen würde, ist dabei noch das wenigste. Weit größer ist der Schaden, der durch Aufpeitschung von Leidenschaften und Verhärtung in Kollektivmeinungen angerichtet wurde.

Allerdings sind es nicht nur die Sozialpartner, deren Verhältnis derart belastet ist. Wie schon bemerkt wurde, läßt die Streitlust nach, wenn rückläufige Konjunkturtendenzen auftreten. Entsteht jedoch eine Depressionskrise mit Massenarbeitslosigkeit, dann richtet sich der Groll der arbeitslosen Massen und der Unternehmer gegen die Regierung, den Staat. In welchem Verhältnis steht dieser zu den Sozialpartnern und anderen volkswirtschaftlichen Organen?

Die volkswirtschaftlichen Organe und ihre gegenseitigen Beziehungen

Im Verlauf der Betrachtungen über Konjunktur und Struktur der Volkswirtschaft, sind außer den Verbänden der Sozialpartner mehrere Organe bekannt geworden, welche direkt in den Gang der Dinge eingreifen. Eines dieser Organe ist die Bundesbank, welche eine ganze Reihe von Mitteln hat, um die Geldströme zu beeinflussen. Diese Mittel (z. B. Änderungen des Diskonts, Kreditbeschränkungen oder -lockerung, Offenmarktoperationen, Devisenankäufe usw.) kann sie bewußt so einsetzen, wie sie es im Interesse der Konjunkturlage für richtig hält. Damit beeinflußt sie auch das Wachstum, die Beschäftigungslage, das Preisniveau, das Lohnniveau, den Außenhandel usw. Ihre Wirkung ist also umfassend gedacht. Die Bundesbank ist eine „bundesunmittelbare juristische Person des öffentlichen Rechts", ist daher selbständig. Ihre Aufgabenstellung lautet nach § 3 des Gesetzes über die Deutsche Bundesbank: „Sie regelt mit Hilfe der währungspolitischen Befugnisse, die ihr nach diesem Gesetz zustehen, den Geldumlauf und die Kreditversorgung der Wirtschaft mit dem Ziel, die Währung zu sichern, und sorgt für die bankmäßige Abwicklung des Zahlungsverkehrs im Inland und mit dem Ausland." Dieser große Einfluß auf die Volkswirtschaft ist neuerdings stark beschnitten worden durch die Liberalisierung des internationalen Geldverkehrs, die Konvertibilität der Währungen. Dadurch ist es praktisch nicht mehr möglich, den Diskontsatz wesentlich vom internationalen Niveau zu entfernen. Außerdem werden Kreditrestriktionen nicht mehr wirksam, wenn der Kreditbedarf im Ausland gedeckt werden kann. Es sind Zweifel geltend gemacht worden, ob damit die Bundesbank sich nicht der Mittel beraubt hat, die ihr gesetzlich vorgeschriebene Aufgabe der Währungssicherung im Ernstfall zu erfüllen.

In welcher Weise steht nun die Bundesbank mit anderen volkswirtschaftlichen Organen in Verbindung? Enge Beziehungen bestehen eigentlich nur zur Bundesregierung. Der Zentralbankrat als oberstes Organ der Bundesbank wird zur Hälfte von der Bundesregierung ernannt, ebenfalls der Präsident. Die Bundesregierung hat das Recht, an den Sitzungen des Zentralbankrates teilzunehmen und Anträge zu stellen; ferner ist nach § 12 die Bundesbank verpflichtet, unter Wahrung ihrer Aufgabe die allgemeine Wirtschaftspolitik der Bundesregierung zu unterstützen, trotzdem sie von deren Weisungen unabhängig ist. Des weiteren ist der Präsident der Bundesbank Mitglied des Kabinettsausschusses für Wirtschaft. Wie man sieht, sind die Beziehungen zwischen Bundesbank und Regierung eng, das Übergewicht der Regierung ist nicht zu übersehen, trotzdem verleiht die ideelle Zielsetzung der Bundesbank weitgehende Selbständigkeit. Sollte allerdings der Fall eintreten, daß in einer krisenhaften Konjunkturlage die Meinungen über die zu ergreifenden Maßnahmen konträr gegenüberstehen, so dürfte nach der Satzung der Bundesbank die größere Verantwortung bei der Regierung liegen.

Ein weiterer volkswirtschaftlicher Faktor von Gewicht sind die öffentlichen Finanzhaushalte des Bundes und der Länder, da etwaige Überschüsse oder Defizite wegen ihrer Größe eine direkte Einwirkung auf die

Konjunkturlage haben. Zwar ist ein in Einnahmen und Ausgaben ausgeglichener Haushalt vom Grundgesetz vorgeschrieben, dennoch läßt die Ausgabenpolitik jenseits der Beschlüsse des Parlaments einen großen Spielraum für Veränderungen der Geldströme. So ist z. B. eine Stillegung von 5 vH des Sozialprodukts, oder eine Vorverausgabung von 25 vH des Bundeshaushalts, möglich, das sind Summen, welche die Konjunkturlage merklich beeinflussen. Auch wenn der Finanzminister auf konjunkturelle Probleme keine Rücksicht nimmt und sich nur von fiskalischen Gesichtspunkten und der Vorschrift für den — schließlichen — Haushaltsausgleich leiten läßt, so beeinflußt er dennoch, dann aber unbewußt, den Konjunkturverlauf. Zweifellos treten viele Situationen ein, die nicht exakt vorauszusehen sind, z. B. die Höhe der Steuereinnahmen oder zusätzliche Ausgaben, die erst nach der Verabschiedung des Haushaltsplanes beschlossen werden usw. Trotzdem sind immer wieder vom Bundesfinanzminister und von den Finanzministern der Länder Entscheidungen zu treffen, die ein bestehendes Konjunkturungleichgewicht korrigieren oder verstärken können. Bestimmungen, daß die Konjunkturlage berücksichtigt werden soll, bzw. welche Dringlichkeit sie gegenüber anderen Gesichtspunkten hat, bestehen nicht. Dies bleibt also dem eigenen Ermessen der Finanzminister überlassen. Die Finanzminister sind jeweils Mitglied der Bundes- bzw. Landesregierung und als solche abhängig von der Ernennung bzw. erneuten Bestätigung durch den Bundespräsidenten bzw. Ministerpräsidenten. Der Bundesfinanzminister ist Mitglied des Kabinettsausschusses für Wirtschaft und steht so im ständigen Gedankenaustausch mit anderen, für die Entwicklung der Volkswirtschaft maßgeblichen Persönlichkeiten.

Die Wirtschaftsminister des Bundes und der Länder haben eine ähnliche Stellung inne. Auch sie sind in ihrer Ernennung oder Entlassung abhängig vom Bundeskanzler bzw. Ministerpräsidenten, aber selbständig in ihrem Geschäftsbereich. Sie bestimmen die Grundsätze und Richtlinien der Wirtschaftspolitik innerhalb des Rahmens des Grundgesetzes. Auf die Konjunkturlage und Unternehmensstruktur können sie nur in sehr beschränktem Maße einwirken über Zollsenkungen, oder Notstandsarbeiten, die zudem erst vom Parlament beschlossen werden können. Das Mittel der Preiskontrollen oder Vorschriften, dessen Handhabung im Zuständigkeitsbereich des Wirtschaftsministeriums liegt, ist in seiner Wirkung umstritten, es erfordert vor allem einen großen Verwaltungsaufwand. Umstritten in seiner Wirkung auf die Konjunktur ist auch das Mittel der Aufklärung durch Wort und Schrift, um die Lohn- und Preisentwicklung in Grenzen zu halten. Die Tätigkeit des Bundeskartellamtes, das zum Geschäftsbereich des Bundeswirtschaftministeriums gehört, hat dagegen zweifellos eine preissenkende Wirkung, indem es Kartellabreden verbietet. Auf die Entwicklung der Unternehmensstruktur im Sinne einer Erhaltung des Wettbewerbs hat es dagegen vorläufig noch keine Einwirkungsmöglichkeit. Der Bundeswirtschaftsminister ist Mitglied des Kabinettsausschusses für Wirtschaft, in dem er den Vorsitz führt. In losen Besprechungen und Verlautbarungen hält er auch Kontakt mit den Gewerkschaften und Unternehmerverbänden.

Einen außerordentlichen großen Einfluß auf die Unternehmensstruktur der Wirtschaft hat die Steuergesetzgebung in der Bestimmung der Steuerarten und Steuersätze. Diese Aufgabe obliegt dem Parlament und insbesondere dem Finanzausschuß des Bundestages, wenn auch die Finanzverwaltung durch das Gewicht ihrer Vorschläge einen erheblichen Einfluß hat. Richtlinien für die Gestaltung der Steuerarten und -sätze sind nicht gegeben, weshalb nicht selten rein fiskalische Gesichtspunkte bei Entscheidungen maßgebend sind. Der viel zitierte Grundsatz der Gleichheit in der Besteuerung ist nicht so überzeugend, daß er Aussicht auf Verwirklichung hätte. Er wird auch nur noch gefordert für verschiedenartige rechtliche Unternehmensformen, kann aber so lange nicht verwirklicht werden, als Unklarheit darüber besteht, ob die liberal-juristische, soziologische, ökonomische oder strukturelle Betrachtungsweise als Prinzip für die Besteuerung angewandt werden soll. Diese Unsicherheit ist die natürliche Ursache für die aus mehreren Bereichen der Wirtschaft ständig vorgetragenen Wünsche nach günstigeren Steuersätzen. Dadurch befindet sich der Steuerausschuß des Bundestages in der wenig angenehmen Lage, sich mit gegensätzlichen Forderungen, die jeweils durch Gutachten belegt sind, auseinandersetzen zu müssen. Im Bundestag, der diese Fragen schließlich entscheidet, kommen mannigfaltige Strömungen zusammen, der unsachlichen Beeinflussung ist bei dieser Sachlage Tür und Tor geöffnet.

Auch innerhalb der verschiedenen Parteien sind die Grundlagen für die Meinungsbildung bezüglich der Strukturentwicklung uneinheitlich. Dem Bundestag steht noch das Mittel der Enteignung (Sozialisierung) zur Verfügung, mit dem er in die Struktur der Wirtschaft eingreifen kann, allerdings nur in Richtung der Monopolisierung, nicht zur Herstellung eines besseren Wettbewerbs. Ein weiteres Mittel, das von großer Bedeutung speziell für die landwirtschaftliche Struktur ist, sind die staatlich gebundenen Preise oder Subventionen für manche Agrarerzeugnisse, wodurch ein für die kleineren selbständigen Bauernhöfe fataler Preiskampf verhindert wird.

Faßt man die bisher aufgezeigten wesentlichsten volkswirtschaftlichen Organe in ihrer Wirkungsweise zusammen und fügt die wesentlichsten Informationsquellen mit ein, so ergibt sich folgendes Bild:

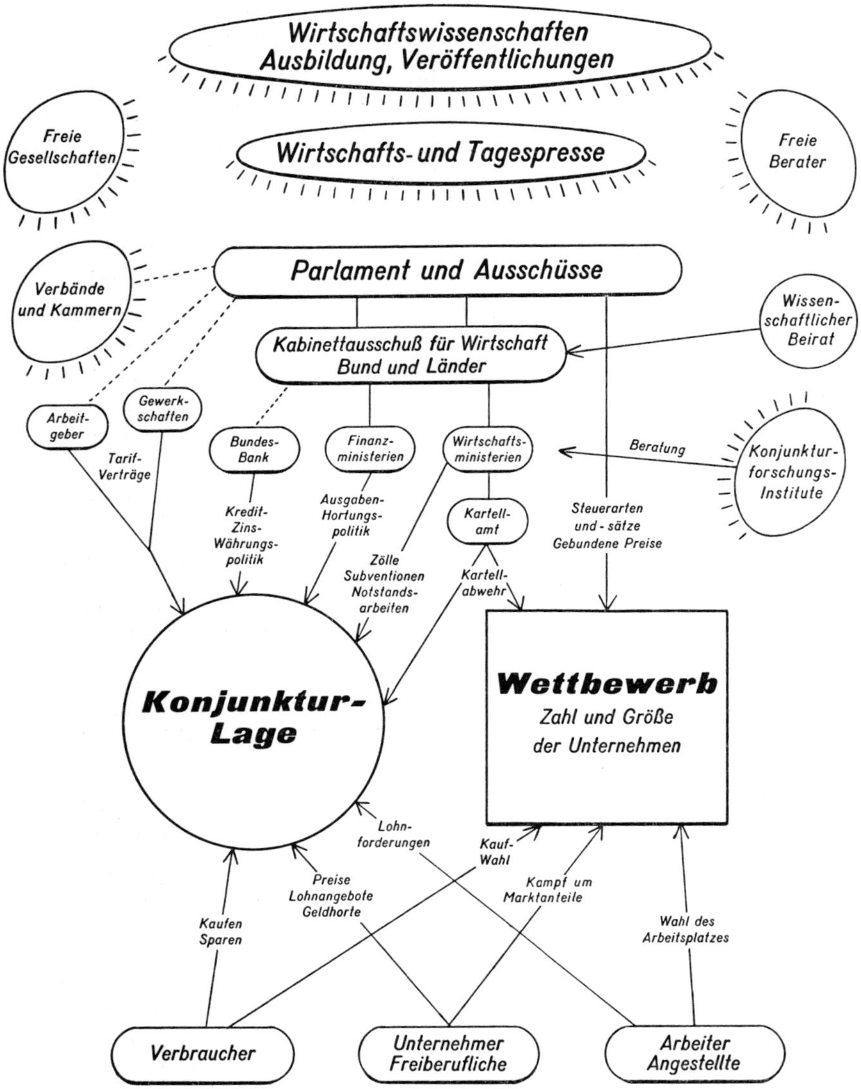

Zunächst sei in die Erinnerung gerufen, daß die Konjunkturlage und die Wettbewerbsstruktur Funktionen der Volkswirtschaft sind, welche durch den Gütertausch der Millionen von einzelnen Unternehmern, Freiberuflichen, Angestellten, Arbeitern und Verbrauchern erst entstehen. Diese Funktionen können Störungen erleiden und bedürfen dann des Eingriffs übergeordneter Organe. Die wesentlichsten dieser Organe sind für die Konjunktur die Bundesbank, die Finanzministerien, Wirtschaftsministerien, Gewerkschaften und Unternehmerverbände. Diese sind es auch, die im Falle von Konjunkturstörungen Vorwürfe hören müssen, die sich allerdings auch gegenseitig Vorwürfe machen, weil die Meinungen über Ursachen und Behandlungsmethoden solcher Störungen oft auseinandergehen.

Auf die Frage, wer eigentlich die Verantwortung für die Erhaltung des Konjunkturgleichgewichts und die Strukturentwicklung habe, ist eine klare Antwort nicht zu geben. Ein Gedankenaustausch zwischen den staatlichen Organen findet in engerer Form im Kabinettsausschuß für Wirtschaft und in den Länderkabinetten statt, allerdings unter Wahrung der Selbständigkeit auch bei abweichender Meinung der Bundesbank und der Ministerien des Bundes und der Länder. Die Gewerkschaften und Arbeitgeberverbände, deren Verhältnis zueinander schon beschrieben wurde, stehen nur in sehr loser Verbindung zu den anderen genannten Organen. Vorherrschend ist nicht das Gespräch, sondern der Monolog in Form von Veröffentlichungen und Reden all dieser Organe. Einigkeit und Vertrauen fehlen weitgehend. Schwierigkeit bereitet sicherlich auch die Tatsache, daß die maßgeblichen Organe teils auf Länderebene, teils auf Bundesebene gebildet sind. Dies alles ruft die Frage nach der zweckmäßigen Organisation hervor.

Das Prinzip der Organisation in der Wirtschaft

Die Organisation der Volkswirtschaft findet ebenso begeisterte Befürworter als leidenschaftliche Gegner. Die einen sehen darin die ordnende Vernunft, die anderen eine wirtschaftsfremde, hemmende Bürokratie. Das hat seine Ursache darin, daß das Wort Organisation für die verschiedensten Tatbestände verwendet wird, und so notwendig Verwirrung anrichtet. Zunächst kann man darüber nur sagen, daß Organisation als Bezeichnung verwendet wird für die funktionelle Gliederung eines zwangsläufigen oder freiwilligen Zusammenschlusses von Menschen. Im Gegensatz dazu ist der „Organismus“ üblicherweise die Bezeichnung für die funktionell gegliederte Einheit eines Lebewesens. Sowohl der Organismus als auch die Organisation haben Organe. Der gesunde Organismus zeigt ein harmonisches Zusammenspiel seiner Organe und Funktionen, er präsentiert sich uns in seiner Vollkommenheit und stellt erhebliche Anforderungen an unser Erkenntnisvermögen. Die Organisation dagegen wird von Menschen geschaffen, es werden die für die notwendigen Funktionen erforderlichen Organe gebildet, und das Zusammenspiel dieser Organe veranlaßt. Ein gutes Beispiel dafür ist die Gründung eines Unternehmens oder einer anderen Gesellschaft. Es dürfte wohl kein Zweifel darüber bestehen, daß dazu „Organisation" notwendig ist. Zunächst ist eine exakte Zielsetzung, eine ideelle Konzeption erforderlich, die vom Gründer ausgeht. Dieser ist meist zugleich das Zentralorgan der Organisation. Sind es mehrere Gründungsmitglieder, so wählen diese von vornherein das Zentralorgan. Soweit dieses die Produktionsplanung, Arbeitsverteilung, -anleitung und die Kontrolle nicht allein ausüben kann, muß es sich hierfür so viele Organe schaffen, als zur Bewältigung des Geschäftsumfangs notwendig ist. Damit ist die sachliche Seite der Organisation angedeutet.

Da alle Organe und Glieder eines Unternehmens Menschen sind, treten natürlicherweise menschliche Probleme stark hervor, also die Beziehungen zwischen Arbeiter — Vorarbeiter — Meister — Abteilungsleiter — Unternehmer. Es sind aber nicht nur diese vertikalen Beziehungen wesentlich, sondern auch die horizontalen zwischen den verschiedenen Abteilungsleitern, zwischen den Meistern, zwischen den im selben Raum oder an der gleichen Maschinenanlage befindlichen Arbeitern. Hinsichtlich der menschlichen Beziehungen können nun verschiedenartige Organisationsformen beobachtet werden. Da gibt es die straffe Führung mit Befehlscharakter, wie sie beim Militär oder in großen staatlichen Verwaltungen charakteristisch ist. Anordnungen gehen von der Spitze der Hierarchie aus an die verschiedenen Organe, diese arbeiten sie weiter aus und leiten sie hinab in die Sektoren und Abteilungen. Kritik oder Widerspruch ist ausgeschlossen, auch fehlerhafte Maßnahmen müssen durchgeführt werden. Begründungen werden nicht gegeben, absoluter Gehorsam wird verlangt. Der Ton zwischen Vorgesetztem und Untergebenem ist förmlich und nimmt auf Persönliches keine Rücksicht. Es gibt nur sachliche Notwendigkeiten, keine menschlichen. Horizontale Beziehungen gibt es nicht, die Sektoren sind jeweils getrennt, alles ist auf die Spitze hingeordnet. Aufsicht und Kontrolle werden streng gehandhabt. Diese Organisationsform, die in den Industrieländern ein wenig der Vergangenheit angehört, könnte man die autoritative nennen.

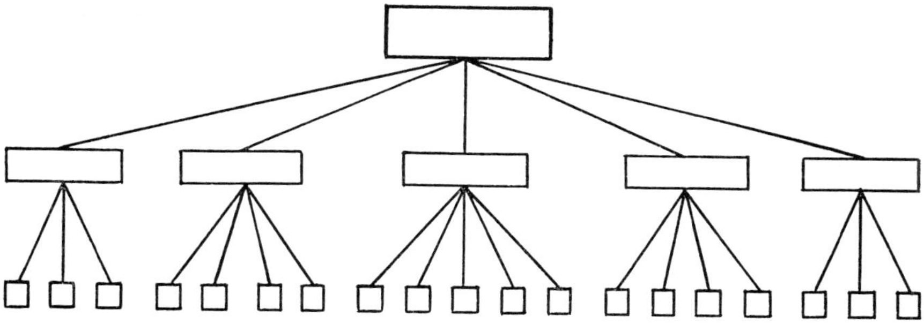

Eine andere Organisationsform sucht bei den nachgeordneten Stellen Verständnis zu erwecken für die durchzuführenden Maßnahmen. Diese werden begründet, erläutert. Anregungen von den unteren Rängen werden berücksichtigt, das Vorschlagswesen wird gefördert. Durch Werkszeitungen oder Vorträge werden Informationen über innerbetriebliche Zusammenhänge und Ziele sowie über außerbetriebliche Vorgänge herausgegeben. Die Konferenzmethode ist ebenfalls ein wichtiges Instrument, um die Funktionen des Unternehmens zu erläutern. In Großbetrieben gibt es Spezialisten für diese Aufgabe der Koordination. Die horizontale Fühlungnahme wird auch durch Ausschüsse bewerkstelligt. Es ist ein System des Mitdenkens, des Mitwissens. Diese Form der Organisation ist heute in voller Entwicklung begriffen, im Betriebsverfassungsgesetz ist sie deutlich hervorgehoben. Man könnte sie die koordinative Organisation nennen.

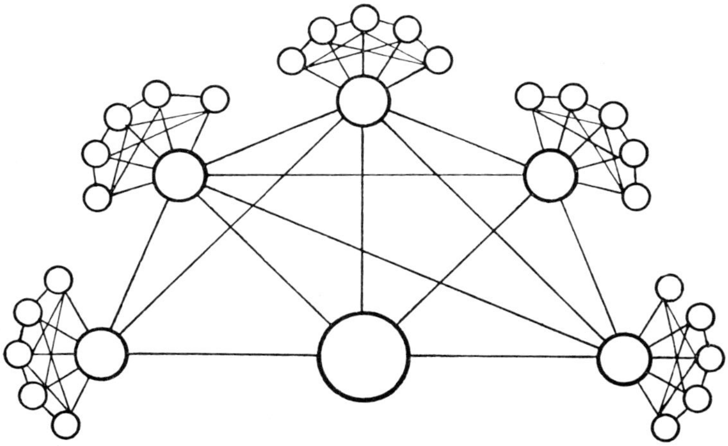

Eine weitere Steigerung der Organisationsform liegt in der Aktivierung der unteren Organe und Glieder zu selbständigem Handeln innerhalb ihres Teilgebietes. Die Anweisungen von oben haben nicht mehr den genau detaillierten, sondern einen allgemeineren Charakter. Die Ausarbeitung der Details wird möglichst weit nach unten verlegt, Verantwortung wird delegiert. Der zeitliche Ablauf einer Produktion oder die Eingliederung eines Produktionsauftrages kann zwischen gleichberechtigten Abteilungen vereinbart werden, so daß das übergeordnete Führungsorgan nur dann eingreift, wenn diese Vereinbarungen unzweckmäßig, oder nicht genügend durchdacht sind. Die Glieder des Unternehmens lernen so mehr und mehr dessen Ziele und Absichten kennen, die sie mit der Zeit selbst beeinflussen können durch eigene Ideen und Vorschläge. Gegenseitige Hilfsbereitschaft ist die neue Haltung, man arbeitet nicht mehr nach festgesetztem Schema, sondern sieht, was zu tun notwendig ist und richtet danach seine Arbeit ein. Man wartet nicht mehr auf Anweisungen, sondern man informiert sich frühzeitig über die neuesten Entwicklungen und arbeitet mit an der zweckmäßigsten Aufgliederung des Arbeitspensums, bzw. an der Umwandlung von Arbeitsvorgängen infolge Rationalisierung usw. Hier werden nicht nur die vertikalen, sondern auch die horizontalen Beziehungen zwischen benachbarten Organen und Gliedern bewußt und aktiv gestaltet, der Wille zur Zusammenarbeit für ein gemeinsames Ziel ist erwacht. Funktionell gesehen könnte dies eine assoziative Organisationsform genannt werden. Allerdings gibt es erst wenige Ansätze dazu, der Ausdruck Team-Work deutet auf die Bildung der charakterisierten assoziativen Organisation (s. Abb. S. 145).

Stellt man die drei Organisationsformen nebeneinander, so wird ihr Stufenbau deutlich. In der autoritativen Organisation herrscht das zentrale Führungsorgan Kraft eigener Machtvollkommenheit (infolge eigener Gründung, Vererbung oder Berufung). Es hält seine ideellen Ziele und Absichten geheim, erläutert keine Zusammenhänge, sondern gibt nur punktuelle Anweisungen heraus. Der einzelne soll nichts wissen, was über seinen Arbeitsbereich hinausgeht. — In der koordinativen Organisation wird das ganze Organsystem durchgebildet und die Verbindungen zwischen den Organen und den Gliedern gepflegt. Die Einsicht in die ideelle Grundlage, in die Funktion des Ganzen wird vermittelt. Die Autorität des zentralen Führungsorgans beruht auf diesem wachsenden Verständnis. — In der assoziativen Organisation sind die Organe und Glieder ihrer eigenen Stellung und Funktion innerhalb des Ganzen bewußt geworden, sie üben ihre Funktion selbständig aus in harmonischer Zusammenarbeit mit ihren benachbarten Organen oder Gliedern. Sie erken-

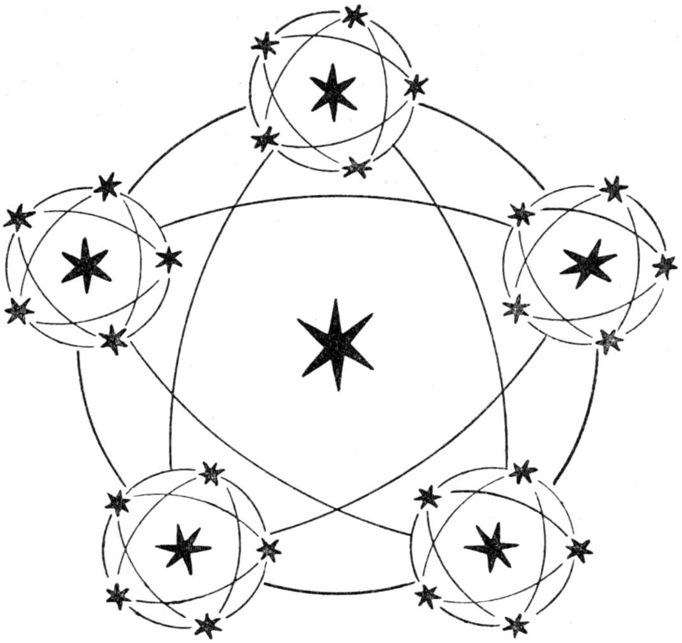

nen die überragende Bedeutung der geistig schöpferischen Tätigkeit für die Entwicklung des Ganzen, und sie versuchen, an ihrem Platz selbst Initiative zu entfalten, um dem Ganzen zu dienen.

Die Entwicklung der Organisationsformen von der autoritativen über die koordinative zur assoziativen im Bereich der Betriebswirtschaft, geht also von der ursprünglichen Teilnahme an einer winzigen Teilarbeit zur Erweckung eines Verständnisses für das Ganze und schließlich zur Entfaltung von Initiative für das Ganze. Ob und wie das gelingen kann, ist natürlich eine weitere Frage. Die ursprünglich zweiseitigen Beziehungen zwischen Arbeitgeber und Arbeitnehmer verwandeln sich damit funktionell gesehen in mehrseitige. Wie sich zeigte, liegen auch ihnen die Elemente der Einigung durch Verständnis und der Initiative zugrunde. Man könnte daher in einer realisierten assoziativen Organisation von dem Vorhandensein eines ungeschriebenen mehrseitigen Vertrages ihrer Mitglieder reden.

Eine Übersicht über den Stand der organisatorischen Entwicklung der Unternehmen in den verschiedenen Ländern der Welt wäre sicher interessant und lehrreich. In den vollbeschäftigten Industrieländern des marktwirtschaftlichen Systems ist die autoritative Organisationsform zweifellos sehr stark zurückgegangen, währenddem die koordinative in voller Entwicklung und die assoziative in den ersten Anfängen steht. In den wirtschaftlich unterentwickelten Ländern mit Arbeitslosigkeit nimmt dagegen das autoritative Prinzip noch einen breiten Raum ein, ohne daß sozialistische Vermögensformen daran etwas ändern können. In Staaten mit zentralgeleiteter Wirtschaft werden zeitweise Anstrengungen gemacht, um das autoritative Organisationsprinzip aufzulockern, aber es ist eine große Frage, ob das bei so gigantischen Gebilden gelingen kann.

Wenden wir unseren Blick wieder auf die volkswirtschaftlichen Funktionen, so erinnern wir uns, daß hierfür zwar eine Reihe von Organen vorhanden sind, die nur teilweise und spärlich zusammenarbeiten und vielfach in scharfen Gegensätzen sich mißtrauisch gegenüberstehen. Keinesfalls kann in der Bundesrepublik von einer funktionierenden Organisation gesprochen werden, die alle Organe umfaßt. In anderen Ländern (Schweiz, Österreich) gibt es weitergehende Ansätze dieser Art. Kann man aber für die Volkswirtschaft nicht mit noch größerer Berechtigung als beim Unternehmen sagen, es bestehe ein ungeschriebener Vertrag zwischen allen Teilnehmern, Gliedern und Organen der Volkswirtschaft, für ihre gute Funktion Sorge zu tragen? Es wird ja auch überall vom Vertrauen gesprochen, das die Volkswirtschaft trägt. Wem gilt dieses Vertrauen? Wer hat etwas versprochen, Verantwortung übernommen? Sind es nicht alle genannten volkswirtschaftlichen Organe für ihren Sektor? Und was liegt dann näher, als die nötigen lebendigen Verbindungen zwischen den Organen zu schaffen, die noch fehlen? Ein großes Hemmnis auf diesem Wege sind dogmatische Ideologen, die aus ihren postulierten Teilwahrheiten falsche Schlüsse ziehen und andere Argumente nicht hören wollen. Ein anderes großes Hemmnis ist die Meinung, daß eine Institution allein, z. B. die Bundesbank oder das Finanzministerium, oder diese beiden zusammen genügen würden, um das Konjunkturgleichgewicht zu erhalten, weil diese die anderen Organe zu richtigem Verhalten „zwingen" können. Gerade auch der Wunsch, oberster Befehlshaber in der Volkswirtschaft zu spielen, ist ein großer Stein auf dem Wege zu einer guten Gesamtfunktion. Jedes Organ mit eigener Funktion kann aber vermöge dieser seiner Machtbefugnis anders handeln als das andere Organ ihm vorschreiben möchte. Wer nicht anders als in Befehlsschemata denken kann, muß bei dieser Sachlage ein Zentralorgan fordern, dem alle anderen unterworfen werden und seinen Anordnungen folgen müssen. Das würde bedeuten ein Konjunkturamt, das Löhne und Preise oder die Art der Gewinnverwendung vorschreiben kann, und das die Kredit-Zins-Politik bestimmt, ebenso die Fiskalpolitik, soweit es für die Stabilisierung des Konjunkturgleichgewichts notwendig erscheint. Ist das nicht Zentralverwaltungswirtschaft?

Es können durchaus solche Ansatzpunkte auch in bisher marktwirtschaftlich orientierten Ländern beobachtet werden. Sollen andererseits die volkswirtschaftlichen Probleme gemeinschaftlich gelöst werden, so ist es erforderlich, daß *alle* volkswirtschaftlichen Organe sich zusammenfinden. Das würde der assoziativen Organisation ohne Zentralorgan entsprechen. Ist eine solche denkbar? Das zentrale Organ des Unternehmens setzt die Ziele, die infolge der ständigen Entwicklung immer wieder neu gefaßt werden müssen. Welches sind die Ziele der Volkswirtschaft? Zwei haben wir festgestellt: Die Erhaltung des Konjunkturgleichgewichts und des Leistungswettbewerbs. Diese Ziele ändern sich nicht, sie bleiben gleich. Sie eigenen sich deshalb dazu, das geistig ideelle Führungsorgan die Leitidee der Volkswirtschaft zu bilden. Können die Wege zu diesen Zielen gedanklich so weit geklärt werden, daß sich die verschiedenen Organe darüber in den Grundsätzen einigen, ist der Weg frei zur assoziativen Organisation der Volkswirtschaft. Assoziationen der verschiedenen Organe auf Bundesebene und Länderebene würden das Feld abgeben, auf dem die sachlichen Probleme z. B. der jeweiligen Konjunktur- und Strukturlage besprochen und marktkonforme Entschlüsse gefaßt werden könnten. In den Assoziationen wäre auch verwirklicht, wofür schon lange eine brauchbare Form gesucht wird — die Mitbestimmung. Solche Assoziationen hätten infolge ihrer klaren Beauftragung nicht nur die Möglichkeit, auftretende Störungen schnell zu beheben, sie würden auch durch das direkte Gespräch unzählige Mißverständnisse vermeiden können, die bisher durch die Verzerrungen der Presse vergiftend wirken und sie würden vielleicht den Gesichtspunkt der anderen deutlicher sehen, manche ihrer vorgefaßten Meinungen korrigieren, und sie den nachgeordneten Organen und Gliedern weiterleiten können. In dieser Weise würde ein echtes Vertrauen in den Gang der Volkswirtschaft sich entwickeln, und ungeahnte Kräfte freimachen, die durch Sorgen und Befürchtungen gebunden sind. Auch im Schrifttum wird immer wieder auf die große Bedeutung des Vertrauens als positive verursachende Kraft hingewiesen. So wahr es ist, so kann Vertrauen doch nicht aus dem Nichts entstehen, sondern nur aus treu erfüllten Verpflichtungen.

Organe der Weltwirtschaft

Noch weniger als für die Volkswirtschaft wird für die Weltwirtschaft ein selbständiger Organismus angenommen, der als solcher einer Pflege bedarf. Vielmehr ist nach allgemeiner Auffassung die Weltwirtschaft nur die Summe der vorhandenen Volkswirtschaften. So gibt es auch keine so exakten Zielsetzungen wie in der Volkswirtschaft beispielsweise die Erhaltung des Konjunkturgleichgewichtes ist. Zwar wird gelegentlich von einer Weltkonjunktur gesprochen, doch ist erkannt, daß ein Rückgang in einigen Ländern nicht notwendig einen allgemeinen Rückgang zur Folge hat, die Konjunktur kann mindestens in Industrieländern von äußeren Einflüssen abgeschirmt werden. Es gibt aber, wie wir gesehen haben, ein Strukturproblem der Weltwirtschaft in bezug auf den Grad der Produktivität bzw. des Lebensstandards in den verschiedenen Ländern, das wir als Problem der Produktivitätsstruktur bezeichnen können. Der Einwand, daß der Umfang der Produktion allein Sache des einzelnen Volkes sei, kann nicht voll aufrechterhalten werden, wie sich ebenfalls früher schon ergeben hat.

Wenn wir nun nachprüfen, welche weltwirtschaftlichen Organe etwa schon gebildet worden sind, so finden wir eine ganze Anzahl beratender Organe allgemeiner und spezieller Natur, welche die wirtschaftlichen und sozialen Verhältnisse in den Ländern der Erde studieren, Berichte veröffentlichen und Empfehlungen ausarbeiten. Dazu gehören im besonderen der Wirtschafts- und Sozialrat bei den Vereinten Nationen mit seinen vier Kommissionen für Europa, Asien, Lateinamerika und Afrika, die internationale Arbeitsorganisation, und die Ernährungs- und Landwirtschaftsorganisation. Unzweifelhaft können diese, wenn auch nur beratenden Organe wesentliches leisten. Uns interessieren aber ganz besonders diejenigen Organe, welche darüber hinaus selbst aktiv eingreifen können. Das sind die Internationale Bank für Wiederaufbau und Entwicklung (Weltbank), und die Internationale Finanzcorporation, und neuerdings die International Development Association, welche die Aufgabe haben, wirtschaftlich unterentwickelten Ländern verzinsliche Kredite zu gewähren, allerdings nur unter der Voraussetzung von Staatsgarantien. Sie unterscheiden sich in ihrer Wirkungsweise grundsätzlich nicht von privaten Finanzierungsinstituten, welche neuerdings in den Industrieländern entstehen und sich derselben Aufgabe zuwenden. Der Internationale Währungsfonds gewährt Überbrückungshilfe bei Zahlungsbilanzschwierigkeiten und berät bei eventuellen Währungsreformen oder einer notwendigen Änderung der Wechselkurse. Schließlich existiert als Organ das Allgemeine Abkommen über Zölle und Handel (GATT), in dem sich 37 Mitgliedsstaaten bemühen, die Zollschranken gegenseitig zu senken. Dieses Abkommen hat das Ziel, zweiseitige Begünstigungen zu beseitigen und so den internationalen Handel zu fördern, es findet aber die Grenze seiner

Wirksamkeit an dem unterschiedlichen Produktivitätsgrad der Länder einerseits und dem Unvermögen der Industrieländer andererseits, z. B. auf die Erzeugung von Agrarprodukten zu verzichten. Zollsenkungen werden daher vielfach durch Subventionen ihrer Wirkung beraubt.

Außer diesen multilateral wirkenden Organen gibt es aber auch einzelne Organe in den Industrieländern, welche ebenfalls das Ziel und die Wirkung haben, die Wirtschaft anderer Länder zu fördern, wenn auch dabei die Förderung der eigenen Wirtschaft gleichzeitig beabsichtigt ist. Solche staatlichen Organe gewähren Staatsbürgschaften für Lieferungen von Privatfirmen. Meist handelt es sich dabei um maschinelle Anlagen oder ganze Produktionsstätten, für welche Zahlungsziele von mehreren Jahren vereinbart worden sind. Weitere Organe für die Entwicklungshilfe sind z. B. die im Zuge der Vereinigungsbestrebungen der europäischen Ländern geschaffene europäische Investitionsbank und der Übersee-Entwicklungsfonds. In diesen vielfältig sich bildenden Organen finden wir unschwer als ideelle Grundlage die liberalistisch-juristische Weltanschauung, welche nicht die Weltwirtschaft als einheitlichen Organismus sieht, sondern nur einzelne Volkswirtschaften, die sich zusammenfinden, um sich möglichst gleiche Bedingungen beim internationalen Handel einzuräumen zu gegenseitigem Vorteil (mutual advantage) der Großen und der Kleinen. Und die viel zitierte Entwicklungshilfe scheint ein normales, wenn auch etwas riskantes Geschäft zu sein, das die beteiligten Industrieländer wenig belastet. Gegenwärtige Kritiken richten sich einerseits gegen die Existenzberechtigung der internationalen Organe und andererseits gegen deren Zersplitterung und mangelnde Koordination. Es gibt aber nicht viel zu koordinieren, weil es wenig gemeinsame Aufgaben gibt (mit Ausnahme der nicht völlig zu lösenden Aufgabe echter gemeinsamer Zollsenkungen).

Eine gewaltige Aufgabe, welche die Assoziation der Weltwirtschaft schnell mit Leben erfüllen würde, ist dann gegeben, wenn die Weltwirtschaft nicht nur abstrakt und deklamatorisch als eine zusammenhängende Einheit, als Organismus begriffen wird, sondern real. Dann aber stellt sich sofort heraus, daß dieser Organismus therapeutisch behandelt werden muß, denn er ist mit seinen aufgedunsenen und verkümmerten Gliedern krank, so krank, daß er fortwährend das politische Leben beeinträchtigt. Die Aufgabe ist die raschmöglichste Heilung der verzerrten Struktur des Lebensstandards bzw. der Produktivität in der Weltwirtschaft. Wenn diese konkrete Aufgabe zum ideellen Zentralorgan der Assoziation der Weltwirtschaft erhoben wird, werden ihre Organe erst richtig funktionsfähig und können zu Quellen des Vertrauens, des Verständnisses und der Initiative zwischen den Völkern werden. Diese Kräfte fehlen in den internationalen Beziehungen zwar nicht völlig, aber ihre Entfaltung ist bisher viel zu gering im Verhältnis zu der allgemeinen Wirtschaftsentwicklung.

Zusammenfassung

Die Beziehungen zwischen Mensch und Mensch sind am leichtesten überschaubar und am befriedigendsten gelöst im einfachen Kaufvertrag. Arbeiten viele Menschen an einem Ganzen (Betrieb), so liegt über dem zweiseitigen Vertrag die Organisation als die Regelung der vielen einander überschneidenden Beziehungen. Organisation ist daher ein ideelles Gebilde von einheitlicher Ganzheit, aus dem sich die Tätigkeit der einzelnen Organe (untergeordnete Ganzheiten) und Glieder ergibt. Unterschiede in der Organisationsform bestehen in dem Grad des Bewußtseins, welches die Organe und Glieder für dieses ideelle Gebilde haben. In der Betriebswirtschaft kann deutlich die Entwicklung der Organisationsform von der autoritativen über die koordinative zur assoziativen beobachtet werden.

Für die Volks- und Weltwirtschaft ist das Problem der Organisation noch nicht befriedigend gelöst. Zwar existieren die Organe, aber die Verbindungen zwischen ihnen fehlen, oder sind getrübt durch falsche Vorstellungen oder dogmatische Parteimeinungen über den volks- oder weltwirtschaftlichen Prozeß. Um zu einer befriedigenden Funktion zu kommen, gibt es zwei Möglichkeiten: Entweder eine Zentralgewalt mit Machtbefugnis wird über die Volkswirtschaft bzw. Weltwirtschaft eingesetzt, der die vorhandenen Organe untergeordnet werden, oder aber die Organe schließen sich in Assoziationen zusammen. Das letztere ist deshalb möglich, weil für die Volks- bzw. Weltwirtschaft — im Gegensatz zur Betriebswirtschaft — nicht ständig neue Zielsetzungen benötigt werden, sondern grundsätzliche Ziele gesetzt werden können, die so lebendig sind, daß sie die ideell-geistigen Zentral- bzw. Führungsorgane sein können. Auf dieser Basis sollte eine reibungslose Entwicklung der Volks- bzw. Weltwirtschaft möglich sein, so daß aus diesen assoziativen Verträgen allseitiges Vertrauen entstehen könnte.

Die zentralgelenkten Volkswirtschaften dagegen haben persönliche Zentralorgane, sie sind längst durchorganisiert, aber auf autoritärer Basis. Darin können die Kräfte der Initiative, der Einigkeit und des Vertrauens weniger gut gedeihen, weil es wenig Selbständigkeit gibt. Um dem wachsenden Bewußtseinsgrad der Menschen gerecht zu werden, liegt hier dieselbe Aufgabe vor wie bei großen Unternehmen — die Macht zu delegieren.

Es hat sich erwiesen, daß dem Vertrag im einfachen Tausch, die Organisation in der Wirtschaft entspricht, und daß ihr tatsächlich die Kräfte maßgeblich zugrunde liegen, die durch die Theorie ermittelt worden sind.

Dritter Teil

Die Vollendung der Theorie

Die Prüfung der Theorie an der Praxis führte in Betriebs-, Volks- und Weltwirtschaft an diejenigen Brennpunkte des Geschehens, über deren Deutung und Behandlung die Meinungen noch weit auseinandergehen. Nicht nur konnte die vorgelegte Theorie die Prozesse verständlich machen, sondern es ergaben sich aus ihr die Lösungsmöglichkeiten für auftretende Störungen. Dabei stellte sich heraus, daß die traditionellen Anschauungen der Wissenschaft, die immer noch großen Einfluß auf die Gestaltung der Wirtschaft in West und Ost haben, entscheidende Schwächen und Irrtümer aufweisen. Diese lassen sich sogar auf eine gemeinsame Wurzel zurückverfolgen: die Nichtbeachtung des geistig-seelischen, also des eigentlich menschlichen Elementes in der Wirtschaft.

Es ist jetzt möglich, die Theorie zu vervollständigen, welche zunächst nur in tastender Weise die Haupt-Prinzipien der Wirtschaft andeuten konnte.

Das zu erwartende komplexe Vertragsgefüge hat sich als die Urfunktion der Organisation erwiesen, worin Vertrauen, Einigkeit und Initiative eine entscheidende Rolle spielen und sogar die Grundlagen bilden für die genannten Formen der autoritativen, koordinativen und assoziativen Organisation. Die Kräfte, die diese bewirken können, sind: Treue, Verständnis und Mut zur Verantwortung.

Die zu erwartenden Strukturprozesse bezüglich der Verfügungsmacht über Güter haben sich in der Urfunktion des Leistungswettbewerbs manifestiert, die sowohl im Unternehmen, als auch in der Volks- und Weltwirtschaft wirksam ist und wirksam bleiben muß, um eine gesunde Gesamtfunktion zu gewährleisten. Die Kraft für die Realisierung ist die Beschränkung und die Selbstbeschränkung.

Die zu erwartenden Gleichgewichtsprozesse zwischen Gütern und Geld zeigten sich in der Weltwirtschaft in den Zahlungsbilanzen, in der Volkswirtschaft im Konjunkturgleichgewicht, und in der Betriebswirtschaft in den Unternehmensbilanzen. Die das Gleichgewicht herstellende Kraft ist der Ausgleich.

Es hat sich bewahrheitet, daß die genannten Prozesse vielfältigen Störungen ausgesetzt sind, und deshalb bewußter Steuerung bedürfen. Eine nicht zu übersehende Bestätigung der Theorie liegt in der Tatsache, daß Organisation, Leistungswettbewerb und Geld/Güter-Gleichgewicht als hauptsächlich wirkende Prozesse den drei so verschiedenen Bereichen der Betriebs-, Volks- und Weltwirtschaft gleicherweise zugrunde liegen. Das diesen Bereichen übergeordnete Wesen der Wirtschaft ist durch die allgemeine Theorie sichtbar geworden, die ideell konzipiert und an der Wirklichkeit gewonnen wurde. Was bisher in Betriebs- und Volkswirtschaft in Sonderforschungen über Konjunktur, Kreditwesen, Struktur, Organisation, in Soziologie, Psychologie, Rechtswissenschaften u. a. erarbeitet wurde, kann jetzt in seiner wahren Bedeutung für das Wirtschaftsganze erkannt werden. Dadurch wird die Verwechslung von Teilwahrheiten mit dem Ganzen vermieden, was in der Vergangenheit oft zu folgenschweren Irrtümern geführt hat.

Einige ganz wesentliche, bisher noch umstrittene Einsichten erhalten durch die Theorie ihre eigentliche Begründung, so z. B. die Unterscheidung zwischen Nachfrage- und Preis-Störungen, die Herstellung des Konjunkturgleichgewichts mittels einer Konjunktursteuerung, die Erhaltung des Leistungswettbewerbs durch Beschränkung marktbeherrschender Unternehmen und Kartelle, die Herstellung einer weltgerechten Produktivitätsstruktur durch entsprechende Entwicklungshilfen, die Bildung assoziativer Organisationen in Volks- und Weltwirtschaft, deren Zweck die Verwirklichung der genannten Ziele ist, ferner die dem Bewußtseinsgrad der Menschen angemessene Weiterentwicklung der Organisationsformen usw. An Hand der vorgelegten Theorie wird erst deutlich, was es heißt, ein einzelnes Gebiet innerhalb der Wirtschaft aus der Anschauung des Ganzen zu erklären, bzw. abzuleiten, sie ist deshalb allgemeine Theorie im vollen Sinne des Wortes.

Um Mißverständnisse von vornherein auszuschalten, sei der Hinweis wiederholt, daß die so eng mit der Wirtschaft verbundenen Bereiche der Arbeit, besonders auch der schöpferischen und unternehmerischen Arbeit, der Bedürfnisse, der Qualität der angebotenen Güter, der Vermögensanhäufung oder gar der Politik, des Rechtes usw., in diesem Rahmen nicht behandelt worden sind, weil sie nicht im Element der Wirtschaft wurzeln. Selbst das Wachstum, der Produktivitätsfortschritt hat seine eigentliche Ursache nicht in der Wirtschaft, sondern in der Arbeit der

Unternehmer und Erfinder. Das Wachstum wird nur gefördert oder gehemmt durch den Zustand der Wirtschaft.

Wer den Einwand erheben wollte, dies sei eine einseitige oder unzulässige „Definition“ der Wirtschaft, weil die anderen Gebiete nicht davon zu trennen seien, hat die Methodik scharfer Begriffsarbeit nicht verstanden. Diese anderen Gebiete stammen jeweils aus verschiedenen Bereichen menschlicher Tätigkeit und bedürfen einer ganz anderen, jeweils besonderen ausführlichen Ableitung aus dem ihnen zugrunde liegenden Urbild.

So können z. B. die Bedürfnisse, die der Mensch hat, neu entwickelt, oder überwindet, nur aus der weitestreichenden Erkenntnis des Menschen als sich entwickelndes Natur-, Seelen- und Geisteswesen verstanden werden. Dem Genußwert der Güter werden andere Beurteilungsmaßstäbe gegenübertreten. — Wer die Arbeit und die durch sie hergestellten Güter, schließlich auch den Produktivitätsfortschritt verstehen will, müßte zu fassen versuchen, auf welche Weise dadurch die soziale Umwelt, der eigene Organismus und der große Naturorganismus gefördert oder geschädigt werden. Der Gesichtspunkt des zu erzielenden Einkommens wird dann nicht mehr die beherrschende Stellung einnehmen, der entscheidende Faktor wird vielmehr die Verantwortung gegenüber der Umwelt sein. — Die über ein vernünftiges Maß hinausgehende Anhäufung privater, flüssiger Vermögen kann wiederum nur aus bestimmten Seeleneigenschaften des Menschen abgeleitet werden, es ist eigentlich ein Bedürfnis. Es ist kein Prinzip, das sich aus der Wirtschaft erklären ließe. Auch die Spekulation ist kein wirtschaftliches Prinzip, sondern ein Bedürfnis. Spekulative Naturen betätigen sich auf allen Lebensgebieten, die man sich denken kann. Und die große Mehrzahl der Unternehmer lehnt jede Spekulation ab. — Das Recht und die Gesetzgebung, eigentlich auch die Politik haben wesentlich mit der Erhaltung bzw. dem Schutz der Menschenwürde zu tun.

Aus diesen grundsätzlichen Erwägungen wird deutlich, daß in alles Wirtschaften starke Impulse aus anderen Bereichen hineinwirken, zu deren Erkenntnis die Menschheit aufgerufen ist. Es geht aber gleichfalls daraus hervor, daß es sich tatsächlich um verschiedene Bereiche handelt, die für das Erkennen keinesfalls aus einer einzigen, sondern aus verschiedenen Ideen abzuleiten sind. Das Wesen der Arbeit kann offensichtlich aus der Idee des Tausches nicht begriffen werden. Ebenso ist der Versuch, das Wesen der Wirtschaft aus der Arbeit abzuleiten, als gescheitert zu betrachten. Wer aber alle die gekennzeichneten Tätigkeiten des Menschen unter der Bezeichnung „Wirtschaft“ verstehen will, der wählt einen Sammelbegriff, welcher keinen in sich zusammenhängenden Begriffsorganismus darstellt, und der deshalb keine in sich geschlossene Erkenntnis zuläßt. Die Idee der äußeren Lebenserhaltung wäre eine solche, die ungefähr die erstgenannten Begriffe als höhere Einheit umfaßt, nicht aber umfaßt sie den Begriff des Tausches mit Notwendigkeit. Dieser umfaßt wiederum nicht die Idee der äußeren Lebenserhaltung.

Um zu gesicherten Erkenntnissen zu gelangen, ist gerade in den Sozialwissenschaften sauberste Begriffsarbeit, schärfste begriffliche Abgrenzung unerläßlich. Jede Vermischung mit Begriffen, die aus anderen Ideen stammen, führt unweigerlich in den Irrtum. Weil dies in den Sozialwissenschaften weitgehend der Fall ist, ist ihr Status als Wissenschaft umstritten, sie gelten vielfach nur als „Sammlung von Lehrmeinungen“.

Die Methodik der exakten ideellen Erkenntnis ohne Voraussetzungen ist erstmals durch Rudolf Steiner dargestellt worden in „Grundlinien einer Erkenntnistheorie der Goetheschen Weltanschauung“, „Wahrheit und Wissenschaft“ und „Philosophie der Freiheit“.

Bezüglich der entwickelten Theorie von der Wirtschaft darf daran erinnert werden, daß sie nicht aus „à-priori-Sätzen“ abgeleitet worden, sondern ausschließlich aus folgenden Postulaten hervorgegangen ist:

Dem Vorhandensein der Natur, der Menschen und ihrer Bedürfnisse,
Unterschiede in der Leistungsfähigkeit und Leistungswilligkeit der Menschen,
Unvollkommenheit der geistig-seelischen (moralischen) Menschennatur,
Fähigkeit des Menschen zu geistig-seelischer Wandlung, Entwicklung.
Aus der Gegenüberstellung von Natur, Mensch und Bedürfnissen ergaben sich: Arbeit, Güter, Wert der Güter, Verbrauch.

All diese Vorgänge sind auch ohne Wirtschaft möglich. Indem etwas ganz Neues auftritt: — der Gütertausch — spricht man erst von Wirtschaft. Dieses neue Prinzip, das Tauschen, wurde deshalb als Urbild der Wirtschaft erkannt und einer exakten ideellen Erkenntnis unterzogen, woraus sich dann die Urfunktionen der Wirtschaft ergaben.

Die hier vorliegende Theorie werden manche Kritiker als zu „romantisch“ ablehnen, weil sie die vollkommene Funktion der Wirtschaft erst dann verwirklicht sieht, wenn das übermäßige Machtstreben von Menschen freiwillig überwunden wird, das doch als „gegeben“ anzusehen und nur durch Zwangsmaßnahmen einschränkbar sei. Diesem aus statischem Denken stammende Einwand liegt die vorgefaßte Meinung zugrunde, daß Einzelunternehmer, volkswirtschaftliche und weltwirtschaftliche Gruppen trotz besserer Einsicht kein Opfer bringen werden, zugunsten einer bestmöglichen Gesamtfunktion der Wirtschaft. Andere Kritiker werden in der Theorie eine unzulässige Vermengung von ökonomischen mit juristischen und politischen Vorstellungen sehen. Darauf wäre zu erwidern, daß die funktionale Betrachtungsweise der Wirtschaft deren funktionale Probleme zu behandeln hat, auch wenn diese in juristischer oder politischer Form auftreten. Oft ließe sich auch eine andere Form denken, z. B. der freien Vereinbarung, der Selbstverwaltung usw. Immer ist die *Funktion* der Wirtschaft das Wesentliche, nicht die künstlich auseinandergetrennten Betrachtungsweisen der voneinander isolierten Fachrichtungen.

Andere Kritiker werden die Theorie als unwissenschaftlich ablehnen, weil sie quantitativ faßbare Vorgänge vermengt mit menschlichen Eigenschaften, die im subjektiven wurzeln. Dieser Einwand ist ein aus der Mechanik stammendes Vorurteil, das der ganzen traditionellen Wissenschaft jahrhundertelang eine falsche Richtung gegeben hat, denn die wirtschaftliche Wirklichkeit ist nicht nur von mechanischen Kräften bestimmt, sondern weitgehend von geistig-seelischen. Wer diese Kräfte als unreal bezeichnet, sie jedenfalls der Erkenntnis oder der Berücksichtigung nicht für wert hält, der verschließt die Augen vor der Wirklichkeit und findet keinen Weg zu ihrem Verständnis, wie die großen Krisen erwiesen haben. Erst die bahnbrechenden Leistungen der empirischen makro-ökonomischen Forschung im konjunkturellen Bereich und die Korrektur der klassischen Theorie durch J M. Keynes haben die Starrheit der mechanischen Vorstellungen ein wenig gelöst. Wer die Wahrheit über einen Gegenstand erforschen will — und das ist das eigentlichste Anliegen der Wissenschaft — der muß der Wahrheit ins Auge schauen können, auch wenn sie geistig-seelischer Natur ist und darf solche Tatbestände nicht methodisch ausschließen. Das bedeutet, daß nicht nur die Ursachen und Antriebe des gesunden Wirtschaftsprozesses und seine Störungen zu erforschen sind, sondern vor allem auch diejenigen Aufgaben, welche Störungen zu kompensieren und die gesunde Funktion aufrechtzuerhalten vermögen. Die Methode einer mechanischen Erklärung des Wirtschaftsverlaufs ist schon im Ansatz unzureichend und kann deshalb den Anforderungen echter Wissenschaft nach Wahrheitserkenntnis nicht genügen.

Für die Verifizierung der Theorie war es notwendig, die einzelnen Funktionen in der Praxis getrennt zu betrachten. Für eine lebensvolle Übersicht über die praktische Wirtschaft ist eine Zusammenschau der funktionsnotwendigen Aufgaben der Welt-, Volks- und Betriebswirtschaft erforderlich.

Vierter Teil

Die Zusammenschau der wirtschaftlichen Aufgaben der Gegenwart

Auf Grund der bisherigen Ergebnisse kann mit voller Sicherheit die Gestaltung der Wirtschaft auf allen Ebenen angepackt werden. Es ist kein Zweifel möglich an der Richtigkeit der Urfunktionen, wenn diese in der Weltwirtschaft zu einer gesunden Produktivitätsstruktur führen, in den Volkswirtschaften zu gesundem Leistungswettbewerb bei stabilem Preisniveau, Vollbeschäftigung und stetigem Wachstum, und in der Einzelwirtschaft zu einer Stärkung der Selbständigkeit, und ganz allgemein zu einer Entfaltung der Initiative, der Einigkeit und des Vertrauens.

Mögen die Kritiker das utopisch finden und auf die Unvollkommenheit der Menschennatur hinweisen, so muß solchem Einwand entgegnet werden, daß die Wirtschaftsteilnehmer bisher durch die Lehren des extremen Liberalismus und Sozialismus, die heute noch stark nachwirken, zu falschen Vorstellungen und falschem Verhalten gebracht worden sind. So z. B. durch die Meinung des Liberalismus, daß die Ordnung „sich von selbst" herstelle und die Meinung des Sozialismus, daß Ordnung nur durch Zentralverwaltung der Wirtschaft unter Beseitigung der Freiheit möglich sei. Die oft behauptete unvereinbare Gegensätzlichkeit von Freiheit und Ordnung ist aber dann aufgehoben, wenn Vertragspartner in Erkenntnis der Zusammenhänge die notwendigen Ordnungsmaßnehmen gemeinsam selbst beschließen. *Frei ist „der aus Erkenntnis Handelnde"*[6].

Um zu dieser Haltung zu kommen, ist auch die Überwindung jener verbreiteten juristischen Welt- und Lebensanschauung erforderlich, welche in der „Freiheit der Persönlichkeit" ebenso der juristischen Personen und Staaten (Souveränität) das oberste Weltprinzip sieht. Diese Freiheit ist genau besehen: Unabhängigkeit, das Recht zu selbständigem Handeln, gibt aber keinerlei Auskunft darüber, wie sich eine natürliche oder juristische Person innerhalb einer Gemeinschaft vernunftmäßig ver-

[6] Rudolf *Steiner:* Philosophie der Freiheit.

hält. Erst das Verständnis der guten oder schlechten Funktion einer Gemeinschaft gibt dem einzelnen Aufschluß über die Aufgabe, die er für diese Gemeinschaft zu leisten hat. So groß und bewunderungswürdig jenes Prinzip der Freiheit, des selbständigen Handelns ist, ebenso wichtig ist das Erkennen der Funktionen einer Gemeinschaft, weil dieses erst jene Freiheit erfüllt, ihr den rechten Sinn und Inhalt geben kann. Deshalb ist es dringend erforderlich, die Erkenntnis der Wirtschaftsfunktionen vorwärts zu treiben, dann ist am ehesten zu erwarten, daß die Wirtschaftsteilnehmer und ihre volks- und weltwirtschaftlichen Organe das Richtige tun.

Die Weltwirtschaft

Sie ist deshalb ein krankes Gebilde, weil sie allzu lange sich selbst überlassen blieb, und nur juristisch, statt funktional betrachtet wurde. Wie alles Menschenwerk, bedarf auch die Weltwirtschaft bewußter Organisation, damit sie als Ganzes gesund werden kann (eine Binsenweisheit für jede Einzelwirtschaft). Nun ist das Wesentliche einer Organisation nicht die Bildung von Ämtern, sondern das Finden und Formulieren der umfassenden, der leitenden Idee, der Aufgabe, die das betreffende Gebilde im Grunde selbst fordert. Die zentrale Aufgabe wird dann gegliedert und dafür erst die entsprechenden Organe aufgebaut. Für die Weltwirtschaft mit ihren ungeheuerlichen Unterschieden in der Lebenshaltung der Völker genügen Abkommen mit gegenseitigen Begünstigungen nicht mehr, die umfassende Aufgabe ist vielmehr: „die Schaffung einer gesunden Produktivitätsstruktur". Damit ist nicht nur die Richtung der zu treffenden Maßnahmen bestimmt (wie bei der Entwicklungshilfe), sondern auch ihre ungefähre Größenordnung. Wohl verpflichten sich dadurch die wirtschaftlich weit entwickelten Volkswirtschaften, den Zurückgebliebenen in größerem Maße als bisher zu einer produktiveren Wirtschaft zu verhelfen — aber ist das nicht das Gebot der Stunde? Es ist zweifellos eine Aufgabe, die niemals fertig gelöst sein wird, sondern der dauernden Bearbeitung bedarf. Wenn aber die Völker, oder die aus den einzelnen Volkswirtschaften gebildeten Assoziation der Weltwirtschaft sich darauf einigen, diese Aufgabe zur zentralen Leitidee ihrer Organisation zu erheben, so ist das ein Weg nach vorwärts. Davon ausgehend können die einzelnen konkreten Aufgaben gesucht und bestimmt werden.

Vielleicht könnte die neuerlich gegründete Organisation für wirtschaftliche Zusammenarbeit und Entwicklung, OECD, die zunächst die vielfältig zerstreuten Initiativen auf dem Felde der Entwicklungshilfe koordinieren soll, schließlich die Assoziation der Weltwirtschaft zustande bringen. Es wird ihr aber nur dann gelingen, wenn sie die internationalen Ämter und Institutionen aus ihrer Isolation erlösen kann und zusammen mit allen volkswirtschaftlichen Gruppen, bis herab zu kleinen, regionalen Kreisen ein großes lebendiges Ganzes zu bilden vermag, einen wahrhaften Organismus freiwilliger Zusammenarbeit, der von der Peripherie zum Zentrum und vom Zentrum zur Peripherie in detaillierten Informationen und vielfältigen Initiativen in lebendigem Austausch steht. So könnte die Entwicklungshilfe in einen echten, leistungsfähigen internationalen Finanzausgleich von ungefähr 20—30 Mrd. Dollars jährlich verwandelt werden, der den Ausgleich der Zahlungsbilanzen in sich enthält. Das System der Mindestpreise und der langfristigen Abnahme- und Lieferverträge für Massenrohstoffe könnte noch mehr als bisher das System der Weltmarktpreise ersetzen. Und das allgemeine Abkommen über Zölle und Handel könnte sich statt am „mutual interest", ebenfalls an den Notwendigkeiten für die wirtschaftlich schwächsten Länder orientieren, desgleichen für die Erhaltung des Leistungswettbewerbs unter Verhinderung der Marktbeherrschung durch einzelne Unternehmen. Das ist letztlich das wirklich „gemeinsame Interesse" aller Mitglieder der Weltwirtschaft.

Das bisher immer noch dominierende Leitbild des „Kampfes der Egoismen um den größtmöglichen Nutzen" muß endgültig abgesetzt werden, weil es die schwelenden Probleme nicht zu lösen vermag. Dagegen wäre dies möglich durch das Leitbild der Schaffung einer gesunden Produktivitätsstruktur, wenn es so lebendig gemacht wird, daß eine allgemeine Zusammenarbeit mit dieser Zielsetzung beginnt. Daß dazu besonders auch die Ausbildung von Unternehmernachwuchs und der Aufbau von Lizenzproduktionen intensiviert und breiter organisiert werden muß, ist selbstverständlich. Für manche dieser wichtigsten Aufgaben, die hier nur andeutungsweise wiederholt sind, fehlen noch die Organe zu ihrer Bearbeitung. Es würde aber nicht genügen, sie nur auf weltwirtschaftlicher Ebene zu schaffen oder vorhandene Organe umzugestalten, sondern diese müßten auch auf volkswirtschaftlicher Ebene mit weiterer regionaler Untergliederung entstehen, um eine breite Basis zu haben und allgemeines Interesse und freiwillige Mitarbeit zu erwecken, nicht nur im materiellen, sondern besonders auch im ideellen Sinne. Ein solcher großer, weltumspannender, Vertrauen schaffender Organismus würde erst die Bezeichnung einer „Assoziation der Weltwirtschaft" verdienen.

Der heutige Zustand der Weltwirtschaft erfordert dringend diesen weltwirtschaftlichen Ausgleich. Zwei Wege führen dahin, der Ausgleich in Freiheit oder der Ausgleich durch Zwang. Nicht von den Umständen, sondern von persönlichen Entscheidungen der Menschen hängt es ab, welcher Weg schließlich beschritten wird. Die Assoziation der Weltwirtschaft wird, wie bisher, gebildet sein aus Vertretern der einzelnen Volkswirtschaften. Von wem erhalten diese ihre Instruktionen? Wie sieht die Organisation der einzelnen Volkswirtschaft aus und welches sind ihre Aufgaben?

Die Volkswirtschaft

Sie fordert eindringlich die Erfüllung zweier Aufgaben, die Erhaltung des Konjunkturgleichgewichts und des Leistungswettbewerbs. Hinzu kommt als dritte Aufgabe, die sich nicht aus der Betrachtung der Volkswirtschaft ergibt, der Beitrag für eine gesunde Produktivitätsstruktur der Weltwirtschaft. Diese Aufgaben haben ebenfalls dynamischen Charakter und sind in ihrer Formulierung und in ihrem ideell-faktischen Gehalt so konkret, daß sie die Leitideen und der Organisationskern für jede Volkswirtschaft sein können, ausgenommen der zentralgeleiteten Wirtschaft, in welcher die gesamte Verfügungsmacht in einer personellen Spitze konzentriert ist, und die eigentlich ein einziges, riesiges Monopolunternehmen darstellt und hauptsächlich die Problematik der Einzelwirtschaft in potenziertem Maße zu lösen hat. Die marktwirtschaftlichen Volkswirtschaften, in denen die Verfügungsmacht zwischen den verschiedenen Wirtschaftsteilnehmern aufgeteilt ist, haben echte volkswirtschaftliche Aufgaben zu lösen, welche aber gemeinschaftlich lösbar sind.

Verfolgt man die Verlautbarungen der entscheidenden volkswirtschaftlichen Organe, der Unternehmerverbände, der Gewerkschaften, der Bundesbank, der Finanzministerien und Wirtschaftsministerien, des Wirtschafts- und Finanzausschusses des Bundestags, so findet man eigentlich keine Stimmen, die andersartige Auffassungen vertreten, wenn auch in Einzelheiten die Wege zu ihrer Lösung differieren mögen. Wenn dem so ist, so ist eine Einigung über diese Hauptaufgaben und eine engere Zusammenarbeit der großen volkswirtschaftlichen Gruppen naheliegend. Eine Assoziation der Volkswirtschaft, bestehend aus den entscheidenden Gruppen der Wirtschaft, könnte wahrscheinlich mit großem Gewinn für alle Beteiligten und darüber hinaus für alle am Wirtschaftsgeschehen Interessierten z. B. die jeweilige konjunkturelle Situation und die anzuwendenden Maßnahmen diskutieren und Empfehlungen oder Entschließungen fassen. Dazu gehören natürlich u. a. die Feststellung der jeweilig angemessenen Erhöhung des volkswirtschaftlichen Lohngefüges, die konjunkturgerechte Steuererhebung, Zahlungsbilanz- und Währungsfragen u. dgl. Alle Gesichtspunkte der jeweiligen Situation würden dadurch zur Aussprache gelangen, und wie die Erfahrung in anderen Gremien lehrt, läßt sich in konkret vorliegenden sachlichen Problemen leichter eine Übereinstimmung erzielen, als in ideologischen Hypothesen. Freilich müßten die volkswirtschaftlichen Organe weitestgehend von politischen Einflüssen, z. B. Wahltaktik, freigehalten und ganz auf die genannten Hauptaufgaben verpflichtet werden. Auch darf nicht übersehen werden, daß die große Zahl der Wirtschaftsteilnehmer von ihren gewählten Organen natürlicherweise einseitig orientiert werden. Erst die Veröffentlichung aller Argumente in Rede und Gegenrede vermag zu einem objektiven Verständnis und zur Urteilsfähigkeit auch des einzelnen Wirtschaftsteilnehmers beizutragen. (Ein glänzendes Vorbild für diese Art der Unterrichtung sind die als Beihefte der Zeitschrift „Konjunkturpolitik" erscheinenden Berichte über die Versammlungen und Diskussionen der Arbeitsgemeinschaft deutscher wirtschaftswissenschaftlicher Forschungsinstitute e. V.). Damit diese Konjunktur-Assoziation in die Breite wirken kann, wäre es sehr zweckmäßig, regionale Untergliederungen zu schaffen, in denen aktuelle Probleme ebenfalls diskutiert werden.

Als zweite volkswirtschaftliche Hauptaufgabe hat sich die Erhaltung oder Verwirklichung des Leistungswettbewerbs herausgestellt, weil dieser die Qualitätsentwicklung und die preissenkende Rationalisierung fördert, die Fähigsten an die Leitung der Unternehmen bringt, dem Käufer freie Auswahl und damit die Bestimmung über die Produktion sichert und dem Arbeiter die freie Wahl des Arbeitsplatzes ermöglicht und ihm so den Rang eines selbständigen, unabhängigen Vertragspartners verleiht.

Diese Aufgabe erfordert die verfassungsrechtliche Überordnung des Leistungswettbewerbs über das Eigentum, d. h. die Konkretisierung seiner Verpflichtung gegenüber der Allgemeinheit. Dann ist es möglich, nicht nur Kartellen, sondern auch marktbeherrschenden Unternehmen Einhalt zu gebieten, wie es auch das glänzende Bonmot von Professor Machlup (Aussprache 7/60) aussagt: „die Freiheit der Wirtschaft zur Beschränkung der wirtschaftlichen Freiheit zu beschränken."

Wenngleich es wohl zweckmäßig sein dürfte, ein Wettbewerbsamt (statt Kartellamt) mit der Abwehr aller Versuche der Marktbeherrschung zu beauftragen, so darf es diesem jedoch keinesfalls zukommen, allein darüber zu befinden, ab welchem Marktanteil in einem Wirtschaftszweig der Tatbestand der Marktbeherrschung gegeben sein soll.

Die Erörterung der Mittel, welche geeignet sind, den Leistungswettbewerb zu erhalten, hatte gezeigt, daß dabei den Finanzausschüssen der Parlamente und den Finanzministerien in der Gestaltung der Steuersätze ein großes Gewicht zukommt. Aber auch die Unternehmer und ihre Verbände haben in dieser Hinsicht eine große Aufgabe durch die Nachwuchs-Erziehung und Nachfolger-Bestimmung. In geringerem Maße die Banken durch die Kreditgewährung, das Wirtschaftsministerium durch Zoll- und Subventionspolitik.

Zweckmäßig wäre wohl die Bildung einer allgemeinen Wettbewerbs-Assoziation all dieser Organe mit der Leitidee: „Erhaltung des Leistungswettbewerbs", in welcher die Startgleichheit der Unternehmen, vor allem auch der Neugründungen hergestellt wird. Darüber hinaus sind aber für jeden Wirtschaftszweig Untergliederungen dieser Assoziation erforderlich, in denen die schon eingetretenen oder sich abzeichnenden Störungen des Leistungswettbewerbs behandelt werden, in denen also über die Fragen des höchstzulässigen Marktanteils und die Festsetzung einer gestaffelten Machtsteuer diskutiert und beschlossen wird. Wiederum wird die Veröffentlichung der Behandlung konkreter Probleme und Einzelfälle das Verständnis des Aufgabengebietes fördern.

Die dritte Aufgabe der Volkswirtschaft ist ihr Beitrag für eine gesunde Weltwirtschaft. Wie dieser Beitrag ungefähr beschaffen sein muß, hat die Betrachtung der Weltwirtschaft ergeben. Dabei werden für die einzelnen Volkswirtschaften ganz verschiedene Aufgaben im Vordergrund stehen. Während die Industrieländer Mittel und Wege finden müssen, um den Entwicklungsländern zu helfen, müssen diese die Voraussetzungen schaffen, um das wirtschaftliche Wachstum zu ermöglichen, damit die Hilfe wirksam werden kann. Die im Zwischenbereich liegenden Länder, welche sich schon im industriellen Aufschwung befinden, werden am ehesten aus eigener Kraft weiterkommen.

Wer ist es nun in der Volkswirtschaft, der über den weltwirtschaftlichen Beitrag entscheidet, der sich überhaupt mit der weltwirtschaftlichen Aufgabe beschäftigt? Es sind durchweg die Regierungen, die sich mit der Hilfe für Entwicklungsländer befassen und welche die einzelnen Volkswirtschaften in den internationalen Organisationen vertreten, so z. B. in der Bundesrepublik Deutschland der Wirtschaftsminister und im Falle des Währungsfonds der Zentralbankpräsident. Das Finanzministerium und das Außenministerium haben Abteilungen, Bundestag und Bundesrat Ausschüsse, welche sich über dieses Gebiet orientieren. Dagegen beschäftigen sich Unternehmerverbände und Gewerkschaften mit dem Problem der Entwicklungshilfe wenig. Trotzdem wäre es gut, wenn die zu bildende Assoziation der Volkswirtschaft alle diese Mitglieder umfassen würde, damit die bedeutenden Probleme eine ganz andere Verbreitung finden und das notwendige Gewicht erhalten. Die Regierung allein hat angesichts der Fülle der bei ihr sich türmenden Aufgaben kaum die Möglichkeit, mit der notwendigen Intensität hierüber Verständnis zu erwekken und insofern wird es ihr allein kaum gelingen, die erforderlichen finanziellen Beiträge vom Parlament bewilligt zu bekommen, ganz zu schweigen von einer Mitarbeit breiter Kreise. Die Aufgabe, den Entwicklungsländern in ihrem industriellen Aufbau zu helfen, kann sicherlich, wie schon beschrieben in der mannigfaltigsten Art angepackt werden, wenn erst einmal ein Organ auf assoziativer Basis geschaffen ist, das eine möglichst breite regionale Gliederung aufweist. Hier liegen Aufgaben, welche viele Menschen interessieren, ja vielleicht begeistern könnten, wenn sie konkret genug gestellt werden.

Eine Zusammenschau der Aufgaben und Organisation der Volkswirtschaft ergibt die Notwendigkeit dreier voneinander unabhängiger Assoziationen, die jeweils aus volkswirtschaftlichen Gruppen zusammengesetzt sind. Die Aufgaben dieser drei Assoziationen sind: die Erhaltung des Konjunkturgleichgewichts, die Erhaltung des Leistungswettbewerbs und die Leistung eines Beitrags für eine gesunde Weltwirtschaft. Die letztere Assoziation wäre gleichzeitig Mitglied der umfassenden Assoziation der Weltwirtschaft und würde mit dieser in engstem Kontakt stehen, um ihren Anteil der weltwirtschaftlichen Aufgabe richtig leisten zu können. Aber auch die anderen Assoziationen müßten über die Volkswirtschaft hinaus Kontakte aufnehmen, da im Zeichen des internationalen Geldverkehrs gleichgerichtete Konjunktursteuerung notwendig ist, und für manche Wirtschaftszweige die Erhaltung des Leistungswettbewerbs auf internationaler Ebene geregelt werden muß. In den drei Assoziationen würden jedenfalls alle volkswirtschaftlichen Gruppen in Gesprächen über sachliche Probleme zu Worte kommen, und infolge ihrer breiten Gliederung wäre ein rasch wachsendes Verständnis die Folge.

Bei einiger Phantasie erscheint eine solche Entwicklung durchaus realisierbar, nachdem überall Ansätze dazu zu sehen sind. Ist nicht die mehrfach gelungene Erhaltung des Konjunkturgleichgewichts bei Vollbeschäftigung bereits das Resultat eines richtigen Zusammenwirkens der volkswirtschaftlichen Gruppen, auch ohne ihre formelle Zusammenarbeit? Ideologische Thesen und Kämpfe beginnen der Orientierung an den Tatsachen zu weichen. Findet man nicht in allen Industrieländern den zunehmenden Widerstand gegen die wachsende Konzentration in Industrie und Handel? Wenn auch der entscheidende Schritt zur Beschränkung der Macht marktbeherrschender Unternehmen noch nicht gemacht wurde, ist er denn aufzuhalten? Und mit jedem Tag wächst das Bewußtsein von der unhaltbaren Produktivitätsstruktur der Weltwirtschaft schon auf Grund geschriebener und erzählter Reiseberichte aus gar nicht mehr so fernen Ländern. Die Entwicklungshilfe ist ja überall schon im Gang, nurmehr ihr Umfang und ihre Methode bedarf der Erweiterung.

Ja, die beschriebenen Aufgaben und sogar die assoziative Organisation der Weltwirtschaft und der Volkswirtschaften scheinen bei folgerichtiger Weiterentwicklung der Konzeption und der Vorstellungen einer modifizierten oder „sozialen Marktwirtschaft" sowie des modifizierten „Wohlfahrtsstaates" erreichbar. Man kann sehen, wo in der Zukunft der korrigierte Liberalismus und der korrigierte Sozialismus keine Gegensätze mehr sein werden.

Noch aber sind wir nicht hinabgestiegen bis zur kleinsten Wirtschaftseinheit — dem Unternehmen. Welches sind die Aufgaben dort, und wie wirken sich die volkswirtschaftlichen und weltwirtschaftlichen Aufgaben auf der Ebene des Unternehmens aus?

Die Einzelwirtschaft — das Unternehmen

Das Wesen des Unternehmens hat sich erwiesen als geistige Potenz, begründet in dem Vertrauen der Abnehmer, geschaffen und funktional erhalten durch die Fähigkeiten des Unternehmers und der von ihm gewählten Mitarbeiter. Seine Aufgaben sind: die Konzeption einer brauchbaren Güterproduktion bzw. Leistungsproduktion, deren finanziell verantwortlichen Aufbau und Erhaltung durch das Wagnis entsprechender Investitionen, und die stetige Bildung eines lebendigen Organismus von Mitarbeitern, sowie die rechtzeitige Heranziehung eines brauchbaren Nachfolgers. Er muß sich dem Votum der Verbraucher im Leistungswettbewerb und dem Votum der Arbeiter in der vollbeschäftigten Volkswirtschaft stellen. Hinzu kommt die Mitarbeit in den Unternehmer-Verbänden und den volkswirtschaftlichen und weltwirtschaftlichen Assoziationen, die eigentlich von jedem Unternehmer erwartet werden muß, so wie er selbst die aktive Mitarbeit seiner Angestellten und Arbeiter an den Zielen des Unternehmens erwartet. Richtet er sein Interesse nicht über den Bereich seines Unternehmens hinaus, so wird er leicht den volkswirtschaftlichen Notwendigkeiten zuwiderhandeln. Er wird z. B. versuchen, eine marktbeherrschende Position zu erlangen, oder er wird in der Lohn- und Preispolitik und in der Gewinnverwendung auf die konjunkturelle Situation keine Rücksicht nehmen oder er wird es versäumen, in intensiver Weise den Mut zur Verantwortung, das Verständnis und die Vertragstreue bei sich selbst und in allen organisatorischen Zusammenhängen bewußt zu stärken. Der Leiter eines größeren Unternehmens hat ferner Aufgaben weltwirtschaftlicher Art, indem er sich am industriellen Aufbau anderer Länder beteiligt, keinesfalls aber solchen Bestrebungen zuwider handelt.

Die Übersicht über die Aufgaben der Einzelwirtschaft zeigt vielleicht am deutlichsten die Konsequenzen, die zu ziehen sind, wenn die Reste der alten Anschauungen überwunden werden sollen. Nicht neue Rechtsverordnungen sind das Wesentliche, sondern eine neue Gesinnung, die neben ihrer Teilaufgabe auch das Ganze sieht und es mitverwirklicht, die die Tugend des Schenkens ausbildet und die Untugend des gleichgültigen Egoismus, oder gar des fordernden Egoismus überwindet.

Zusammenfassend ist zu sagen, daß die wirtschaftlichen Aufgaben der Gegenwart hauptsächlich damit zusammenhängen, daß möglichst viele Wirtschaftsteilnehmer über ihren Einzelstandpunkt und Gruppenstandpunkt hinaus die Ganzheit und die gesunde Funktion der Volkswirtschaft und der Weltwirtschaft und die daraus resultierenden zusätzlichen Aufgaben erkennen und anerkennen. Das bedeutet nicht die Beeinträchtigung der Verfügungsmacht über Güter (fälschlich Freiheit) des einzelnen, sondern die Anregung zu ihrer Erweiterung auf die Belange des Ganzen. Eine gesunde Weltwirtschaft und Volkswirtschaft entstehen eben nicht „von selbst“, sondern nur durch zielbewußtes Handeln. Die große Aufgabe der Gegenwart ist die Abkehr der verschiedenen Gruppen in Volks- und Weltwirtschaft von gegenseitiger Bekämpfung, und die Hinwendung zu einer freien Zusammenarbeit mit dem Ziele des Gesamtwohls, der bestmöglichen Gesamtfunktion der Volks- und Weltwirtschaft. Hier erst beginnt die wahre Freiheit — etwas zu tun, wozu man nicht gedrängt wird, sogar dafür Opfer zu bringen an Arbeit, Zeit und Geld.

Und hier liegt der gewaltige Unterschied zu dem System der zentralgeleiteten Wirtschaft, das — man täusche sich nicht — die Menschen auch mit Wirtschaftsgütern versorgen kann. Dort steht der Gedanke des Gesamtwohls sehr viel stärker im Mittelpunkt der Betrachtungen als in den marktwirtschaftlichen Ländern. Aber der einzelne, oder die einzelne Gruppe, haben keine Wahl, ob sie ihre Handlungen danach ausrichten wollen, sie werden dazu gewungen, sie können gar nicht anders handeln.

Die Teilnehmer der Marktwirtschaft aber können anders handeln, sie können im Verfolg ihres Eigeninteresses dem Gesamtwohl entgegenhandeln. Und sie haben in der Vergangenheit regen Gebrauch davon gemacht, davon zeugen die großen Krisen, die heftigen Kämpfe, die ungesunde Struktur der Weltwirtschaft. Allerdings muß hinzugefügt werden, unter dem Einfluß von auf die Gegenwart nicht mehr zutreffenden Theorien und in Unkenntnis der Zusammenhänge und Größenordnung der wirkenden Kräfte in Volks- und Weltwirtschaft. Wenn auch neuerdings die Kenntnisse und Einsichten wachsen, liegt nicht dennoch der Gedanke nahe, daß die zentralgeleitete Wirtschaft selbst bei niedrigem Lebensstandard das bessere System ist, weil es alle Diskussionen, Kämpfe und Krisen in der Wirtschaft erfolgreich verhindert? Müßte nicht eine zentralgeleitete Weltwirtschaft die Lösung aller Probleme bringen? Ohne Zweifel hat dieser Gedanke für Politiker, Wissenschaftler, Gewerkschaften, ja sogar Unternehmensleiter etwas Faszinierendes. Ist nicht die Beherrschung der Märkte für viele ein Ideal? Und wenn dadurch Menschen beherrscht werden, gereicht es nicht für alle zum besten, wenn Sicherheit und klare Ordnung ohne Meinungsverschiedenheit hergestellt sind? Ein entschiedenes Nein ertönt überall dort, wo für die Freiheit, die Unabhängigkeit gekämpft wurde und noch gekämpft wird. Die Menschen wollen nicht einem Rädchen gleich eingespannt sein in ein noch so gut funktionierendes Versorgungssystem, sondern sie wollen lernen, selbst zu handeln, selbst die Gestaltung ihres Lebens in die Hand zu nehmen — gleich dem Sohn, der das schützende Elternhaus verläßt.

Der Grund dafür liegt in der fortschreitenden Bewußtseinsentwicklung der Menschheit, auf die Rudolf Steiner eingehend aufmerksam gemacht hat. Die für das selbständige Handeln notwendigen Kräfte und die freiwillige Rücksicht auf die Gemeinschaft können sich nur dort entfalten, wo dieser Selbständigkeit Raum gewährt wird.

Die Unabhängigkeit des Handelns gehört heute — auch auf wirtschaftlichem Gebiet — zu der Würde des Menschen. Es wird in unserem Zeitalter der Begriffsverwirrungen nur nicht deutlich genug erkannt, daß diese Unabhängigkeit etwas anderes ist als Freiheit. Unabhängigkeit ist „tun können was man will“, hierbei kann sich der Egoismus voll ausleben und muß jede menschliche Gemeinschaft empfindlich stören. Freiheit aber, das viel mißbrauchte Wort, die weithin unverstandene Tugend, besteht darin, aus eigener Erkenntnis dasjenige zu tun, was die Gemeinschaft fördert, bzw. eine harmonische Eingliederung ermöglicht. Damit sich die Freiheit entfalten kann, muß daher die Erkenntnis der objektiven Zusammenhänge gewonnen und verbreitet werden, damit das Verständnis dafür wächst. Daraus und aus der Anerkennung ihrer Verantwortung für das Gesamtwohl kann die Initiative der Mächtigen in Einzelwirtschaft, Volkswirtschaft und Weltwirtschaft erwachsen, sich selbst zu beschränken und ihre Kraft einzusetzen, um die Störungen, Schäden und Wunden an Körper und Funktion der Wirtschaft auszugleichen.

Eine solche Entwicklung, die wahre Verwirklichung der Freiheit, würde ungemessene Kräfte des Vertrauens und der Treue, der Einigkeit und Initiative erzeugen, die weit hinausgehen über alles, was aus der bestgemeinten Massenführung entstehen kann. Aus freiem Willen geübte Treue zur eingegangenen Verpflichtung, auch unter persönlichem Verzicht, gehört trotz Irrtümern einer höheren Stufe der Menschheitsentwicklung an, als der beste Gehorsam, es ist die eine große und schwere Aufgabe der Gegenwart, gerade auch im Bereich der Wirtschaft. Dieses Ziel ist für West und Ost letztlich dasselbe, mögen die jetzigen Standpunkte und daher auch die Wege, noch so verschieden sein.

Auch die Zusammenschau der wirtschaftlichen Aufgaben der Gegenwart erweist aufs neue die zentrale zukunftsweisende Bedeutung und Tragfähigkeit des dem echten Tausch zugrunde liegenden, das Geschehen der gesamten Wirtschaft durchdringenden Ideenorganismus.

Soll die hier skizzierte Form der Wirtschaft einen besonderen Namen erhalten — sie weist auf allen Stufen als hervorragendes Merkmal das assoziative Prinzip auf, die auf Ausgleich beruhende Zusammenarbeit in Freiheit — so erscheint sie am klarsten gekennzeichnet als:

„Assoziative Wirtschaft."

Die freiwillige Einigung widerstrebender Kräfte in der Begründung der skizzierten Assoziationen ist der erste Schritt auf dem sicherlich mühevollen Weg für eine zukünftige Zusammenarbeit in Einigkeit und Freiheit. Denn um dieses Ziel zu erreichen, müssen die Menschen sich in ihrer innersten Natur wandeln. Sie müssen den Egoismus überwinden.

Eine solche Wirtschaft der Zukunft wird sich von der heutigen wesentlich unterscheiden. Darin würde kein Streit um Preise und Löhne entbrennen, das Konjunkturgleichgewicht wäre leicht herzustellen, Arbeitslosigkeit wäre undenkbar, Machtstreben und Vernichtungskonkurrenz würde es nicht geben und die menschlichen Zusammenhänge in den Unternehmen wären infolge der freiwilligen initiativen Mitarbeit aller Beteiligten die denkbar besten. Die Bereitschaft zu helfen, wo es notwendig ist, würde zu einer allgemeinen großen Kraft werden. Wer das als

Utopie ansieht, der unterschätzt die positiven Kräfte des Menschen, die infolge der Kampftheorie des Liberalismus und der Befehlstheorie des Sozialismus brachgelegt sind und nicht entwickelt werden.

Die wirkliche Wirtschaftsentwicklung der letzten Jahrzehnte bis in die Gegenwart, die bisher noch ohne geschlossene Theorie ist, verläuft zwischen den Extremen des Liberalismus und Sozialismus in einer Richtung der Anerkennung des Gleichgewichtsprinzips beim Tausch von seiten aller Wirtschaftsteilnehmer. Dagegen hat die Idee des Ausgleichs durch Selbstbeschränkung und Schenkung eigentlich noch keinen wesentlichen Eingang in das Wirtschaftsgeschehen finden können. Und noch keine zureichenden Ansätze zur Sicherung des Leistungswettbewerbs sind zu sehen. Auch das assoziative Prinzip ist erst im allerersten Beginn der Entwicklung. Insofern ist es noch ein weiter Weg bis zur Erfüllung der hier vorgelegten Theorie.

Aber auch diese Theorie beschreibt noch nicht die höchste Stufe der Wirtschaft. In weiterer Zukunft ist eine Form der Wirtschaft denkbar, die ganz auf dem Prinzip des Schenkens beruht. Nicht mehr der eigene Erwerb wäre das Ziel, auch nicht die gerechte Entlohnung nach Leistung, sondern das auf dem Urbild des „Austausches" beruhende freie Schenken, d. h. die Gesinnung, mehr zu geben als zu nehmen, wie es bei bedeutenden Künstlern, genialen Pädagogen, Staatsmännern, aber auch bei manchen Unternehmern, Angestellten und Arbeitern heute schon der Fall ist. Das erst könnte im echten Sinne Brüderlichkeit genannt werden, die in früheren Jahrzehnten und im letzten Jahrhundert viel gesucht, aber auch viel mißdeutet wurde. Sie ist nicht ein leeres Gefühl, aber sie kann auch nicht geplant, angeordnet werden (das wäre Gerechtigkeit), sie kann sich nur aus der Unabhängigkeit des einzelnen, freiwillig, in Freiheit entfalten.

In einer solchen Wirtschaftsform wären viele heutige Probleme nicht mehr existent. Das geistige Leben, Künste und Wissenschaften würden aufblühen. Rudolf Steiner, der große Seher und Denker, wies in vielen Vorträgen auf die Notwendigkeit einer solchen sozialen Entwicklung im Leben der Menschheit in, auf die Verwirklichung einer wahren Brüderlichkeit, echter Assoziationen, in allen wirtschaftlichen Zusammenhängen. Er formulierte das „Soziale Hauptgesetz" im Jahre 1905, „das für das soziale Leben mit einer solchen Ausschließlichkeit und Notwendigkeit gilt, wie nur irgendein Naturgesetz in bezug auf irgendein gewisses Gebiet von Naturwirkungen gilt" wie folgt: „Das Heil einer Gesamtheit von zusammenarbeitenden Menschen ist um so größer, je weniger der einzelne die Erträgnisse seiner Leistungen für sich beansprucht, das heißt, je mehr er von diesen Erträgnissen an seine Mitarbeiter (im Sinne des gesamten sozialen Organismus gemeint, d. V.) abgibt, und je mehr seine eigenen Bedürfnisse nicht aus seinen Leistungen, sondern aus den Leistungen der anderen befriedigt werden." Erst mit der Verwirklichung dieses Impulses, mehr zu geben als zu nehmen, sind die Voraussetzungen geschaffen, daß der Geist des Christentums bis ins konkrete soziale Leben hinein wirksam werden kann.

Fünfter Teil

Wirtschaftszweck, Menschentum und Gesellschaft

Die Wirtschaft als Ganzes ist in ihrer Idee und ihren Funktionen beschrieben. Doch ist sie wiederum nur ein Teil in einem höheren Ganzen — der menschlichen Gesellschaft, dem sozialen Organismus, der alle Äußerungen des Menschen umfaßt. In gleicher Weise bedeutet sie einen Teil im Leben des einzelnen Menschen. Wie groß und wie bedeutend ist dieser Teil, welches sind seine Ursachen und Wirkungen in diesem höheren Ganzen? Das sind Fragen, welche das nach dem Ganzen strebende Erkennen stellen muß, die aber über die Aufgabe dieses Buches hinausreichen. Aber da sie von entscheidender Bedeutung sind, müssen sie doch wenigstens ins Blickfeld gerückt werden.

Die Wirtschaft dient dem Zweck der ständigen Steigerung der Güterproduktion bzw. des Lebensstandards und der Verkürzung der Arbeitszeit. Dieser Zweck ist ein ausgesprochenes Ideal der gegenwärtigen Menschheit, trotz der Warnungen und Bedenken von verschiedensten Seiten. Die Produktionssteigerung gelang in unerhörtem Maße in den letzten Jahrhunderten und Jahrzehnten durch Naturwissenschaft und Technik, die heute weitgehend im Dienste der Wirtschaft und des Staates stehen. In einigen Ländern ist dadurch die materielle Not fast beseitigt. Dieser Fortschritt auf der einen Seite muß aber bezahlt werden durch eine völlige Umstellung der Arbeitsweise. An die Stelle des handwerklichen Gestaltens tritt immer mehr der einfache Handgriff der zerteilten Arbeit oder die „Bedienung" der Maschine. Die einfache Arbeit ist viel einseitiger geworden und macht auch den Menschen einseitig.

Ist es aber nicht zu begrüßen, wenn die Arbeit möglichst einfach ist und wenig Mühe macht? Ist sie nicht nur ein lästiges aber unumgängliches Mittel, um Geld zu verdienen und leben zu können? Das ist eine innerste Überzeugung vieler, indessen ist doch auch die Ansicht verbreitet, daß die Arbeit ein wesentlicher Teil des Lebens und von großer Bedeutung sei. Neigt nicht besonders der Deutsche zum „Leben um zu arbeiten"? Was steckt dahinter? Vielfach ist es der Wille zur Bewährung und der Wunsch, sich zu entfalten. Andere mögen darin nur das Streben nach angesehener Stellung und Reichtum vermuten, wo der Vorstoß zu eigenem Entwerfen, Gestalten und Erfinden — von Stufe zu Stufe weiterschreitend — die Fähigkeiten vermehrt und den Gesichtskreis erweitert. Dieser Weg bedarf freilich mannigfacher Ergänzung. All die vielen, welche die innere Aktivität dafür nicht oder nur in ungenügendem Maße aufbringen, laufen durch die Arbeitsteilung Gefahr, in ihrer menschlichen Entwicklung stehenzubleiben. Wenn die Arbeit nicht mehr mit tätigen Gedanken, freudigen Gefühlen und Willensimpulsen verbunden ist, wenn sie nur noch als gedankenlose Betätigung zum Zwecke des Gelderwerbs betrieben wird, richtet sie mit Sicherheit größeren Schaden an, als ein niedriger „Lebensstandard". Dasselbe gilt für den Menschen, welcher sich mit seinem ganzen Wesen einer einseitigen Berufsarbeit verschrieben hat und ganz zum „Arbeitstier" geworden ist.

Blicken wir nach dem anderen Pol, dem „Lebensstandard", der Befriedigung von Bedürfnissen, so sehen wir eine große Wohltat in der Linderung der materiellen Not durch die Wirtschaft. Jedoch ist eine solche Not in den Industrieländern nur noch in Ausnahmefällen vorhanden. Der Anteil der wirklich lebensnotwendigen Güter wird auf weniger als die Hälfte der Gesamtproduktion geschätzt. Wozu dient der Rest? Für die Befriedigung leiblicher Genüsse, oder z. B. der Eitelkeit, Bequemlichkeit, Geltungssucht, Vergnügungssucht usw., also einer Art seelischer Genüsse. Wer kennt nicht die Inserate, in denen die Hebung des „Selbstbewußtseins" (in Wirklichkeit der Geltung) durch den Erwerb von Luxusgütern angepriesen wird? Diese Genußgüter mögen zum Teil der leiblichen und geistig-seelischen Gesundheit oder Entwicklung förderlich sein, zum anderen Teil sind sie ihr offensichtlich hinderlich. Ganz starke Rauschgifte werden zwar kraft Gesetzes verboten, dagegen sind der Verbreitung anderer schädigender Stoffe oder stärkster geistig-seelischer Gifte, die vielleicht als solche noch gar nicht erkannt werden, kaum Grenzen gesetzt. So sehen wir auch von der Bedürfnisseite her den Menschen bedroht in seiner Gesundheit und in der Entfaltung seiner Persönlichkeit. Ungezählte Unternehmen und Erzeugnisse sind vorhanden, bzw. durch seine Wünsche und Kaufentscheide erst geschaffen, ihn in seiner Freizeit zu „beschäftigen", mit Sinneseindrücken zuzudecken, sein Bewußtsein durch schwächere oder stärkere Rauschmittel zu trüben, seine Begierden aufzustacheln, kurz — ihn im Sinnesbereich zu fesseln und von eigener Tätigkeit abzuhalten. Wieder sind es die schwächeren Naturen, die diesen durch suggestive Werbung verstärkten Verlockungen unterliegen.

Wieder gehört innere Aktivität dazu, sich vom Sinnenbereich nicht ausschließlich festhalten zu lassen.

Der Einwand kann erhoben werden, daß es nicht berechtigt sei, von einer Bedrohung des Menschen zu sprechen, zumal direkte Beeinträchtigungen sich nicht nachweisen lassen. Ein solcher Einwand würde von der allerdings heute üblichen Fehlmeinung ausgehen, den Menschen als rein stofflich-biologische Erscheinung zu begreifen. Das ist aber nicht genügend, denn auch das Tier und die Pflanze haben eine solche. Der eigentliche Mensch existiert vielmehr in geistig-seelischer Potenz und Aktivität, z. B. im selbständigen Denken und Urteilen, im schöpferischen, künstlerischen Gestalten, in echten Willensentschlüssen, die unter Umständen gerade seinen Neigungen und Veranlagungen entgegengerichtet sind, in der bewußten Wahl seiner Umwelt, in den Kräften der Verehrung und Liebe, in der Wertung zwischen gut und böse, schön und häßlich, wahr und falsch usw. (Wie wenig das bloße mechanische Aufspeichern von Wissen eine bedeutende menschliche Fähigkeit ist, zeigt sich daran, daß neuerdings dafür Maschinen eingesetzt werden können.) Nur wo die genanten Fähigkeiten u. a. gepflegt und entwickelt werden, lebt menschliche Substanz, wo sie nicht gepflegt werden, verkümmert menschliche Substanz mit aller Konsequenz für eine weitere Zukunft. Aus dieser Sicht wird verständlich, daß in der modernen Arbeitswelt und in der Übersteigerung der Bedürfnisse die Bedrohung für den Menschen liegt, in seiner geistigen Existenz gelähmt zu werden.

Es könnte eingewandt werden: War er das nicht immer? Zu welcher Zeit entfalteten denn die Massen der einfachen Menschen geistige Aktivität? Das ist zwar richtig, aber in früheren Zeiten waren sie eingebettet und getragen von der geist-realen Weltanschauung der Religion, und deshalb in ihrem innersten Kern nicht angreifbar. Immer weniger erreichen die Menschen diese tragende Sphäre, sei es aus Gründen der Arbeit und der Bedürfnisse, die den Blick auf das Nur-Irdische bannen, sei es aus Gründen des materialistischen bzw. des geistlosen Weltbildes, das schon in den Schulen — gewollt oder ungewollt — in sie eingeprägt wird, sei es aus dem rational nicht faßbaren Grunde einer fortschreitenden Bewußtseinsentwicklung, die mit jeder Generation die Menschen immer mehr auf sich selbst stellt. Wie kann diesem Phänomen begegnet werden? Wissenschaft und Kirche halten exaktes Erkennen im Bereich des Geistigen nicht für möglich. Ist es ein Wunder, wenn der so allein gelassene Mensch z. B. in Kunst und Technik auf eigene Faust starke Erlebnisse sucht, sie auch findet — aber vielleicht im Bereich des Ungeistes? Wie kann er sich denn zurechtfinden in dem undurchsichtigen Geschehen der Gegenwart ohne zureichende Erkenntnisfähigkeiten? Er kann es nicht. In erschreckendem Ausmaße hat sich die Kulturzerstörung durch Ideologien[7] ausgebreitet, deren Irrtümer oder Lügen nicht erkannt werden, weil die Menschen auf diesem Gebiete denk-ungewohnt sind.

Am Schluß seines jüngst veröffentlichten Buches „Ökonomische Theorie und unterentwickelte Regionen", in dem er die Unzulänglichkeit der traditionellen ökonomischen Theorien im besonderen beklagt, weist Gunnar Myrdal mit großer Eindringlichkeit auf die unbezwinglichen Schwierigkeiten der bisherigen wissenschaftlichen Erkenntnismethodik hin. Er bezeichnet als das „logische Kreuz aller Wissenschaft" die Notwendigkeit einer a-priori-Theorie, die nur Hypothese sein kann und die, aus der Intuition bezogen, fast immer zur Irrealität führt, während sie aus der ererbten Theorie bezogen, in den ererbten Irrtümern bleibt. Das ist aber das unverdauliche Erbe Kants und des Nominalismus. Woraus soll das „logisch koordinierte Netz von Fragen", das die unendliche Vielfalt der Tatsachen eines Bereiches wirklich erklären kann, gewonnen werden? Obwohl ganz klar erkannt ist, daß es im Tatsachenmaterial nicht gefunden werden kann, wofür die historische Schule den Beweis geliefert hat, wird resignierend doch nur wieder auf ein noch umfassenderes Studium der Fachgebiete verwiesen ... „so versuchen wir dauernd, etwas zu tun, was nie perfekt getan werden kann".

Es ist die Tragik unseres Zeitalters, auf allen Gebieten aus dem Material heraus, aus den Einzelheiten das Wesen der Dinge begreifen zu wollen, trotzdem es dort nicht zu finden ist. Ein Bauwerk kann einfach nicht aus den Bausteinen begriffen werden, und wenn diese zu solchem Zwecke noch so sehr zerkleinert werden, sondern umgekehrt kann die Bedeutung des einzelnen Steines nur aus der umfassenden Idee des Bauwerks als ganzem hervorgehen. Deshalb ist nirgends das Ganze die Summe seiner Teile (mit Ausnahme z. B. des ungeordneten Schrotthaufens, des Geschwürs oder des Sammelbegriffs), sondern die Teile werden durch das Ganze geordnet, bestimmt, geschaffen. Und dieses Ganze ist ideeller oder geistiger Art. Überall wo weisheitsvolle Ordnung, sinnvolle Entsprechungen, Bewegung, Formkraft festgestellt werden können, steht eine ideelle Ganzheit als Ausdruck von geistig Wesenhaftem verursachend dahinter. Dieser ideellen Ganzheit kommt daher wesenhaftes Sein zu. Es ist einer der größten Irrtümer Kants und der sich auf ihn stützenden Bestrebungen der Neuzeit, *alle* Ideen als wesenlose, subjektive Sammelbegriffe anzu-

---

[7] Eric *Voegelin:* Verantwortung und Freiheit in Wirtschaft und Demokratie.

sehen, ihnen nur ein regulatives, kein konstitutives Prinzip zuzuerkennen. Goethe durchschaute diesen Irrtum, aber er wurde nur von wenigen verstanden. Die Welt rühmt und verehrt ihn als Heros des Geistes, studiert aber seine Geistesart nicht, um sich daran zu schulen.

Erst Rudolf Steiner, anknüpfend an Goethe, wies in wissenschaftlicher Systematik in seinen Schriften „Grundlinien einer Erkenntnistheorie der Goetheschen Weltanschauung", „Wahrheit und Wissenschaft", „Einleitungen zu Goethes naturwissenschaftlichen Schriften" und „Philosophie der Freiheit" nach, daß dem Denken, der Ideenwelt, reales, objektives Sein zukommt. Subjektiv ist nur das Vermögen des einzelnen Menschen, an ihr teilzunehmen, in sie einzudringen. Alle Meinungsverschiedenheiten und Verständigungsschwierigkeiten rühren davon her, daß die an sich objektiv vorhandenen Ideen und Begriffe nicht exakt genug erfaßt werden oder durch die Art unseres gegenwärtigen Bewußtseins noch nicht exakt erfaßt werden können. Gelingt es aber, für einen Bereich zur zentralen und alles durchdringenden Idee des Ganzen durchzustoßen, dann ist damit der vollkommene Maßstab für das Erkennen gegeben. Diese Methodik, durch welche die Philosophie als exakte Wissenschaft, als Erfahrungswissenschaft begründet wurde und durch welche demonstriert wird, daß nicht nur im mathematischen, sondern auch im ideellen Bereich exaktes Denken und Erkennen möglich ist, und zwar ohne die Zuhilfenahme von a-priori-Sätzen, wurde bis heute von der Fachwelt nicht zur Kenntnis genommen, die statt dessen einer spekulativen Logistik oder dunklen Begriffskombinatorik huldigt. Es blieb der Philosophischen Gesellschaft in Jerusalem vorbehalten, aus Anlaß des 100. Geburstages Rudolf Steiners im Jahre 1961 durch einen Vortrag des langjährigen Rektors der Universität, Professor Hugo Bergmann, als erste auf die Bedeutung der zwischen 1886 und 1894 erschienenen philosophischen Werke Rudolf Steiners öffentlich aufmerksam zu machen (Die Drei 1/62).

Dessen weiteres Lebenswerk bewegte sich aber nicht auf der philosophischen Ebene, sondern erhob sich zur Schau der realen geistigen Wesenswelt, die er in unzähligen Vorträgen vermittelte. Er begründete, voll auf dem Boden des Christentums stehend, und unter ausführlicher Erläuterung der Forschungsmethoden eines erhöhten Bewußtseins die Wissenschaft vom Geiste — Anthroposophie. Sie stellt die von den Wissenschaften der Gegenwart gar nicht mehr aufgeworfenen Fragen nach dem Wesen, dem „Was" der Dinge. Sie fügt zu der Naturbetrachtung die geistige Anschauung der Welt und des Menschen hinzu, die dynamischer Art ist und die Bewußtseinsentwicklung der Menschheit in der Vergangenheit und Gegenwart verständlich macht sowie deren weitere Stufen in der

Zukunft aufzeigt. Sie ist eminenteste Ganzheitsbetrachtung im Goetheschen Sinne. Alle Bereiche des menschlichen Geisteslebens finden dort ihren Platz in der Gesamtschau der geistigen Welt, ihre Zusammenhänge untereinander werden deutlich, werden konkretisiert, aus der Abstraktheit erlöst. Mit ihrer Hilfe kann die einseitige, auf Erforschung und Nutzbarmachung der materiellen und psychischen Kräfte gerichtete Wissenschaftsrichtung der Gegenwart, die eigentlich nur Technik ist, ergänzt und die auf ihr fußende materialistische Weltanschauung korrigiert werden. Es ist eines der erstaunlichsten Phänomene unserer Zeit, daß die Realität der geistigen Welt nicht mehr beachtet, ja sogar bestritten und als ideologischer Überbau bezeichnet wird. Ganz entschieden wird ihre Erkennbarkeit geleugnet, trotzdem der Mensch mit geistigen Fähigkeiten begabt und dadurch mit ihr wesensverwandt ist, und trotzdem die Geistesgrößen der Menschheit ihre Erkenntnisschätze hinterlassen haben. Rudolf Steiner, der Seher und Denker, hat nicht nur die geistige Welt in ihrer Fülle geschaut, sondern sie auch systematisch dargestellt und die Wege gewiesen, die zu geistigem Erkennen führen.

Die von ihm begründete Geisteswissenschaft, — repräsentiert in ca. 25 Büchern und ca. 6000 nachgeschriebenen Vorträgen, — ist auf das ganzheitliche Erkennen der Welt und des Menschen gerichtet. Sie wurde Anthroposophie genannt, weil der Mensch nach Leib, Seele und Geist der als höchstes Wesen der Naturreiche den Kosmos widerspiegelt, der Ausgangspunkt der Forschung ist. Damit ist für unsere Zeit die universale Geistesschau der Hochscholastik des Mittelalters auf höherer Ebene neu geschaffen. Aus seiner Geistesforschung gab Rudolf Steiner eine Fülle neuer zukunftsweisender Erkenntnisse über die Menschheits- und Weltentwicklung.

Aber auch an dem Schicksal der Zeitereignisse nahm er lebhaften Anteil. Angesichts der sozialen Nöte nach dem ersten Weltkrieg setzte er sich für eine Gesundung des sozialen Organismus ein, indem er anregte, — im Gegensatz zu den damaligen Bestrebungen zur Errichtung eines Einheitsstaates —, die Bereiche der Wirtschaft, des Staates bzw. des Rechtslebens, und des Geisteslebens funktionell voneinander zu trennen und ihre Selbstverwaltung einzurichten, weil die ihnen zugrunde liegenden Funktionsprinzipien sich zu sehr unterscheiden, um nach einheitlichen Gesichtspunkten verwaltet werden zu können. In der Tat sind die Bereiche von grundlegender Verschiedenheit, trotzdem sie teilweise eng ineinandergreifen. Hat man es im Geistesleben mit der Wahrheit, ihrem Erkennen und Darstellen zu tun, mit dem Handeln aus Erkenntnis, so im Staat, im Rechtsleben, mit der Wahrung der Menschenwürde, (wovon eine zureichende Vorstellung notwendig ist), mit der Gerechtigkeit im weitesten Sinne, und in der Wirtschaft mit der Lebenserhaltung, der bestmöglichen Güterversorgung für alle. Wo im Geistesleben der einzelne produktiv tätig ist, findet sich im Rechtsleben der Mehrheitsbeschluß von Gremien, im Wirtschaftsleben das gegliederte, organisierte Zusammenwirken vieler. Ihrem inneren Wesen nach erfordert „das Geistesleben die Freiheit, das Rechtsleben die Gleichheit und das Wirtschaftsleben die Brüderlichkeit". Damit sind die alten, immer unklar gedeuteten Ideale sinnvoll erfüllt, die auch in „Einigkeit und Recht und Freiheit" zum Ausdruck kommen. Denn das Prinzip der Freiheit sagt noch nichts über die Gestaltung des Wirtschafts- und Rechtslebens. Das Prinzip der Brüderlichkeit hat keinen Sinn, wo im Geistesleben um die Wahrheit gerungen wird und im Rechtsleben allgemeingültige Gesetze benötigt werden. Und das demokratische Prinzip taugt nicht für das Wirtschaftsleben, das Einigkeit nötig hat, und erst recht nicht für das Geistesleben, das nur in Freiheit gedeihen kann. Das ist die dem sozialen Organismus zugrunde liegende Ideen-Dreiheit, die von Rudolf Steiner erkannt und in den Wirren nach dem ersten Weltkrieg vorgetragen wurde[8]. Deren Verwirklichung wurde in der Bewegung der „Dreigliederung des sozialen Organismus" angestrebt.

Demgegenüber hat sich in manchen östlichen Ländern der Einheitsstaat mit starker persönlicher Spitze ausgebreitet, in dem Wirtschaft, Recht und Geistesleben keine Selbständigkeit haben, sondern den jeweils verkündeten Zielen, insbesondere einer stetig auszudehnenden Macht dienen müssen. Die westlichen Länder haben eine unabhängige Wirtschaft und einen unabhängigen Rechtsorganismus, der ein gewisses Gegengewicht zur Wirtschaft bietet, aber ihrer rapiden Entwicklung eigentlich nicht recht nachkommt. Sie haben scheinbar ein freies Geistesleben, aber sein wesentlichster Kern, das Erziehungswesen, wird noch immer vom Staate beherrscht, zentral reglementiert, und damit die Richtung von Wissenschaft und Kunst, Forschung und Lehre entscheidend beeinflußt. Staatsbeamte bestimmen die Ausbildung und Bestellung der Lehrer, sie schreiben bis ins Detail einheitliche stoffüberladene Lehrpläne vor und machen durch das Prüfungs- und Berechtigungswesen, durch finanzielle Benachteiligung (Schulgeldbefreiung für Staatsschulen) und durch den Lehrer-Ausbildungszwang die Existenz freier Schulen fast unmöglich, trotz ihrer Verankerung in der Verfassung. Unter solchen Umständen können die Bemühungen genialer Pädagogen, welche die vielfältig veran-

[8] Rudolf *Steiner:* Kernpunkte der sozialen Frage, 1919.

lagten geistig-seelischen Fähigkeiten, und nicht nur einseitig das Gedächtnis, entwickeln wollen, kaum zum Zuge kommen. Hier zeigt sich deutlich, daß die Erziehung, die eine geistige Aufgabe ist und daher der Freiheit bedarf, durch demokratische Formen und gesetzliche Einheitsnormen an der Entfaltung gehindert wird. Das Geistesleben, als bestimmender Faktor des menschlichen Fortschritts, wird schon an der Wurzel verstümmelt.

Aber nicht nur im Geistesleben, sondern auch in Staat und Wirtschaft dominiert heute das auf ein Spezialgebiet gerichtete Interesse, und das Prinzip des Machtkampfes solcher Spezialinteressen. Die einzelnen blikken nicht mehr auf die übergeordnete Idee des Ganzen, woraus sich ihre Stellung darin ergäbe. Der Grund dafür ist zweifellos nicht nur in mangelndem Interesse zu suchen, sondern auch in fehlenden Einrichtungen und an interessanten Aufgabenstellungen, wie das Beispiel der Wirtschaft deutlich zeigte. Einrichtungen, welche einem größeren Kreis von Interessierten Gelegenheit geben, die wirklichen Probleme des sozialen Organismus kennenzulernen und an ihrer Lösung mitzuwirken, sind ebenso notwendig für den Bereich des Rechtslebens und des Geisteslebens. Jeder Mensch ist dazu berufen, in irgendeiner Form teilzunehmen an den übergeordneten Organen des sozialen Organismus, sich Gedanken zu machen über dessen Ordnung und Gestaltung. Die freiwillige Gemeinschaftsbildung in Vereinen, Verbänden, Gesellschaften usw. gibt ein klares Bild des menschlichen Interesses und Strebens der Gegenwart. Es dominieren Sport- und Gesangvereine und ähnliche, hauptsächlich das Bedürfnis nach anspruchsloser Geselligkeit befriedigende Vereinigungen. Dann folgen die wirtschaftlichen und beruflichen Verbände, welche den Schutz ihrer Mitglieder zum Inhalt haben, und deshalb auch den Charakter von Kampfverbänden aufweisen. Es gibt wenige religiöse Gemeinschaften und politische Parteien. Damit sind die Motive für bekannte freiwillige Gemeinschaftsbildungen fast erschöpft. Anfänge von Wirtschaftsassoziationen, wie man sie in anderen Ländern beobachten kann, gibt es in Deutschland noch nicht. Freie Gesellschaften für die echte Pflege der Künste, Wissenschaften, der Erziehung, des Rechtswesens usw. gibt es verhältnismäßig sehr wenige, außerdem stehen sie meist nur ausgebildeten Fachleuten offen und haben mehr den Charakter von Verbänden. Die Tätigkeit der Volkshochschulen ist zwar hoch einzuschätzen, aber auch sie kranken daran, daß sie in der Art des heutigen Schulsystems, mehr oder weniger historisches Wissen in abstrakter Form vermitteln. Die Möglichkeit einer Teilnahme an den Problemen der Gegenwart ist auch dort dem interessierten Laien so gut wie unmöglich.

Rudolf Steiner sah die größte Tragik der Arbeiter darin, daß sie keinen Zugang fanden zum Geistesleben, zu Religion, Kunst und Wissenschaft, weil nur aus diesen Quellen der Mensch als geistige Individualität wahrhaft leben und sich entfalten kann. Freilich liegt die Schuld auch an unserem so abstrakt gewordenen Geistesleben, das infolge der herrschenden materialistischen Weltanschauung immer mehr in leeren Formalismus verfällt. Ist das erstaunlich, da schon in der Schulerziehung den jungen Menschen kein zureichendes Verständnis für die Bedeutung des Geisteslebens nahegebracht wird? Man sieht heute vielfach in der Schulerziehung nur mehr eine Berufsausbildung, die nach demjenigen ausgerichtet wird, was „die industrielle Gesellschaft fordert". Aber sie wird weiterhin in Katastrophen führen, wie Rudolf Steiner schon vor vier Jahrzehnten voraussagte („Lassen Sie weitere 30 Jahre so lehren wie heute gelehrt wird und Sie haben ein verwüstetes Europa").

Wir brauchen im 20. Jahrhundert nicht nur Berufsausbildung, sondern bestmöglichste Menschenbildung und Anleitung zur Selbsterziehung, die es jedem einzelnen ermöglicht, neben und trotz einer geistleeren Berufsarbeit und der lauten Zivilisation, der er sich nicht ganz entziehen kann, als Mensch d. h. als geistiges Wesen zu existieren und sich zu entfalten, um seiner Menschenwürde bewußt, und seiner Bestimmung gerecht zu werden.

Dann erst wird er seine Bedürfnisse, seine Arbeit und sein wirtschaftliches Handeln und die Verwendung seines Einkommens und Vermögens so gestalten können, daß sie ihm und der Menschheit nicht zum Fluche, sondern zum Segen gereichen.

Sachregister